叢書・ウニベルシタス　1179

啓蒙時代の礼節

法・習俗・マナー

フィリップ・レノ
増田都希 訳

法政大学出版局

啓蒙時代の礼節――法・習俗・マナー　目次

凡例

一、本書は Philippe Raynaud, *La Politesse des Lumières – Les lois, les mœurs, les manières*, coll. « L'Esprit de la cité », Gallimard, 2013 の全訳である。

二、訳文中、傍点を付した部分は原文でイタリック体になっている部分である（書名は除く）。〔　〕は訳者による補足・訳注を表す。〈　〉は原文にはないが、概念を強調するためなどで適宜用いた。

三、l'Angleterre / les Anglais はイギリス／イギリス人で統一する。ただし、スコットランド l'Écosse / écossais と併記されている場合のみイングランドの呼称を用いる。

四、原書では注は巻末にまとめられているが、本訳書では傍注とした。

五、外国語文献からの引用は、既訳があるものについては参照して邦訳の該当箇所の頁数を記載するが、必要に応じて訳文に変更を加えた場合もある。また原著者が参照している版とは底本が異なるなどで既訳と異同が見られる場合はその邦訳書誌については記さない。

六、明らかに誤記・誤植と思われる箇所は訳者の判断で訂正している。

序論

西洋の、自由で、民主主義的なわたしたちの世界は、長らく「文明」の概念の下で考察されてきた。「文明」は、十八世紀に登場したことばである。学問技芸の発達のみならず習俗やマナーの発達によって、人間社会が「未開」あるいは「野蛮」状態から「文明化された」状態になるプロセスを指す。しかしながら、今日では「文明」という考えそのものが衰微しているように見えるし、いずれにせよ「野蛮」の反意語として登場することはなくなった。二〇世紀の悲劇は「文明」に対するヨーロッパ人共通の信仰を根本から揺るがせ、今日では左派でさえ「進歩という幻想」とまで言う始末である。ところが、楽観的でヨーロッパ中心主義的な「文明」の衰退は、〔おなじ語源からの派生語である〕〈行儀作法〉に対する関心を高めることになった。この二〇年間で「行儀作法」はあらゆる種類の研究の主要テーマとなり、現在では公共の言論空間において軽視できない位置を占めるまでにいたった。

社会学、政治学、社会史などの人文科学において、この潮流を代表する人物はノルベルト・エリアスである。上述のような眼差しの変化が可能になったのは、かれが「文明化の過程」と「習俗の文明化」というあたらしい語りを提起したからであろう。ヨーロッパの指導者層に初歩的な行儀作法（テーブルマナー・清潔にかんする振る舞いなど〕が徐々に浸透したことで暴力性をより適切に制御できるようになり、こうして行儀作法は〔暴力の独占を基盤とする〕国家の拡張と〔公共空間からの暴力の排除に基づく〕近代社会の変容の起源として位置づけられることになる。[1] このような唯物論的系譜学と並んで、本書が対象とするのが豊かな伝統の再発見とその学術的探求の時代である点にも触れなければならない。カスティリオーネ〔『宮廷人』（一五三〇）によって、ヨーロッパ全域に共通の理想的宮廷人のモデルを提示した〕、グラシアン〔スペイン人イエズス会士。社交界を巧みに生き抜く理想的人間像として、いわば社交的英雄論を説いた〕から十八世紀フランスのサロン文化まで、人間の精神的・知的涵養が習俗の穏和化、人間精神の洗練、魂の向上と分かちがたく結びつくと考え、その一歩を〈礼節〉および〈行儀作法〉の習得に見いだしたそのような伝統が再発見された時代なのである。[2]

かつて、わたしたちはなす術もなく文明化の流れにさらわれるものだと考えていた。今日では、一方で絶えず暴力があり、他方で自由と平等の、つまり民主主義の要求が高まる世界にあって、わたしたちは以前よりも控えめに「礼儀正しい〔文明人にふさわしい〕」あり方とはなにかと自問している。このことは逆説的にも、今日の「礼儀作法に反する〔文明人らしからぬ〕」という概念の浸透に端的に示されている。それは、単に不作法であることをはるかに越えた意味を有しているのである。教師を殴ったり、壁に落書きして公共物を壊す人びとを「礼儀作法に反する」と呼ぶのはおそらく奇妙だろう。だが、すくなくともこの表現には、〈行儀作法〉に初歩的な振る舞いのルールという意味があることを想起させるという利点がある。洗練の域をもとめるのではなく、法的な強制がおよぶ手前の地点でさまざまな人びとの共生に基づく良識的な生活を可能にする、そのようなルールである。

以上の点を思い起こし、また確認すると、否応なくつぎのような反論に直面する。民主主義的なふりをするが、実のところ、知的で政治的な真の議論という以上に威嚇のための反論である。〈行儀作法に反する〉言動の高まりを嘆き悲しむ声は、実は民主主義への、とりわけ教育機関の「象徴暴力」〔ピエール・ブルデューの用語。社会集団内の権力関係を被支配者に受諾させる非身体的で、不可視化された暴力〕を拒む「若者」への隠れた反感のあらわれではなかろうか。殊にその声が、古典主義時代および近世の〈行儀作法〉の歴史への共感をともなう場合にはその印象が強まる。行儀作法の歴史に対する関心が、アンシアン・レジーム期の宮廷およびサロンの遺産の称揚にむかうならば、その関心自体がうさん臭くはないだろうか。

だが、これらは見せかけの問題に過ぎない。と言うのも、行儀作法が貴族的社会と同様に民主主義的世界でも必要であることは、たやすく理解できるからだ。つまり、生まれに基づくヒエラルヒーがもはや存在しないからこそ、個人と個人の関係性に社交儀礼が必要となる社会にわたしたちは生きているのである。この点において、つぎのマルセル・ゴーシェの指摘は実に正鵠を射ている。「民主主義的な憲法には、どこにも隣人に礼儀正しくあれとは書かれていない。しかしながら、誰もが隣人に対して非礼

(1) *La civilisation des mœurs*, Paris, Calmann-Levy, 1969 ; *La société de cour*, Paris, Calmann-Levy, 1974 ; *La Dynamique de l'Occident*, Paris, Calmann-Levy, 1975〔ノルベルト・エリアス『文明化の過程・上――ヨーロッパ上流階層の風俗の変遷』赤井慧爾ほか訳、法政大学出版局、一九七七、同上『宮廷社会』波田節夫ほか訳、法政大学出版局、一九八一、同上『文明化の過程・下――社会の変遷／文明化の理論のための見取図』波田節夫ほか訳、法政大学出版局、一九七八〕。

(2) この点にかんする基本文献として、マルク・フュマロリの論考、およびベネデッタ・クラヴェリの秀作を参照のこと。Marc Fumaroli, « La conversation », in *Trois institutions littéraires*, Paris, Gallimard, coll. « Folio histoire », 1994 ; Benedetta Craveri, *L'âge de la conversation*, Gallimard, 2002.

をはたらく社会では、民主主義的精神のなにかが損なわれることをわたしたちはよく知っている」[3]。このように行儀作法と民主主義のあいだに原理的対立がないとはいえ、しかし平等の世界と「マナー」の世界のあいだには緊張関係が起こりうる。民主主義になんらかのメリットがあったとしても、民主主義にできたのはせいぜい〈行儀作法〉の形を変え、そのルールを変更する程度であって、民主主義が〈行儀作法〉を発明したわけではない。この事実はアメリカおよび大半のヨーロッパの民主主義国では難なく理解されるが、フランスではこれを受け入れない人びとがいる。アンシアン・レジーム期の行儀作法をわずかに回想しただけでも、フランス革命や共和国を非難するのとおなじであるかのように。こうした極端な態度を取らずとも、大半のフランス人はこの歴史遺産に対して両義的な態度を示している。これについて、文学、それ以上に映画には豊富な証言がのこされている。

『ゲームの規則』（一九三九）から『めざめ』（一九六八）、『祭よ始まれ』（一九七四）、そして『リディキュール』（一九九五）までの映画作品では、アンシアン・レジーム期の社会的結合関係《ソシアビリテ》が活き活きと描かれている。たしかに、そこにはかならずといっていいほど貴族社会の華やかさが映し出されているが、たいていの場合、そのメカニズムを浮き彫りにするための描写にすぎない[4]。一見、誰でも歓迎するかのような柔らかな振る舞いでいて、実はエリートらが自身の縄張りを線引きするためのメカニズムである。たとえばパトリス・ルコントの映画『リディキュール』のなかで、田舎男爵のグレゴワール・ド・ポンスリュドンが宮廷の世界で成功していく様を観客はたのしく、ワクワクしながら見まもるだろう。ポンスリュドンが上京したのは、防疫および王国の繁栄のために地元の沼沢地の排水工事計画を王に進言するためであった。役所に門前払いされたポンスリュドンは、ついで宮廷に支援者をもとめにむかう。そこで、かれに真摯な愛情を注ぐ若きマチルドと、嫉妬とエゴイズムからくる偽の情熱をかれにむけるブライヤック伯爵夫人とに同時に出会い、結局ポンスリュドンはブライヤック夫人によって破滅の一途をたどることになる。残酷なジョークの犠牲となったヒーローの（二重の意味での）転落は、ストーリーに惹き込まれた観客に前近代社会の根源的な残酷さを教えてくれる。この青年男爵に、近代的かつ人道主義的な沼地の排水計画の実現手段をあたえるのはフランス革命である。そうしている間にも、かれの義父は亡命先のイギリスで、英国流「ユーモア」（英語の訛りで！）のすばらしさに感銘を受けていたのだが。このように、全編をつうじてこの映画には宮廷社会の欺瞞が漂う。だが『リディキュール』を古きフランスの、あるいはアンシアン・レジーム末期のエリートらを糾弾する作品として見ることも、またできない。つまるところ、ヒーロー・ヒロインたち——ポンスリュドンからマチルド、彼女の父まで——もみな貴族ではないか。

煌びやかで知的なこの映画は、アンシアン・レジーム期フランスの行儀作法という遺産に対するフランス文化の両面性を理解する一助となるように思われる。「普遍主義」のフランスは一七八九年に人権

（3） Marcel Gauchet, « La République aujourd'hui », entretien, *La revue de l'inspection générale*, n° 1, Février, 2004, p. 84.

（4）『百科全書』にはつぎのようにある。鷹揚さとは「上位者が下位者と接するさいにさりげなく示す好意である。対等な者同士についてもちいられるのは稀で、下位者から上位者に対してもちいられることは決してない。往々にして、高位者の示す鷹揚さは、かれらの野心のために利用するつくられた徳であったり、取り巻きをつくろうとするという低劣な魂に過ぎない（それはたしかに低劣さのしるしだからだ）」（シュヴァリエ・ド・ジョクールによる項目「行儀作法、礼節、鷹揚さ」）。

宣言とともに、そして「わたしたちの歴史が、わたしたちの法典となるわけではない」とする過去の完全な否定とともに生まれた〔プロテスタント牧師で、憲法制定議会議員ラボー＝サンテティエンヌの言葉〕。民主主義の神話は、こういったストーリーを好む。だが、仮にロベスピエールが「フィロゾーフ」を否定しても、大革命のフランスはなによりも啓蒙時代の産物である。サロンやカフェでの社会的結合関係《ソシアビリテ》、啓蒙された公衆の掲げたあたらしい理想など、旧世界に由来するものすべてを捨象すれば啓蒙の時代を理解することは実に困難になる。スタンダールは「ジャコバン」を自認したが、同時に「憎むべきものなどなにもない幸福な十八世紀」を愛してもいた。現代の人間は、平等が生まれる前の時代から継承したものなどなにもないと思いたがるが、それでも人びとは十八世紀フランスのエピナル版画に描かれた情景に懐かしさを覚えるし、著名なリベルタンたちこそ、わたしたちの自由な習俗の栄光の先駆者だと考える過激な人びともいるのである。

◇

行儀作法の問題はフランス人が自らをいかに理解するかという問いにかかわると同時に、フランス一国のケースをはるかに超えるなにかを含む。アンシアン・レジームおよびフランス革命の遺産ばかりか、十八世紀後半に形成された近代世界全体にかかわる問題である。まさにこの大変動こそ、本書があきらかにしようとするものである。約一世紀に渡って、啓蒙時代から民主主義の最初期におけるもっとも偉大な思想家らによって繰り広げられた論争の、あるいは対話の分析によって、この変動を捉える試みなのである。

本書は、少々時間が経ってしまったある研究から着想をえた。この研究がわたしを「行儀作法」の問題――その道徳的価値、自然と人為の狭間にあるその位置づけ――へと導いてくれた。そこにわたしは、もっとも偉大な啓蒙思想家のうちの三名、ヒューム、ルソー、カントの関係に照射する有効な方法を見いだした。(5) まずヒュームは、習俗の穏和化とマナーの洗練をまさに「人間本性」の産物と見た。絶えずあたらしい発明へとむかう人間本性は、さらに政治的領域において真の進歩の源となる。反対に、近代人工論の対極に位置するルソー――「慧眼のディオゲネス」(6)――は、啓蒙時代の只中に誠実さを極限まで主張し、社会的慣習に対する「犬儒（キニク）学派的」批判を展開した。最後に、カントの歴史哲学は誠実さ、真性さを希求するルソー流の主張を退けることなく、社会的慣習と上品なマナーの正当な評価を可能にする手段としてとらえることができる。こうした論争は歴史学的な関心に留まらず、それどころか現代世界における多方面の問題に通じるのでる。

啓蒙時代のこの議論――あるいは対話のほうがよいかもしれないが――で問題とされるのはフランスの礼節である。フランスの礼節とは、絶対君主のもとでの女性の支配を認めるもので、また男性が自由、女性がしたがうという体制を支えるイギリス式の徳に対置される。またこの議論が問題とするのは、啓蒙の時代におけるヨーロッパ文明の猛烈な勢いの発展と、驚くべき安定性を見せる中国の行儀作法、さらには習俗の穏和化における行儀作法の寄与であり、礼節と誠実さの対立でもある。一方、行儀作法が問うのは啓蒙思想の進展であり、明白な行儀作法の効能と明白ではないその道徳的価値についてである。

(5) Philippe Raynaud, « Les philosophes et la civilité », in Philippe Roger (dir.), *L'Homme des lumières : de Paris à Pétersbourg*, Naples, Vivarium, 1995.

(6) Kant, *Leçons d'étique (1775-1780)*, trad. fr. Luc Langlois, Paris, le livre de poche, 1997, p. 78〔『カントの倫理学講義』小西国夫、永野ミツ子訳、三修社、一九六八、九一―一〇ページ〕。

行儀作法は人間の外面的関係にしかかかわらないのだから、道徳性とは異なる。だが行儀作法によって、わたしたちは我が儘を抑えたり、他者への配慮を習慣づけたりするのだから、行儀作法はすくなくとも法と道徳性を可能にするための一助となる。啓蒙時代の哲学者にとって、このことは行儀作法の普遍的射程を示すことになる。行儀作法が、社交性と利己性が表裏一体に結びついた人間本性を根源とするものだからである。行儀作法はエゴイズムと人間同士の対立を抑え、そうすることで社交性という人間本性が力を発揮する領域を広げ、その力を促進するよう働きかける。しかしこうしたあきらかな道徳的価値や普遍性を有するように見えて、実はこれら価値も両義的である。というのも、そのもっとも繊細かつ洗練された形式において——その場合には「礼節」と呼び名が変わるのだが——、行儀作法が道徳性に対する脅威になりかねないからだ。善行を装って偽善を助長し、強者の支配を緩めるように見せかけて、実は強者がさらに強権を振るう手助けをすることも行儀作法には可能なのである〔啓蒙期フランスでは、上流社会でのマナーは「礼節」、それ以下の社会階層の、つまり市井のマナーを行儀作法と別個の名称があたえられていた〕。

啓蒙時代のフィロゾーフらの礼節および行儀作法をめぐる考察は、道徳的であると同時に政治的でもある。この考察は文明化の価値、社会慣習と誠実さとの緊張関係、人類の多様性の理解などの問題を浮かび上がらせ、そして、これらは今なおもわたしたちの問題でもありつづけている。本書が取り組んだのは、まさにこうした問題である。「近代的」様相を帯びはじめた時代においてこれらの問題をとらえ、さらにフランス革命を経て、民主主義の台頭期における変容を跡づけることで、本書は以上の問題の解明を試みたのである。

第一章　行儀作法と礼節——古典主義時代から啓蒙時代へ

啓蒙時代の哲学史を描く方法には二つある。[1]一つ目は、近代思想のさまざまなモーメントを取り上げてそれらを線でむすび、その連続性を浮かび上がらせる方法である。理性の力に対するフィロゾーフらの信頼を古典主義時代の合理主義の自然な帰結であり、またその集大成とみる見方である。二つ目は、諸問題やテーゼさえもがみせる継続性は表層的で、その背後で、考えてもみなかったものも含めて古典主義的思想の伝統的基盤に対する危機がすべてを変えたことをあきらかにする書き方である。二つの視点は、いずれも妥当である。啓蒙時代の人間は理性の力を信じ、そしてまた、ヴォルテールがそうだったように古典主義時代の美学に対して心から忠実であり続けた。しかしながら演繹によって真理に到達

（1）この二つの叙述法は、エルンスト・カッシーラー（*La Philosophie des Lumières*, trad. fr. Pierre Quillet, Paris, Fayard, 1990）〔『啓蒙主義の哲学』中野好之訳、ちくま学芸文庫、二〇〇三［一九六二］〕とポール・アザール（*La Crise de la conscience européenne, 1680-1715*, Paris, Le Livre de Poche, 1994）〔『ヨーロッパ精神の危機　一六八〇―一七一五』野沢協訳、法政大学出版局、一九七三〕の二作品に端的に示されている。

する悟性の能力よりも、実験科学の進歩により大きな信頼を寄せた。かれらの関心は人間たち、そして人間たちの幸福と尊厳にむけられており、人間本性の限界を慎重に見定めつつ、しかし我われの有限性についての見方は根源的に変化した。すなわち、十八世紀の開始以来、人間本性は「名誉を回復」しつつあった。[2] 原罪の観念はすこしずつ薄れ、地上での幸福の追求はこうしてあらたな尊厳を獲得したのであった。

十八世紀における行儀作法の問題は、この二つの解釈に属する問題である。たとえ社会的にはより開放的で、政治的により活発であっても、サロンの世界は本質的に偉大な世紀のモデルに忠実でありつづけた。それは「マナー」を支配するルールについても同様である。さらに言えば、行儀作法と礼節はおなじ諸観念をつうじて理解され、おなじ道徳的問題を提起しつづけているように見える。とはいえ、変化したものもある。啓蒙時代と古典主義時代の表現様式の比較によって、そのなにかをとらえられる可能性がある。

行儀作法と自然

この問題に対する「フィロゾーフ」らの見解を考えるにあたって、一見いたって描写的でやや凡庸なテクストからはじめよう。精力的に膨大な項目を執筆したシュヴァリエ・ド・ジョクールによる『百科全書』の項目「行儀作法、礼節、鷹揚さ」である。ジョクールの手がけた項目は往々にして独自性に欠くが、それは『百科全書』の執筆者陣らのあいだで主流だった見解がまとめられているからで、その多くは往年の（モンテーニュ）および同時代の著述家たち（モンテスキュー）に依拠する。

見出しに上がる三つの概念はいずれも「社交において丁重に振る舞い、会話をするさいのマナー」を指す。「鷹揚さとは上位者が下位者を迎えいれる際に、そこはかとなく好意を示すこと」であり、これがあきらかにうわべだけの徳である一方で、のこりの「行儀作法」と「礼節」の道徳的位置づけは複雑である。内奥のたしかな道徳的資質にかならずしも依拠しないものの、両者は好感がもてる、社会的に有益な態度をうながすからである。「行儀作法と礼節は、振る舞い方およびはなし方におけるある種の礼儀正しさである。互いに相手に気に入られようとし、また他者への敬意を示すようにうながす言動である。かならずしも心から発せられる必要はなく、行儀作法と礼節はそのような外見をあたえ、内面的にそうであるべき姿に外見を整えてくれる。ラ・ブリュイエールが言うように、我われの発言や振る舞いによって、他者が我われに満足するように計らう一種の気遣いなのである」。

ジョクールが賞賛するような行儀作法はよき趣味のルールに則り、その教えをまもっている。ルネサンスからルイ十四世治世の宮廷を経て、十八世紀のサロンにいたるまで継承されてきた行儀作法であり、過度に格式張ることを嫌い、外見上の礼儀正しさのためであってもわざとらしさは禁物である。ジョクールはここで、意味ありげにモンテーニュを引き合いに出す。

わたしは行儀作法についての書物を読んだが、敬意を示すための礼儀やら教訓やらで溢れていた。

（2） Roger Mercier, *La Réhabilitation de la nature humaine, 1700-1750*, Villemomble, Paris, Éd. de la Balance, 1960.

人びとは褒めそやすが、これほど煩わしい行儀作法をまもるくらいなら、粗野で野鄙になるほうがましだろうと思わせるほどだった。この点については、誰もがモンテーニュに同意するであろう。かれはこう述べている（『エセー』第一編一三章）。「わたしは喜んで行儀作法という法にしたがうが、あまりにそれに縛られて自分の生活を窮屈にするのは御免だ。なかには面倒なものがいくらもあるが、それをうっかり忘れるのではなく、見識を持って忘れるのならばすこしも失礼にはならない。なにしろあまりに行儀作法が正し過ぎてかえって失礼な人とか、丁重さが過ぎて煩わしい人をずいぶん見てきた。そうはいっても、振る舞いの知識は非常に役立つ知識なのである。優雅さとか美しさとおなじく、人づきあいや親交の仲立ちをしてくれる。そして結果として、我われに他人を手本として学ぶ道をひらいてくれるし、また我われのほうになにか他人が学んでためになるようなものがある場合には、それを手本として示し、そのひとの役にたつようにも手伝ってくれる〔以下を参照『モンテーニュ全集1 モンテーニュ随想録』関根秀雄訳、白水社、一九八二、八五―八六ページ、モンテーニュ、宮下志朗訳『エセー1』白水社、二〇〇五、九三―九四ページ〕。

その後、宮廷の礼節と庶民的な行儀作法を比較し、それぞれの正負両面を検討する。そうして最終的にジョクールは、モンテスキューの権威を引き合いに出しつつ、行儀作法はたしかにひとつの徳であると躊躇なく結論づける。

本来付与されるべき意味においてその語を理解するならば、行儀作法には実際上の価値がある。行儀作法を、理性にかなう内的な感情によって他者に敬意と配慮を示そうとする厚意だとみなすな

> らば、行儀作法とは自然法の実践である。敬意を示したいというつよい願いとして見られる行儀作法とは自然権の実践であり、それが自由で、たしかな根拠に基づくものであるだけに、いっそう賞賛に値する。

> 〔…〕この項目をまとめるにあたって、『法の精神』の著者の省察を参照することにしよう。中国では、村の人びとも互いのあいだで上流人士と同様に儀礼を守っているのが認められる。これは、人民のあいだに平和と秩序を保ち、冷酷、軽薄、高慢な精神からくるあらゆる悪徳を除くのに極めて適切な手段であった。これら行儀作法のルールは、礼節のルールにはるかに優る。礼節は他人の悪徳におもねるが、行儀作法は自身の悪徳が露呈するのを防ぐ。それは、自身の堕落を防ぐために、人間が互いのあいだに設けた障壁なのである。

一見すると、ジョクールの定義と十七世紀のモラリストらの定義とを明確に区別するものなどなにもないかのようだ。行儀作法は普遍的で、その必要性は人間本性に書き込まれている。善なる外見をあたえることで、行儀作法は平和的な人間関係の構築に寄与する。これが古典主義時代の大作家らの共通の命題である。この考えはかなり浸透しており、派手な社交生活のルールなど一蹴しそうな厳格な道徳観、宗教観の持ち主のあいだでさえ受容されていた。啓蒙時代において、行儀作法は自然＝本性の延長上にあって、ある種の欠点を修正してくれるものとして顕在する。しかしながら、自然＝本性の位置づけが変化し、また自然と道徳性との関係も変化していた。

以上のことと、古典主義時代のもっとも偉大な行儀作法の理論家がポール＝ロワイヤルの「紳士」の一人、ピエール・ニコルだったことは無関係ではない。ジャンセニスムの思想に基づき行儀作法を「徳」と呼ぶことは拒むものの、ニコルは自然の秩序における偉大な功績を行儀作法に認めた。ニコルにとって行儀作法とは自己愛の産物であるから、それそのものとしての行儀作法は愛徳が真にもとめるものとは無縁である。だが『道徳論』においてかれが展開したのは、政治秩序とは開明的自己愛の自然な産物であるという驚くべき政治秩序の理論であった。すなわち、政治秩序が必要とするのは外見上の正しい振る舞いのみで、秩序の発展とその維持に〔内面的な〕愛徳は不要である。つまり開明的ならば、自己愛で充分なのである。というのも、自己愛はあたかも全体の善のためであるかのように人間を振る舞わせるからだ。「自己愛はすべてを己に関係づけ、愛徳はすべてを神に関係づける。よって自己愛ほど愛徳に反するものはないが、にもかかわらず愛徳と実によく似た作用をするのも自己愛をおいてほかにない。自己愛は、愛徳と実におなじ経路をたどる。そのため、開明的自己愛がとる経路を見つければ、愛徳が我われを導くはずの道を愛徳以上にと言ってもよいほど明確に示すことができるだろう。開明的自己愛は自己の真の利益を知り、理性によって自己愛が狙いを定めた目標に向かってゆくからである」[3]。

つまりニコルの目には、つぎのように映ったのである。行儀作法は他者に好かれたいという欲求から生じる。したがって、結局のところ「行儀作法とは一種の自己愛のやり取り〔原語はcommerce。「商業」が定訳となったこの語は近世においては諸々の交換活動を指す広い意味を持ち、モノとモノや貨幣と交換する「商業」はその一部であった〕に過ぎず、そこでは相手に親愛の情を示すことで相手の愛情を引き出すといったことがなされている」。他者への愛情表明は「往々にして偽物で、かつ過剰」、せいぜい「親愛の情をあらわすことば遣いを生むくらいである。それでもそうしたことばが歓迎されるのは、自分に都合のよいことはすべて好意的に受け取る準備がこちらに整っているからだ」[4]。そうなると、なぜ「愛徳が、我われを行儀作法から遠ざけねばならない」[5]のかがよくわかる。神にむけられるべき愛を行儀作法は自分にもとめるからである。しかしながら、ニコルの論証は実のところ以下を証明することになる。すなわち「愛徳は、行儀作法の義務に一定の役割を果たしうる」こと、そして「社交界の人びとのそれとは異なる」「キリスト教的行儀作法」というものが存在しうるということ。なぜなら、行儀作法は「イエス＝キリストの善良さと穏やかさを人間に示す」ことで、最終的には「世界の悍ましさとそこからの逃避という考えを喚起する」[6]のだから。よって、一方でニコルは行儀作法と政治秩序の基礎を「開明的自己愛」、つまりのちに「利害関心」と呼ばれるものにもとめる。他方で、ニコルは行儀作法や礼節がごまかしの悪徳になりうることも否定しない。ただ、わたしたちが自然の秩序あるいは「社交界」の秩序のなかにいる限りは解消されない道徳的問題は、真のキリスト教的な生においては反対にたやすく解消しうる、とかれは考えていた。こう考えることで、とりわけキリスト教的行儀作法においては、行儀作法と誠実さのあいだに真の対立は起こりえない、となる。

(3) Pierre Nicole, « De la charité et de l'amour-propre », in *Essais de morale*, éd. Laurent Thirouin, Paris, PUF, « Philosophie morale », 1999, p. 381.
(4) « De la civilité chrétienne », in *ibid.*, p. 181.
(5) *Ibid.*, p. 182.
(6) *Ibid.*, p. 187, 195.

誠実さについて、愛徳の精神から隣人に礼儀正しく接したからといって、誠実さを欠いたのではないかと恐れる必要はない。この点については、礼儀正しさはただ愛徳のみに属するといえる。なぜなら、誠実な仕方で礼儀正しくさせることができるのは愛徳のみだからである。愛徳がそうするように隣人の内にあるイエス＝キリストそのひとを讃え、愛するときに、愛徳が神を讃え、愛しすぎることを恐れるだろうか。わたしたちが見かけほどにはつねに他者に思いやりの心を抱かないとしても、そうした気持ちを抱くべきだとの信念をもち、態度で示すような親愛の情を実際に抱くよう努めれば十分である。そうすれば、その礼儀正しさの表明が我われの欲求や性向の表明である以上、それはまったくの偽でも、欺くための嘘でもないことになる(7)。

奇妙ではあるが、いかにして「愛徳」が誠実さを不要とするに至ったのかをここから見てとることができる。ニコルのようなジャンセニストが理解するキリスト教教義は、人間本性と理性のみに依拠する教義にはできない軽業を披露してみせたのである。「曖昧さと意思の教唆を敵視する者」が不誠実さを正当化するとはおどろきであろう。だがニコルは、まさに見せかけの世辞、白々しさ、嘘の表明が心からの強い願いである限りにおいて、それらが率直さとごまかしの代わりではないことをあきらかにした。「キリスト教的理想によって、誠実さの問題の妥当性が失われてしまったのである(8)」。逆にいえば、キリスト教という観点から離れれば問題の深刻さはふたたび浮き彫りになる。こうして、礼節と誠実さの対立関係にはるかに劇的な影響をあたえる啓蒙時代のフィロゾーフらの議論が重要性を帯びることになる。おそらく十八世紀のすべてのモラリストが、ニコルの政治的楽観論(9)に賛同していたわけではなかった。

社交界の論理と愛徳の論理との根源的断絶というかれが固執する主張についても同様であろう。だがその核となる諸問題は、かれのすべての同時代人たちが共有していた。大半のフランス人大作家にとって、これら議論に通底するのは世俗的な社交界の生活と〔神学的〕救済が要請するものとのあいだで起こり得る緊張関係であった。つねに心からとはいわずとも、すくなくとも道徳について考察する際には頭の片隅を占める問題である。とりわけ著名モラリストら、たとえばラ・ロシュフコーにとってはそうである。自己愛が生じさせるさまざまな幻想についてのきわめて辛辣なかれの分析は、ニコルのジャンセニスムの二重の「礼儀作法」論として十分に解釈しうる。だが、高慢と浅薄な名誉心の幻想を同様に批判した哲学者のなかには、伝統的キリスト教からはっきりと距離を置くホッブズもいる。『リヴァイアサン』の著者にとって、各々が自己利益のみを最優先する「利害関心」と「自己愛」こそが私益の保護とその調和的発展を実現する政治秩序の基盤となるべきものである。『リヴァイアサン』で提示されたような自然状態から社会状態への移行とは、結局のところ「開明的自己愛」の現出にほかならない。ニコ

（7） *Ibid.*, p. 187.

（8） Laurent Thirouin, « Pierre Nicole, improbable théoricien de la civilité », in *Annuaire de l'Institut Michel Villey*, n° 3, 2011, Paris, Dalloz, 2012, p. 123.

（9） この楽観論をニコルはさらに進め、政治的幸福はカトリック以外の政治体にも達成しうると説くにいたる。「したがって真の宗教が追放されたために、それ〔愛徳〕がたいして賞賛されない国々においては、それでもなお聖人たちの共和国にいるかの如く誰もが平和と安全と安楽を享受する生活をおくれるのである」（« De la charité et de l'amour-propre », art. cité, p. 385）。

ルと同様にホッブズにとっても「この闘争の原因である自己愛が［人間たち］を平和理に生かすための手段となるであろう」[10]と言えよう。

ところがまさにこの二点、すなわち最優先事項である救済の問題、そして利害関心と自己愛の独占的な役割において、「啓蒙の世紀」は古典主義時代とはっきりと袂を分かつ。ニコルからジョクールにいたるなかで一見よく似た言説が繰り返されるが、その意味するところは異なるのである。啓蒙の時代は、不寛容と狂信との闘いの渦中にあった。たしかにエリートのなかでももっとも開明的な人びとの多くがロックのように「善きに報い、悪に復讐する」神の存在を信じていたが、それでも啓蒙の時代はこの世がもはや辛苦に満ちた世界ではなく、人間が思うがままに自己の幸福を追求する権利を行使する、そのような場になったことを知っている。併行して、政治秩序の構築における利害関心の果たす役割も同様に修正されることになる。そのさいには、二つの方法がとられた。ひとつは、人間の本性的社交性の存在を強調することによって、もう一つは共感の重要性を主張し、さらには自己愛も「自然的＝本性的」感情のひとつであり、社会的連帯とともに徳にも悪徳にもなりうるという道徳的中立性を主張することによってであった[11]。

近世における行儀作法と礼節の教説の歴史における決定的な契機は、おそらくイングランド・スコットランド啓蒙の共感論であり、もとを辿れば、シャフツベリの哲学にゆきつく[12]。かれの形而上学では、かれはキリスト教公認教義からほど遠いところに立つが、そのメカニズムの上あるいはそれを超えたところでの自然秩序のとらえ方は神の摂理に依るところが大きい。同様に、シャフツベリの道徳観は原罪の教理に縛られないものの、道徳感情の非妥協性の名のもとに自己中心的な利害計算と利害関心のもたらす教訓に対して厳しい態度をくずさなかった。ここに、かれの礼節の観念の着想の源がある。シャフツベリは、政治と道徳が不可分の関係にある用語をもちいて礼節を考察する。すなわち、礼節は、束縛からではなく自由から生まれるのだという。人間が自由に互いを「磨きをかけてなめらかにし」たり、「感じの良い態度をつきあわせて」尖った角をすべらかにすることで（*« rub off our Corners and Rough Sides »*）礼節が生まれる〔礼節の原語 politesse は、磨いて仕上げるという意の職人用語。次節のディドロの長い引用でも登場する〕。だからこそ、礼節は人間を自己中心主義に陥らせるどころか、人間同士のより豊かな関係の構築をうながすのである。よって、行儀作法と礼節は私利と全体の利益とをとりもつ仲介役のひとつとしてこの世の秩序に組み込まれる。この「全体」は政治共同体《ポリス》の内部に留まらず、近親者からそのまた近親者へ世界市民的な方向へと広がる。社会契約および自然な社交性から生じたルールの適用範囲が、しだいに人類全体へと拡大するのである。行儀作法に「自然法の実践」を認めたジョクールが注視したのは、この動きである。

十七世紀の思想家は、ニコルのように明示的にキリスト教神学に依拠したり、ラ・ロシュフコーのようにただ「本性＝自然」のみを考察対象としたり、あるいはホッブズのように物質主義をとることがで

（10）*Ibid.*, p. 383.

（11）たとえば、ヴォルテールの『百科全書への質問』の項目「自己愛」、あるいはエルヴェシウスの『精神論』の冒頭の指摘を参照。

（12）シャフツベリについて、以下を参照。Laurent Jaffro, *Éthique de la communication et art d'écrire : Shaftesbury et les Lumières anglaises*, Paris, PUF, « Fondements de la politique », 1998 ; Michaël Biziou, *Le Sens moral*, Paris, PUF, « Philosophies », 2005.

きた。いずれも、真性な徳と社会通念との溝を刳るように論を進めた点で共通する。そしてこのことから、もっとも厳格なモラリストらが逆説的にも人間のエゴにゆるぎなき信頼を寄せ、人間世界に秩序を見いだすことになる。これに対し、啓蒙時代の思想家の大半は原罪の教義が内包する悲観的人間観と手を切り、そうしたがためにいっそう、礼節の社会的有用性と道徳性をふたたび架橋する必要に迫られた。この控えめな、しかし深部で生じた変化の結果、啓蒙時代の思想家による行儀作法の再評価がなされる。単に政治的でも「社交界の」道理によるものでもなく、道徳的な再評価である。

行儀作法と礼節

『百科全書』の項目「行儀作法、礼節、鷹揚さ」では、行儀作法と礼節の道徳的位置づけの重大な差異に気づく。行儀作法は礼節よりも低俗であり、より洗練された礼節は平民にも手が届きそうでいて実は高貴な者たちの専有物である。だが礼節の洗練性は、むしろ道徳的弱さの徴候のようにみえる。つまり、礼節は結局のところ「徳の真似をし、徳なしで済ませる術[13]」に過ぎないのだという。だがおそらく、これが礼節についてのフィロゾーフらの結論ではない。ディドロ自身も『百科全書』において、含みをもたせつつも礼節の秀逸な擁護論を展開し、その利点を強調するためにはキリスト教の遺産に言及することも辞さなかった。

実際、礼節を表現するための用語によってその本質を判断するなら、無害で、賞賛すべきものしか見つからない。職人らの言語で作品を磨くといえば、ざらつきと不恰好な部分をなくし、艶をだして表面をなめらかにすることを指す。作品の素材の可能性を引き出し、作品を仕上げ、完成に近づけるのである。道徳的意味でもちいても、やはりこの表現のもつ善良で賞賛に値するものが認められる。洗練された発言、意味、洗練されたマナーと会話といった表現である。とはいえ、凝りすぎ、粗野、その他良識と文明社会に反する欠点とは無縁だというわけではない。社会の平穏と快適さに必要で、心が求める穏やかさ、慎み、公平さを備えているということにもならない。

［…］

また礼節が道徳にかんする書物や言説に、殊にキリスト教道徳にかかわるものによくもちいられるということは、礼節にとってはさらに名誉なことである。説教やきわめて厳しい懲罰がうむ圧迫感や厳格さの、いわば緩衝材となるのである。このおなじ礼節の神聖さが汚され、堕落した場合には、往々にして統制がきかない自己愛のもっとも危険な道具のひとつになることも正直に言っておこう。だが、礼節がなんらかの外的なものによって堕落しているとの理解を受け入れるなら、その本質において礼節は純粋で無垢であると証明しているように思われる。

わたしが決められることではないが、礼節の源泉は徳にあるとわたしは信じずにはいられない。悪用しようとさえしなければ礼節は有徳なものでありつづけるし、仮に悪徳の具となったなら、そ

（13）ここでジョクールは『当世習俗論』のデュクロの巧みな表現を借用している。のちにルソーも『エミール』でこの点を論じることになる（本書第五章を参照）。

れはきわめて善きものが邪悪な人間たちに誤用されたということだ。美も、知性も、知も、一言でいえばあらゆる被造物がしばしば悪用されていないだろうか。だが悪用を理由に、それらは本来の善良さを失っただろうか？礼節がいかなる方法で濫用されたとしても、悪しきものによってその飾り気のなさが損なわなければ、その起源、効果のいずれにおいても礼節が本質的善であることには変わりない。(14)

しかしながら、これほど楽観的ではない調子でディドロはこの礼節擁護論をしめくくる。つまり、礼節の洗練によってある種の非情さが隠蔽される可能性を示唆したのである。「それ〔礼節〕は、未開人にはほとんど知られていない美質である。森の奥深く、裸のまま必要を満たすことだけに奔走する男女のあいだで礼節が交わされることはない。文明化された人民においては、心にもない礼儀正しさを外見的に実演しているにすぎない」。(15)古典主義時代の人びとも、無論このような礼節の道徳的両義性に気づかなかったのではない。(16)ここでも啓蒙時代の哲学者らは偉大な世紀の思想家のなじみのテーマを復活させたのだが、ただし、あたらしい射程に問題を布置する。ラ・ブリュイエール『キャラクテール』の有名な一節は幾度も解説され、注釈されてきたのだが、問題の本質はすでに言い尽くされている。

礼節はかならずしも親切、慇懃、感謝を生みはしない。けれどもそれらの外観をあたえる。そして人を、内面においてあるべきような姿に見せる。人は礼節の精神を定義することは出来るが、その実態を固定することは出来ない。礼節は慣例や一般の風習にしたがい、［…］時と場所と人びととに始終気を使うものだからである〔…〕。

思うに礼節の精神とは、我われのことば遣いや立居振舞によって相手をして我われにも自己にも満足せしめんとするある心遣いのことであろう。(17)

ラ・ブリュイエールは礼節の効用を認めるが、同時にもっぱら外見にかかわる礼節の欠点もあきらかにする。その外面性こそ、宮廷人の人物像においてかれが批判を集中させたところだった。「宮廷は大理石の建物のようなものである。というのは、極めて dur であると共に極めて poli な人びとで構成されている、という意味である」(18)〔「硬い」を意味する dur は気難しさも意味し、「洗練された」の意の poli は滑らか、あたりの柔らかさを意味し、対比的に用いられている〕。だが、礼節が外見のみをよりどころとするとしても（『人間嫌い』〔モリエールの戯曲。初演は一六八四年〕の主人公アルセストはそう考えていたようだが）、それを理由に不道徳と断じることもできない。礼節は徳の代わりにはならず、また徳を芽生えさせるには不十分

(14) ディドロによる『百科全書』の項目「礼節 « politesse »」。

(15) *Ibid.*

(16) モリエールはマナーを擁護するが、アルセストの台詞という体《てい》で、フランス上流階層に対する批判を展開する。のちに、ルソーが取りあげる批判である。モリエールは、ドン・ジュアンがディマンシュ氏の権利を拒否するために、かれを徹底的におだてる様を活写した〔本書第六章、二四六ページも参照〕。

(17) La Bruyère, *Les Caractères*, V, 32〔『カラクテール　上巻』関根秀雄訳、岩波文庫、一九七七［一九五三］、一八九―一九〇ページ (V, 32)〕。

(18) *Ibid.*, VIII, 10〔同上、中巻、十ページ〕。VIII, 2, VIII, 74 も参照。

であっても、徳に逆らってはいない。デュクロ、ルソーのみならず、社交的徳に対する警戒心があまりない善人ジョクールにとっても、礼節はいうなれば怪しいものとなった。行儀作法の内部を暴いたと思ったニコルが批判した（偽の）愛徳の教義とおなじ悪徳性について、礼節も非難されることになったのである。『百科全書』が証言するのは、「マナー」の道徳的価値とその政治的役割についてのフランスでの議論の変化である。のちの「文明化」の語に認められるようなあきらかに肯定的な意味づけが「行儀作法」になされるが、このおなじ時期に、上流社会における差別化のしるしであったはずの「礼節」は批判の的になる。道徳性と政治性がわかちがたく結びついた批判である。礼節は偽善的だ、なぜなら誠実さを許さず、ごく少数のエリートの支配の道具であるからだ。うつくしい振る舞いの信仰から、礼節はかれらの特権を昇華させるのである。このように一見、実によく似た社交形態をあらわす二つの概念の関係性が再定義されたのだが、これは単に思想の変化にかかわるのではない。ヨーロッパの大国間の関係にかかわる明確に政治的な射程を含む変化である。つまり、イギリスとフランスの関係である。古典主義時代の行儀作法と礼節の源流はイタリアにあるが、その後、イタリアの影響力は相対的に減じてゆく。衰退の原因が対抗宗教改革の予想以上の成功なのか、あるいはヴォルテール以来のフランス人が考えるような政治的分裂なのかは定かではないが、いずれにせよ、イタリアの影響力の衰退によって行儀作法と礼節が見事な開花を遂げる舞台はしだいに君主政フランスに移ることになったようだ。のちに、ラファイエット夫人はこう述べる。「あらゆる国の人びとがフランスのマナーに好感をいだく」。それから長期にわたり、フランス的行儀作法の威光はほとんど当然であるかのようにヨーロッパ中の宮廷におけるフランス語の浸透としてあらわれた(19)。だが「行儀作法」と「文明化」がひろく憧れの対象となると、徐々にフランスの優位性に疑義が抱かれるようになる。ヴォルテールにとって、ルイ十四世治世以来のフランス流マナーの威光は出発点であった。普遍的とはいわずとも、ヨーロッパ全体が追随することになるフランス流マナーの普及の出発点である。だが、フランスがたどったこの過程は他の国々にも模倣できるのだろうかと疑問に感じる人びともいた。かれらは、フランス流「礼節」とは本質的に堕落した社会が見せる煌びやかな側面であり、最終的にはこれを糾弾することになる。

この歴史において、その反例となるイギリスの事例は中心的な役割を演じる。シャフツベリからアディソン〔『スペクテイター』の創刊者のひとり〕、そしてかれらの後継者へとつづく人びとによって進められた近代イギリス文化の創設のプロジェクトを比較すると、そのことがよくわかる。ウィッグ党の初期思想家らによれば、フランスは礼節、文学、技芸にかんすること全般において一時的には優位に立った。だが、イギリスは自由の拡大によって、その遅れを取り戻すにちがいない。自由は政治体制にのみかかわるのではないからだ。穏やかな人間関係が増幅し、そこから自由は「礼節」を育むに適したさまざまな社交形態を社会全体にひろげる。イギリス社会を支えていたのはただ政治的自由のみでも、商業のみでもなく、洗練された〔礼節を知る〕社会でもあったにちがいないのだから。[20] のちに巷に流布する言説では、礼節はフランス

---

(19)　この点については以下を参照。」Marc Fumaroli, *Quand l'Europe parlait français*, Paris, Le Livre de Poche, 2003.

(20)　Lawrence E. Klein, « Liberty, Manners, and Politeness in Early Eighteenth-Century England», *The Historical Journal*, Cambridge, vol. 32, 3 septembre 1989, p. 583-605, et *Shaftesbury and the Culture of Politeness : Moral Discourse and Cultural Politics in Early Eighteenth-Century England*, Cambridge University Press, 1994.

の政治体制の特質とみなされるにいたるが、それは絶対王政が内在する悪徳の反映でもある。すなわち、隷属状態におかれた貴族に支えられながら存続し、法の支配と所有権に基づく諸権利の代わりに、君主の恣意的な権力行使と宮廷人への寵遇がはびこる絶対王政の悪徳である。息子にフランス式礼節を教える有名な手紙のなかで、チェスターフィールド卿が逆説的にも示したのはこの点であった。というのも、イギリスでは軽薄であるばかりか不道徳だと非難の的だったからこそ、フランス式礼節のレッスンはまずその擁護から始めねばならなかったからである。(21) 同様のことは、アダム・ファーガソンにも認められる。ファーガソンの主張はルソーに近く、「文明社会」(22) の偉大な歴史家の主張としては我われには意外に感じられる。「堕落」やフランス専制主義に対する論戦には触れずに、フランス式礼節と政治体制との関係に光を当てた英語での分析を見いだすことができるのは、ようやくヒュームが登場してからである。

◇

十八世紀にはじまる議論のなかで、礼節と誠実さの関係という道徳的問題は、ヨーロッパで目覚ましい発展を遂げる行儀作法あるいは「文明」がとる多様なかたちの政治問題と密接に結びついていた。本書においてこれらの論争を描くにあたって、わたしは重要な著述家の思想の内部に分け入るような分析手法をとった。いくつかの点では本質的に対立するものの、問題関心を共有するために議論がかみ合いひとつの対話を成す、そのような思想家たちである。以降の三つの章では、ヴォルテール、モンテスキュー、ヒュームをとりあげる。啓蒙の時代における習俗とマナーの発展に注がれるあたらしい眼差しをもっとも鮮やかに示す三名であり、かれらの分析を通じて、ヨーロッパ大国間の、とりわけフランスとイギリス間の差異をとらえるよう努めた。これにつづくのはルソーである。いわずもがな、イギリス式の商業社会であれ、君主政フランス式の交際社会であれ、揺籃期の近代に対してもっとも深い批判を展開した人物である〔商業社会／交際社会は原語は共に英語の commercial society。commercial は現在では「商業の」と訳すが、十八世紀にはモノ、ことば、思想などの有形無形の交換ややり取りを指す広い概念だった。レノは当時の意味にならい、イギリスの商業社会に対し、礼儀正しい言動を交換する交際を基盤とするフランス式社会を同一の語で表現した〕。このルソーに答えたのが、カントである。カントは、ヒュームから継承したいくつかの命題をルソーへの反論にもちいるのだが、これらの論点はフランス革命と民主主義国家アメリカの誕生につづく時代にふたたび見出されることになる。

（21） *Lord Chesterfield, Lettres à son fils*, Préface de Marc Fumaroli, trad. fr. Amédée Renée, Paris, Rivages, 1993.

（22） Adam Ferguson, *Essai sur l'histoire de la société civile*, trad. fr. M. Bergier, Paris, PUF, « Léviathan », 1992〔『市民社会論』天羽康夫、青木裕子訳、京都大学出版会、二〇一八〕。

第二章　王、法、習俗——ヴォルテールと君主政フランス

イギリス人にとってフランス流の礼節はイギリスが目指すべきモデルのひとつとなりうるし、反対にイギリスのよさを引きたててくれる可能性もある。だが仮にそうであっても、それによってかれらの政治体制の再考をうながすことには決してならない。たとえばヒュームのようなスコットランド人にとって、フランス的礼節および文明化された君主政の模範はイギリスの政治的政党主義を相対化する役割は果たすものの、かれがイギリス史の華々しい成果を否定する理由にはならない。〔ヒュームのように〕もっともフランスに好意的評価をくだすケースでもこの程度なのである。これに対し、親英派のフランス人にとっての「イギリスの国制」は、イギリス人にとってのフランスよりもはるかに多くのことを意味するだろう。いずれも正当な二カ国の国制のうち、イギリスの国制がフランス君主政の原理とは異なる原理に依拠すること、二カ国の体制が対照的な利点および欠点を有すると単に示すことが問題なのではない。というのも、イギリスは人間行動のあたらしい行動原理をフランス以上に理解した近代国家の代表と見なされ、その繁栄と力はルイ十四世時代の継承者にとっては前代未聞の挑戦となると考えられていたからである。ヒュームにとっての「文明化された君主国」フランスは、繁栄と力の見事な結合に

よって芸術、マナーが洗練の極みに達して自由なイギリスを凌駕した事例だが、同時にその成功はどこか脆く、偶発的な要素を孕んでいた。他方、ヴォルテール（一七二六）、アベ・プレヴォ（一七二八）、モンテスキュー（一七二九）のようなイギリスに教えをもとめてロンドンを旅した者たちには、イギリスの優位は一時的ではないように思われた。おそらくイギリスの政治体制のなんらかの特徴に由来し、ある種の偉大さや名誉とかならずしも衝突しないかたちで、より幸福に寄与するように人類の営為を広く修正する。イギリスの優位とはこうしたことによる優位性のようであった。

しかしながらフランス啓蒙思想においては、イギリスの長所を認めたからといってイギリス政治体制の絶対的優位を認めたことにはならない。イギリスを範とすべきだとフランスに強いるほどではないということだ。ヴォルテールからフィジオクラートを経てチュルゴにいたるまで、主流派はイギリス「混合政体」に対して無関心か、はっきりと敵対的かのいずれかであった。他方で、モンテスキューが「権力が権力を抑止する」体制を称賛するのは、商業的共和国の習俗や制度でなくとも実現可能な、ある種の自由をフランス君主政も体現しえたのではないかとの考えを擁護するためである。反対に、大思想家たちにとって、イギリスとフランスの差異は近代ヨーロッパにおける二つの相反する極をあらわすという見方は揺るぎなかった。イギリスは基本的に商業国を志向する近代的な「ほぼ共和国」であり、対するフランスは本性的に親和性の高い「礼節」と文明化した（あるいは文明化をもたらす）君主政とからなる国である。

よって、礼節の問題は人類学的および哲学的に広範な射程を有する問題である。礼節はさまざまな仕方で啓蒙時代の地誌を素描することになり、それはさまざまな政治的要求のあらわれでもある。このような見取り図においてイギリスとフランスの対比をもっとも鮮明に描いたのがモンテスキューであり、かれは「商業」と「マナー」に自由をまもる二つの方法を看取した。「穏健な」君主政とは一方に中間団体、他方に名誉という至上の規則を指針とする人間行動によって権力が制限された政体である。それはかれにとって「君主政の看板のうしろに隠れた共和国」であるイギリスが表象するあたらしい形の自由に対する、一時的だが現実的な代替案である。しかしながら『法の精神』の著者にとって、このような理想的フランス君主政を礼賛することは、裏を返せば現実の君主政を、とくにリシュリューとルイ十四世以降のそれを全面的に糾弾することでもある。そして、かれはフランス・イギリス両社交＝社会〔原語の société には、社交または社交集団の意もある〕の根本的な差異を前提とし、法が二大国の「一般精神」に適うものでありつづけようとするなら、その差異は法がまもるべきであろうと考えている。となると、同時代人のなかでモンテスキューのように考える者は稀で、時代の精神をはるかに忠実に映しだすのはヴォルテールの作品である。たしかにヴォルテールはイギリス的自由の熱烈な支持者で、身分制社会や高等法院の遺産に好意を示したことはなく、かれの見解は君主政の「王国基本法」の偏狭な教条主義とはあいいれない。しかしながら十八世紀において、おそらくかれほど王権の大義を擁護した者はいない。イギリス社会に魅了されてロンドンから帰郷したヴォルテールとは、「ルイ十四世の時代」を世界の歴史におけるもっとも輝かしい四つの時代のひとつにかぞえ、偉大な国王を北方諸国の君主のモデルとして提示したヴォルテール、さらに晩年に高等法院を抑圧したモプーの改革に賛同したヴォルテールと同一人物である。近代的自由への嗜好と「絶対主義的」フランス国家への真摯な賞賛がひとりの人物に奇妙にも同居しているのである。これを理解するには、かれが手がけた複数の歴史的大著に通底するロジックを再構成したり、啓蒙思想の使命をかれがいかに理解していたかを分析する前に、ヴォルテールがイギリス出発時に自問していた諸問題をまずは想起する必要がある。そうすることで、ヒュームの考えるそれとは大いに異なる、ヴォルテール独自の地理的な理解が見えてくるだろう。

イギリスの自由とフランスの名誉

ヴォルテールがイギリスにむけてフランスを発ったのは、シュヴァリエ・ド・ロアン＝シャボとの一悶着のあとだった。かれがヴォルテールの襲撃を指示し、ついでバスティーユに収監させたのである。当時二五歳だったヴォルテールは、すでに文人として名を馳せていた。初期作品はある程度の成功をおさめ、その主導線をなす思想も表明されていた。つまり、ヴォルテールは「王権のテーゼ」の擁護者なのである。貴族層の野望を抑えるために中間層をまもり、内乱や「狂信者」[1]による迫害から国をまもるために、頼るべきは君主政と国王だとヴォルテールは考えていた。イギリスでの経験は、この信念を変えさせるものではなかった。それでもイギリスはフランスのそれとは異なる社交＝社会があることをかれに知らしめたのであり、ヨーロッパの二大大国の比較が『哲学書簡』の中心テーマとなる。

イギリスでは、市民の権利がきちんと認知されている。芸術家や文人の功績も然りで[2]、またたとえ複数の制限つきであったとしても信教の自由が保証され、宗教の権力は特定の範囲内に制限されている。イギリスは世俗的・宗教的内乱を克服し、他に類をみない、おそらくは他に例を見ない体制を自らつくり上げたのである。「イギリス国民は、国王に抵抗して国王の権力を制限するのに成功した地上で唯一の国民である。そして、努力に努力を重ねて、ついに現在のような賢明な政府を打ち立てた国民である。

この国では、「王は、善をおこなうには全能であるが、悪事を働くにはがんじがらめであり、貴族諸侯は力を持っているが尊大でもなければ、家臣も持たず、国民は政治に関与するが、そのために混乱に陥ることもない」[3]。いずれにせよ、イギリスの経験が例外的であったがためにイギリス政治体制は普遍的モデルとはしがたく、イギリスでの成功につづくものはなく、あるいは純粋な「ユートピア的」なものに終わる危険がある。これを回避するには、政治、哲学、宗教を含むひろい視野でイギリスの成功を検討する必要があり、そうすることではじめてこの時期のヴォルテールの英仏関係の認識を理解することができる。『哲学書簡』が執筆されたのは、「名誉革命」から四十年以上が経過してからだった。イギリスの政治体制が近代的な議会主義のかたちをとり始め、だがいまだイギリス国制の解釈をめぐって数々の論争が起きつつもウィッグ的解釈が党派間の共通言語となる程度には一定の権威を有する、そのような時代だった。だが読者が驚かされるのは、まさにヴォルテールが一六八八年の革命についてのもっともあり

(1) 君主政国家のみが法の発展を保証しうるという「王権テーゼ」と、自由の擁護のためには貴族層に依拠すべきとする「貴族テーゼ」の対立は、ヴォルテールの政治思想についてのピーター・ゲイの著書の中心テーマをなす。『ルイ十四世の世紀』の著者がそこかしこで貴族層の功績を認める発言をしていたとしても、かれは「王権テーゼ」擁護派の中心的論客のひとりである。この点について以下を参照。Peter Gay, *Voltaire's Politics. The Poet as Realist*, 2e éd., New Haven et Londres, Princeton University Press, 1988, *passim*.

(2) *Ibid.*, p. 40-41.

(3) Voltaire, *Lettres philosophiques*, VIII, « Sur le Parlement », in *Mélanges*, Paris, Gallimard, coll. « Bibliothèque de la Pléiade », 1961, p. 21〔『哲学書簡』、『哲学書簡・哲学辞典』中川信、高橋安光訳、中公クラシックス、二〇〇五、五六ページ〕。

きたりな語りとイギリス政治体制の伝統的解釈のいずれにも距離をとることである。当然ながら、演劇に対する狂信的姿勢を崩さないピューリタン（第二三書簡）にはほとんど共感を示さず、その後継者で「この国で流行の厳めしく深刻ぶった雰囲気を撒き散ら」し、イギリスの悲しい日曜日（第六書簡）の原因をつくった長老派に対しても然りである。だが殊に、全体としてはスチュアート家に対して寛容で、(4) 一六八八年の名誉革命に特別な賛意を示したことは一切ない。かれにとって、名誉革命の起源は栄光以上に闇に包まれたものだったのである。「一方、この不幸なジェームズ二世はスチュアート王家のほとんどすべての人たちのご多分にもれず、すぐれた点と欠点とが共存している性格で、［…］そのあげく自分の王国を失ってしまったが、どうしてそんな事態になってしまったのか、誰にも説明できないのである」（第四書簡）。加えて、伝統的にイギリス国制の称揚を正当化する権威あるテーゼに対しては完全に懐疑的であった。イギリスの自由の長い伝統および、とくに古代ローマの混合政体の理想に対するイギリス政治体制の忠実さを説くテーゼに対してである。

議会政治に対する実に好意的な分析につづく第九書簡「政府について」では、「古来の国制」の神話に対する徹底的批判がなされる。

イギリスの政治に見られるこのみごとな融合、庶民・貴族・国王間のこの協同はつねに存在していたわけではない。イギリスは長いあいだ他民族に隷属を強いられてきた。イギリスはローマ人、サクソン人、デンマーク人、フランス人の支配下にあった。なかでもウィリアム征服王は鉄の王杖《おうづえ》をもちいた。征服王は、東洋の君主とおなじように、新たにかれの臣下となった人民の財産と生命とを勝手に処分した。

［…］ウィリアム征服王より以前にもまたそれ以後にも、イギリス国民が議会を持っていたことは事実である。かれらは、その当時議会という名で呼ばれており、聖職にたずさわる圧制者や貴族《バロン》と名のる略奪者たちとで構成されていたこの集会が、自由と公共の福祉の擁護者であったかのように、このことを自慢している。(5)

つまり、フランスの歴史がそうだったように、イギリスの歴史の始まりはライバル関係にあった野蛮な貴族たちが「人民からの略奪物をめぐってかれらの国王とも争うようになった」残虐な戦闘だったのである。平民が政治に関与するどころではなかったのである。ヨーロッパ中がそうだったように「人間の大多数が」「自由ではなく、農奴だった」政体において、国王の権力に対する制限を賛美する理由などどこにもない。「当時、国王は決して専制的ではなく、それはいかにもそのとおりであるが、しかし人民はそのためになおさらみじめな隷従に苦しむのみという状態であった」(6)。大憲章そのものも自由を志向する文書というにはほど遠く、「国王を貴族たちの依存状態におく」試みの産物で、自由がいかに

（4）第十九信「喜劇について」はウィリアム・ウィチャリー〔十七世紀イギリスの劇作家。チャールズ二世の側近のひとり〕の賛辞から始まる。この人物が名声を得たのは王政復古期にスチュワート家があたらしい喜劇劇場の発展を支えるなかでのことだった。この劇場はモリエールの、つまりルイ十四世治世フランスの影響を多分に受けている。

（5）*Mélanges, op. cit.,* p. 23〔第九信「政治について」六二―六三ページ〕。

（6）*Ibid.*〔同上、六三ページ〕。

未知のものであったかを物語る。「《イングランドの自由の大勅許》という大憲章のタイトル自体が明示するように、国王は自分に絶対的な権利があると思っていた。そして、貴族や僧侶たちも自分たちが最大の強者であるからこそ、国王が自分のものだとしてきた絶対的な権利を力ずくで放棄させたのである」。ここで言えるのは、せいぜいこの程度であろう。「残余の国民も少々の恩恵にあずかった。だがこれは、なにか事が起きた場合には、国民の自称庇護者《ひごもの》の側につかせようという狙いからだった[7]」。つまり自由の歴史とは、古き国制におけるその起源から現在までの権利の継承の歴史ではない。そうではなく、フランスと同様「けちな追剥《おいはぎ》連中の」貴族がより強大かつ正当的な権力の前に屈した歴史である。フランスとイギリスの大きな違いは、フランス国王の権威が（ときおり人民の力に頼るときをのぞいて）絶対的に優位であったのに対し、イギリスの歴史は人民の権威と君主の権威のより複雑な結合に帰着した点である。このことはイギリス貴族の漸次的な衰退となってあらわれた。税制上の特権はなく、またかれらの政治的な存在意義は「あまりにもおそるべき勢力となった平民階層に」対抗させるために「ときどき新貴族をつくる」ことによってのみ保たれたのだった[8]。

　イギリスの自由が「古来の国制」に由来しないのなら、共和政ローマの混合政体ともローマ帝国ともたいした関連はない。ローマとイギリスという二カ国は、実際のところ「よい面でも悪い面でも、まったく異なる」。第一に、ローマはキリスト教固有の問題である「幾つもの宗教戦争などという恐ろしい狂気の沙汰」の経験がイギリスにはないことだが、それだけではない。「ローマとイギリスとのあいだにはより本質的な違いがある。おまけに、見比べるとイギリスのほうが断然優れている、そういう相違点だ。それはローマにおける内戦の結果が奴隷制であったのに対し、イギリスにおける騒乱の結果は自由であったことだ」。こう述べることでヴォルテールは、共和政ローマの自由の起源を元老院と平民との対立に見る「マキャベリ的な」伝統に暗に抗っている。つまり、自由とは権力者と庶民との対立から生まれるとの見解が、イギリスの賞賛のみに導くようにしたのである。そのためにかれは、イギリスの政治体制には君主政的なところがあると強調する。トーリー的というよりはウィッグ的と言いたくなるような解釈を披露するのである。「上院と下院とは国民の裁定人であり、国王はその上に立つ裁定人である。この均衡がローマ人には欠けていた。支配者層と人民とは、ローマではつねに仲たがいしていて、この両者を和解させる中間勢力がなかった」。しかしヴォルテールにとってこのような国王の卓越性は、内政では繁栄を追求し、国際秩序においては列強の権力バランスを模索するイギリス君主政の平和的姿勢に部分的につうじるものであった。共和政ローマはといえば、外交上の均衡とはたえず征服を意味し、また元老院は戦争を平民を権力から遠ざけることに利用する始末である[9]。つまり、イギリスの政治体制は巷で言われるような貴族政と君主政の単なる混合原理にではなく、貴族を排除した国王と庶民院の協力体制に依拠する。イギリス社会において、かつてないほどに商業の重要性が増したのがその理由である。「イギリスにおいて国民を豊かにした商業は、同時にかれらを自由にするにも寄与したが、この自由が今度は商業を発展させたのである。こうして国家の隆盛が築かれた。この商業こそしだいに海軍力

（7） *Ibid.*, p. 25〔第九信、六五ページ〕。

（8） *Ibid.*, p. 26.〔第九信、六七ページ〕。

（9） Lettre VIII, « Sur le Parlement », in *Mélanges*, *op. cit.*, p. 21〔第八信「国会について」、五五—五六ページ〕。

をゆるぎないものにしたのであり、その海軍力によってイギリス人はいまや多くの海の支配者となっている[10]」。その後（一七五六年版以降）の版においてヴォルテールは考察を深め、つぎのように述べることになる。イギリスの独自性は（かつてのカルタゴ、あるいは現代のヴェネツィア共和国のような）商業力と軍事力の結合のみにあるのではない。イギリス人はまず軍事力を育て、それを後ろ盾として商人になり、賢明にも商人であり続けた。「交易によって富を蓄え、その金で封建領主になった[11]」かつての商業的共和国や我われ〔フランス人〕とは異なるのである。しかしイギリスから戻った頃のヴォルテールの感情を伝えていた初版では、イギリスの権力に対する感覚をずばり述べている。貴族は宮廷人の生活よりも商業を好み、同輩公の息子は宮廷ではただの「金持ちで有力者の市民」以上ではない。それでも商業は、武力によって獲得できたであろうとおなじくらい強大な権力をイギリスにあたえている。この意味では、ローマとの比較には正当性がある。「こうしたさまざまな事柄によってイギリス商人は当然自分に誇りを持つようになり、それがかれらに自分たちをローマ市民になぞらえるよう作用するに至ったのも、まったくの見当はずれとは言えない[12]」。ローマの自由と同様にイギリスの自由は権力をもたらしたが、まったく別の回路をつうじてそうなったのである。

仮にイギリスの強さの秘密がその国制にあるのではなく、また、もし政治体制が大いに異なるイギリスの事例がフランス人にとってなんらかの教訓になりうるのだとすれば、おそらくイギリスの成功の理由がより深く、より広い射程を有するからだろう。この「イギリス書簡」が同時に、そしてとりわけ『哲学書簡』でもあることの根拠もここにある〔『哲学書簡』の正式名称は『イギリス書簡あるいは哲学書簡』〕。実際、本作で強調されるのはフランス以上にイギリスこそ哲学が大きな進歩を遂げた国であるということ、それがイギリス人気質を根本から変容させるほどだったという主張である。その変容はまず宗教においてあらわれ、これが最初の七章の主題をなす。だが、かれの感覚の本質は作品の終盤、つまり第二五書簡のパスカルの『パンセ』に対する批判のなかで明示的に打ちだされる。この観点からすれば、フランスに対するイギリスの優位は明白である。というのも、イギリスには特権的地位にある教会が存在しつつも自由が確立し、自由の確立によって宗教的寛容を確立した政治体制を備え、それによって宗教戦争から決定的に脱した国だからだ。「当地は諸宗派分立の国である。自由人としてイギリス人は、自分の気に入った道をとおって天国にゆく」[13]。イギリス人はキリスト教徒であることを望んだが、しかしキリスト教はイギリス人の国では紛争と対立の原因となることをやめたのだった。

最初の四つの書簡は、イギリスの宗派のなかでももっとも不思議なもの、つまりクウェーカー教徒についてである。クウェーカー教徒の事例は正統派カトリック教徒が自分たちを誰よりも偉いと考えてよいはずがないことをあきらかにし、かれらの傲慢さをへし折ることができる。クウェーカー教徒の信仰心は、カトリック教徒のそれとあらゆる点で対立する。かれらは洗礼と聖体拝領を含む一切の秘蹟を拒み、神父は存在せず、だが信仰はある種の聖なる書物（聖典）を認める。かれらには奇妙なしきたりが

（10） Lettre X, « Sur le commerce », in *Mélanges*, *op. cit.*, p. 27〔第十信「商業について」、七一ページ〕。
（11） *Ibid.* 一七五六年版の抜粋、一三七九ページ（一七ページの注一）〔『哲学書簡』林達夫訳、岩波文庫、一九八〇、六〇ページ、注一〕。
（12） *Ibid.*, p. 28〔第十信「商業について」、七二ページ〕。
（13） Lettre V, « Sur la religion anglicane », in *Mélanges*, *op. cit.*, p. 14〔第五信「イギリス国教について」三八ページ〕。

あるものの動機は実は人間愛に発し、かれらは偽善を退け、徳を尊重する。天啓への信仰についてはすべてを神の内に見る教義、すなわちキリスト教徒にして合理主義者であるマルブランシュの哲学に近い教義にもとづく。キリスト教はドグマや迷信と見分けのつかぬ伝統の崇拝を一掃すれば、信仰における理性との共存が可能になるのである。クウェーカー教徒の例がその証左となるのなら、もっとも正統派の潮流において宗教的自由が狂信へと流れそうになる強烈な力をいかに無効化しうるのか、イギリス国教会信徒と長老派の例はこれを理解する手立てになる。イギリス国教会は特権的地位にあっても、真の権力はない。宗派間の対立が宗教的自由と多数のセクトの存在によって中和されるかぎり、長老派の狂信が政治的影響をおよぼすことはない。ヴォルテールはロンドン証券取引場をあつかった一節で、イギリスにおける宗教的分裂の幸運な帰結を鮮やかにまとめている。

ロンドンの株式取引所に一度入ってみたまえ。ここは多くの高等法院以上に尊敬に値する場所である。そこには人類の利益のためにあらゆる国の代表者たちが集まっているのを見るであろう。取引所では、ユダヤ教徒、マホメット教徒、キリスト教徒が、同一宗教に属する人間であるかのように、互いに取引きをおこない、異教徒という名前は破産なんかする連中にしかあたえられない。そこでは、長老派教徒は再洗礼派教徒を信用し、国教徒はクエーカー教徒の約束手形を受けとる。[…]。もしイギリスに宗派が一つしかなかったならば、専制はおそるべきものになるだろう。もし宗派が二つならば、互いに喉を切り合うだろう。しかしイギリスには宗派が三〇もあるので、みんな仲良く幸福に暮らしている。(14)

このテクストは、政治論議で終わる。そこではイギリス政治体制の分析でもちいたのとおなじ図式を宗教史にも適用するのだが[15]、その意図は、宗教的（および政治的）自由の真の意味と思想および情念の考え方全体をあたらしく方向づけることにある。つまり、ある宗教的行為によって世界の変革を目指すならば、その行為が人類に利するときのみ神を讃える、そのような行為であるべきということである。だからこそ「パスカル氏の『パンセ』について」と題する書簡が重要となる。「気晴らし」および人間の「二面性」についてのパスカル流の分析とは反対に、この書簡では将来に対する不安や心配が人類の条件を真に改善する条件となるという自然主義的人類学が展開されているからである。

第二五書簡の哲学は、ロックからの直接の借用である。失敗したから不安（*uneasiness*）を不幸に感じるのではなく、生存条件を改善せねばと我われを駆りたてる「針」があるから不幸なのだとロックは述べた。『哲学書簡』においてロックはベーコン、ニュートンと並ぶ知の英雄の代表格とされる。イギリスの優位性とは、イギリス哲学の優位性である。形而上学を経験主義に置きかえることでデカルトの先をゆき（デカルトが小説を書きつづける最中に、ロックは霊魂の「歴史学」に取りくんだ）、さらには人

（14） Lettre VI, « Sur les presbytériens », in *ibid.*, p. 17-18〔第六信「長老派について」、四七―四八ページ〕。

（15） ヴォルテールの論理はその後さまざまな議論を喚起し、とりわけマディソンの論理展開の源泉となったことが認められる。マディソンはアメリカにおける複数宗派の共存の豊かさを実感し、分派に対しては抑圧よりも寛容さをもって接するのが望ましいと主張した（*Le Fédéraliste*, n°s 10 et 51）〔ジェームズ・マディソン『ザ・フェデラリスト』第十編、五一編、斎藤眞、中野勝郎訳、岩波文庫、一九九九〕。

間の生存条件の改善のために利害関心の価値を認めさせたのだから。

ヴォルテールの代表作のなかで、おそらく『哲学書簡』は英仏の比較においてもっともフランスに否定的な評価を下した作品である。内戦や革命の歴史が自由と力をイギリスにもたらしたのに対し、フランスは分裂によって混迷を極め、王権の強化によってしかそこから脱することができなかった（第八書簡）。たしかに文芸、技芸、科学はリシュリューの政策の恩恵を受け、ルイ十四世治世を比類なき誉望で輝かせた。だがイギリスでは喜劇と詩が驚くべき発展を遂げ、フランスの遺産のかなりの部分を我が物としたと考えるのが妥当である。それはちょうど、かつてフランス人がイタリア人を模倣し、おそらくはかれらを凌駕したのとおなじである（第二二書簡）。フランスが名声を欲しいがままにした時代に、仮にイギリス人が文芸や戯曲に対するピューリタンの敵意に苦しんだとしても、文人・役者の地位はフランスよりイギリスのほうがはるかに高くなっていた（第二三書簡）。クウェーカー教徒の質朴さを讃えるヴォルテールは、フランスの礼節の価値さえ認めようとしないようである。[16] フランスの名誉の観念は『哲学書簡』で言及されるが、それはフランスの精髄の古びたイメージでしかない。フランス人の名誉は、おそらくイギリス人のそれよりもはるかに調和が取れてはいるが、イギリスで哲学が進歩したせいで、すくなくとも当面は時代遅れの感がでてしまったようだ。[17] 英仏関係の最良のイメージを示すのは、おそらくデカルトとニュートンの比較であろう。フランス人思想家に一定の功績を認めつつも、イギリス人学者の優位性が示されているからだ。「実を言えば、かれの哲学があらゆる点でニュートン哲学と同等に論じられるとは、わたしには思えない。前者は一試論にすぎず、後者は一大傑作である。しかし、われわれを真理の道につかせてくれた人は、おそらくその後にその終着点に到達した者とくらべて、な

ん ら劣らないのである」[18]。
数年前、『アンリヤード』においてヴォルテールはイギリス国制についての卓抜した分析をすでにのこしていた。のちのアンリ四世がイギリスに到着し、エリザベス女王に謁見する前の心情を語った箇所である。

ロンドン　かつては野蛮だったが　今では技芸の中心
世界の商店　軍神マルスの寺院
ウェストミンスター寺院の壁には　固く紐で結ばれた

（16）Lettre I, « Sur les quakers », in *Mélanges, op. cit.*, p. 1〔第一信「クウェーカーについて」、七―八ページ〕。「老人は帽子をかぶったままでわたしを出迎え、からだをかがめたお辞儀などは全然見せずに、わたしのほうに歩んできた。しかし、その顔に現われた隔てのない人情味ある様子には、心のこもった礼儀正しさがあった。片足をもう一方の足のうしろに引き、頭をおおうのにつくられたものを手に持つ習慣にはないものである」。

（17）Voir lettre XVIII, « Sur la tragédie », in *ibid.*, p. 84〔第十八信「悲劇について」、一九九―二〇〇ページ〕。「イギリス人は、今まで破格の美をつくり出すのにしか適していなかった。シェイクスピアの異彩を放つ怪物どものほうが、現代風の中正穏健よりも千倍も人の心を喜ばせる。イギリス人の詩的才能は、現在までのところ、自然によって植えられ、行き当たりばったりに無数の枝を伸ばし、形は整わないながらも精いっぱいに成長をつづけている、うっそうとした樹木に似ている。もしあなたがその自然に無理な力を加えたり、マルリ庭園の樹木のように刈り込んだりしようものなら、その木は枯れてしまうだろう」。

（18）Lettre XIV, « Sur Descartes et Newton », in *ibid.*, p. 58〔第十四信「デカルトとニュートンについて」、一四二ページ〕。

三つの力
人民の代表、貴族、国王
利害はばらばら　だが法によってひとつになる
三身分すべてが無敵の部隊をなす崇高な一員
自分にとっては好敵手　敵にとっては恐るべき強者
みずからの義務を知る人民は幸福なり
主権にあたうかぎりの敬意を
穏やかさ、公正、ポリスを重んじる国王は幸福なり
公共の自由にあたうかぎりの敬意を[19]！

つまりエリザベス女王のおかげで、イギリスの国制は人民の自由と国王の権力の均衡の上に成立するということである。フランスではアンリ四世の勝利が宗教戦争に終止符を打ち、国家の権力基盤を固めたが、フランス君主政はイギリス人民が浴するような自由をフランス人民に決してあたえない。とはいえ、いずれにせよアンリ四世は政治的模範であるのだが。しばらくのちに、ヴォルテールは「ルイ十四世の世紀」を壮麗な時代として描ききる。技芸と文芸の築いた栄華によって、ナントの勅令の廃止による甚大な損失もほとんど不問に付されるようである。よって、野蛮から脱するためのフランス式の方法が存在するのである。そこでは哲学は『習俗論』に含まれ、歴史は『ルイ十四世の時代』の中心的テーマとなる。

『習俗論』はもはやあまり読まれなくなってしまったとはいえ、史料編纂（史書）の伝統においてつぎの二点の功績は今なお認められる。ひとつは、ヴォルテールが人類史の全体的解釈を提示したであろう点である。かれの解釈は、ボシュエがその古典的様式を示したようなキリスト教的理解に比肩するものとして位置づけうる。他方で、歴史叙述の対象をあたらしい諸領域に拓いた点、すなわち技芸、文芸、その他「文明」にかかわる側面に重きを置いた点である。「歴史哲学」についていえば、こちらも『習俗論』が『普遍史論』〔一六六一年、右のボシュエの作品。カトリック教会の正当性を示すための『聖書』に基づく歴史〕に対抗しようとしていたのはあきらかだ。だがそのことによって忘れてはならないのが、ヴォルテールがあくまでも古典主義時代の人間で、たとえばアベ・ド・サン＝ピエール以降のフランスにおいて発展した進歩の理論とは隔絶しているということである。ヴォルテールがボシュエに異を唱えるのは、第一に真に「普遍的な」歴史を広義に理解した点である。ヘブライ人をひどく偏重し、ローマ帝国は神の超自然的目的の実現手段にすぎないとし、さらにヨーロッパの分裂も考慮すらしない。このような聖書から導きだされる語りに普遍史は還元されない。ヴォルテールの語りはヨーロッパ史全体をカバーし、アジアの歴史にも間口をひろげる。そうすることでキリスト教の遺産を相対化するとともに人間理性の普遍性を示すのである。ここでは、中国は限りなく自然に近いかたちでの宗教においてなにができるのかを示した好例であり、他方のインドはギリシア哲

(19) Voltaire, *La Henriade*, ch. I.

学に比肩する複数の歴史的人物を生み、さらにすくなくとも東方の文脈では、啓示宗教であるイスラームの教えは自然理性の教えに適うものとされる。

ある意味では、ヴォルテールの歴史観はボシュエのそれよりも慎ましやかである。歴史を綴るさいに聖書をもちいないことは、人類史から神慮を排除することと同義である。哲学者＝歴史家は、歴史の多様性のなかに「自然」と「慣習」の果てしない攻防を見ることでこと足れりとする。人間の繰りひろげる種々雑多なショーがヨーロッパ人のある種の奢りを問題視させるとしても、それが相対主義に帰着することはない。むしろ「たえず地上から人間を消し去った戦争と殺戮と破壊の精神」と「人類をひそかに駆りたて、その全滅を防いだ秩序への愛[20]」の双方を内に秘める人間本性の単一性を確証させることになる。慣習、信仰、統治形態の多様性を超えて、人間には共通の道徳的基盤がある。これが「諸国民に共通の法典を作成させた」。それは、あらゆる宗教が教えるところでもある。同様に、人間本性の普遍性は慣習の無限の多様性と矛盾しない。だが同時に、人類の諸問題は永久につづき、おそらくは解決不可能である、人間本性の普遍性はそれ固有の仕方でこのことを証言するのである。

以上から導かれるのは、人間本性に密に関係するものはすべて世界中のどこでも類似する、慣習にかかわることはすべて異なり、似通うのは偶然の産物ということである。慣習の世界は自然界よりもはるかに広大である。慣習の世界は、習俗、すべてのしきたりにまで広がる。宇宙という舞台をさまざまな変種で埋め尽くすが、自然はそこに統一性をもたらし、わずかな種類の不変原則を遍在させる。こうして、土台となるものはどこでも同一で、しかし文化がそこに多様な果実を産みだす[21]。

よって歴史家ヴォルテールの関心は「習俗」にむかう。習俗を論じることで、近代ヨーロッパはカール大帝のヨーロッパより、ローマ帝国のヨーロッパさえよりも「はるかに多くの人口を擁し、より文明的で、豊かで、開明的だ」と表明できるし、またいくつかの決定的な点において世界のどの地域よりも優れていると認めることもできる。『習俗論』でヴォルテールが技芸、文芸、科学、男女間の交流に重きをおいたのはそのためである。とはいえ、作品の主導線が政治史に、より正確には宗教と政治の関係史にあることは忘れてはならない。ヴォルテールが提示するヨーロッパ史は、キリスト教の出現以来提起され続けてきたような神学＝政治的問題に主軸をおく語りである。キリスト教は政治的および宗教的権威のあいだに果てしない衝突をひき起こし、ドグマ的分裂によって双方一歩も譲らぬ事態をまねいた。ユダヤ人の宗教とプラトン哲学のあやしい結合がもたらした分裂である。古代ギリシアのロゴスの観念をヨハネによる福音書にとりいれることでキリストの受肉という考えをうちたてた。この見解そのものが教権および世俗権力に対する政治的優位を主張するために教会および教皇庁によってもちいられた。そのために、いわゆる「コンスタンティヌスの寄進状」さえも持ち出す始末である。[22] 以上からは、仮に

(20) Voltaire, *Essai sur les mœurs*, chap. XCXVII, Paris, Bordas, coll. « Classiques Garnier », 2 vol, t. II, 1990, p. 808.
(21) *Ibid*., p. 810.
(22) 以下を参照。J. G. A. Pocock, *Barbarism and Religion*, 2 vol., t. II, *Narratives of Civil Government*, Cambridge, Cambridge University Press, 1999, p. 122-123〔『野蛮と宗教　二』田中秀夫訳、名古屋大学出版会、二〇二〇、一〇四—一〇六ページ〕。

ヴォルテールにとって「人間精神にたえず影響をあたえる三つが気候風土、統治、宗教」[23]であるとしても、実際にはかれの政治哲学がライバルであるモンテスキューのそれにはほど遠い理由がわかる。つまり、気候風土は政治体制を決定づけず、共和国と君主国との差異にそれ自身の論理にしたがう宗教対立ほどの重要性はない。いずれにせよ、ヨーロッパ史のもっとも血生臭い側面の背景にあるのは宗教対立である。これらの原因は、第一に教皇、皇帝、国王の三つ巴の争い、第二に封建制の弊害（修道士と司教が同時に領主であったときには事態はさらに悪化した）、第三は十三世紀のアルビジョワ派の虐殺から十八世紀初頭のセヴェンヌ戦争まで、揺るがせたのは一国ではすまなかった「ドグマ的激高」[24]〔アルビジョワ派は異端宣告を受けたキリスト教の一派、セヴェンヌは、この地に多かったプロテスタントが王権に反撃し虐殺された事件を指す。つまりキリスト教内部の宗派間対立〕にある。つまりヴォルテールが披露するヨーロッパ史の叙述は、本質的に神学・政治的論争の「ギベリン党的な[25]〔教皇対皇帝の図式における皇帝派〕」解釈に基づくのである。かれがムスリムや中国の政治モデルを擁護するのも、この教会の野望に対する敵意があるためだ。この解釈によれば宗教は政治権威にしたがい、かれの実践的教えは自然宗教に近く（ムスリム世界のなかでさえある）、神学論争は単純な教理に還元される。[26] したがって、ヴォルテールによればなぜ中国人がつねに良法に恵まれてきたのか、ヨーロッパ人よりも先に実用性の高い重要な発見ができたのか（『習俗論』第一章）、いかにしてアラビア人はコルドバに技芸、科学、さらには女性との優美な関係と礼節を重視する体制を建てることができたのか（第四四章）、そしてかれの言うとおり、なぜトルコ人にはおなじことができなかったのか、これらはすべて説明がつくのだという。そして、残るはヨーロッパの問題である。いかにしてヨーロッパはある種の優位性をもったのか。メディチ家の時代、ルイ十四世の時代という二つの偉大な世紀に顕在化したばかりか、とりわけヨーロッパ大陸全体の持続的でおそらくは決定的な進歩をいかに遂げたのか。

ヨーロッパの成功は、第一に政治的条件に起因する。つまり、いくつかの宗教戦争を経なければ統一されなかったに違いないということである。「ルイ弱気王〔フランク王ルートヴィヒ一世〕」のころにはじまった教皇と皇帝、国王との論争がドイツで完全に終結したのは、ようやくカール五世の時代であった。イギリスでは毅然たる態度を示したエリザベス一世、フランスではローマ・カトリック教会への服従を強いられたアンリ四世が登場するまで完全に終結することはなかった」[27]。こうして政治的原理が勝利したのだが、この勝利があるがためにヴォルテールはキリスト教に染まった過去に対して信じがたいほど公平無私かつ肯定的な評価を下す。かれによれば、中世における最良の人類の擁護者は「人民の権利を復活させ、諸王の

（23） *Essai sur les mœurs, op. cit.*, t. II, p. 806.
（24） *Ibid.*, p. 806.
（25） 中世では、教皇の野心を支える「ゲルフ Guelfes」に対し、「ギベリン Giblins」は「至高の俗人」である皇帝の権利をまもる者。
（26） 最初期のアラビア・イスラームは古代人に近い哲学と習俗を持っていた。イスラームには非常に驚くべき、またショックでさえある諸側面があるが、それは実は偶然的な要素―および気候風土に起因するのであり、気候が人間精神にいかに影響をあたえうるのかが見てとれる（*Essai sur les mœurs, op. cit.*, chap. VI et VII ; *N.B.* p. 269-270.「一夫多妻制について」を参照。「西洋の法律は女性により有利なように見え、反対に東方の法律は男性と国家に有利なように見える。つまり論争の対象とならないものは、立法の対象にもほとんどならないのである。ここは長談義をする場ではない。目的は人間を描くことであって、評価することではないのである」）。
（27） *Essai sur les mœurs, op. cit.*, t. II, p. 803-804.

重大な罪を罰した」[28]教皇アレクサンデル三世であり、フランスの聖ルイ王は政治的法と宗教的法を峻別する賢者の範なのだという。[29]中世は「野蛮」の支配する時代であるどころか、「あらゆる身分、玉座、修道院、騎士、聖職者が高徳を慕っていた」[30]時代である。つまり未開の時代との訣別は、ヨーロッパの政治体の宗教的権威（外国の権威でもある）からの脱却を前提とする。神の法ではなく人間の法への教会の従属と同時に、ヨーロッパ主要王国間の一定の均衡なくして実現しえなかったのである。このようにヴォルテールは複数の王国の乱立がもたらす影響をイギリスにおける教会の乱立から推察したのだが、それは飛躍とは言えないだろう。[31]

純然たる政治的特徴とは別に、またあらゆる「政変」および内乱を超えたところにも西ヨーロッパ固有の性格が認められる。それはイタリアを筆頭にその他キリスト教国家において「有用にして快をもたらす技芸を培う」多くの人びとにおいてである。「ヨーロッパの我われの側では、習俗および才のなかにトルコ人が帝国の首都をおいたトラキアにも、トルコ人がかつて住んでいたタタールにも見られない特色がある」[32]。共和政か君主政かを問わず、また宗教さえも関係なくヨーロッパ社会のなんらかの特徴にかかわるもので、ヴォルテールは慎重にこれについて言及するが、かれはここに決定的な重要性を認めているようである。たとえいまだヨーロッパに（とくに東方には）農奴制が残存するとはいえ全体的には後退し、とりわけ現在では地役として残っている。おそらく、アジアほどは非人間的でない制度である。[33]自由で、世襲制で、特権を有する貴族はヨーロッパのもうひとつの特徴である。「貴族テーゼ」を拒みつづけるヴォルテールだが、ここではこれを西ヨーロッパの美質だと見なすようである。とはいえ、ヨーロッパの本質的独自性は、なによりも人びとの社会生活の心臓部に宿るもの、すなわち人間を弱体化させることのない自由と穏やかさである。

我われと東方人との最大の違いは女性のあつかい方である。モングレリ王妃をのぞけば、東方には君主として君臨する女性はいない。彼女について言及したシャルダンは王妃から狙われた。フラ

(28) Voir *ibid.*, p. 804. アレクサンデル三世については、第六八章を参照のこと。同章では「過激な」グレゴリウス七世に対して、皇帝としのぎを削る教皇の節度が賞賛されている (*Essai sur les mœurs*, *op. cit.*, t. I, p. 516)。

(29) *Ibid.*, t. I, p. 592-593.

(30) *Ibid.*, p. 773.

(31) たとえば一七五六年版のつぎの一節を参照。「いかなる偉大な王国も他の王国を支配できなかった。シャルルマーニュ〔カール大帝〕とフィリップ二世が尽力し、勝利を重ねてもなおフランスがその国境を広げることは叶わず、辺境の地を離れることはなかった。スペイン、ドイツ、ポーランド、北方諸国もかつてからほぼ変わっていない」(*Essai sur les mœurs*, *op. cit.*, t. II, p. 974, variante de la p. 800)。

(32) *Ibid.*, t. II, p. 806.

(33) *Ibid.*, p. 805 :「アジア人には家内での隷従しかなく、キリスト教徒には公共の隷従しかない。ポーランドの農民は畑では農奴だが、領主の家の奴隷ではない。わたしたちはネグロしか家内奴隷にしない。このような人身売買を批判する人が多い。たとえば、自分の子どもを売りに出す人民は、その子どもを買う人民以上に罪深い。このような商いは、わたしたちの方が優れていることの証左である。主人として自らをあたえるものは主人を持つように生まれついている」(ケール版の注より。ここには啓蒙時代の最終的な見方がよくあらわれており、ヴォルテールはつぎの最後の点にとくに厳しい批判を寄せている。自分の同胞を売るネグロは「ヨーロッパ人の共犯者であり、またかれらの道具にすぎない。かれらこそが本当の加害者だ」)。

ンスでは女性が君主にはなれないが摂政になることはできる。帝国とポーランドをのぞけば、その他の王室では女性も玉座への権利がある。

女性とのつき合い方、女性にかんするしきたりから生まれたもうひとつの違いは、女性のもとに男性性を剝奪された男性を侍らせる慣習である。アジアとアフリカでは悠久の歴史をもつしきたりで、ヨーロッパではローマ皇帝のもとで導入されたことがある。ヨーロッパの礼拝堂や劇場には三百人も宦官はいないが、東方諸国の後宮は宦官であふれている(34)。

だが、ヴォルテールが一夫多妻制を女性には不利で国家には利する制度だと考えていたことは先に見たとおりである。このことはヨーロッパの優位性が純粋に政治的ではないことを間接的に裏付けている。またそれは古代ギリシア・ローマの遺産がもたらす「優位性」でもない。なぜなら、中国はこの遺産を継承しないが有用な技術を知り、良法を自ら生みだし、反対にアラビア人はヨーロッパにおける古代遺産の継承に重要な役割を果たしたがその利点を活かすことはできなかったのだから。つまりは出発点で劣勢だったとしても、たとえば中国人などのように他民族にくらべて進歩に長けた民族がいる。ここにヨーロッパの独自性があるということである。「自然は、我われとはずいぶんと異なるこの種の人びとに対して、必要なすべてを一気に見つけられるがそれ以上は行けない諸器官をあたえたようだ。反対に我われが知識を得たのはずいぶんあとだったが、その後の習得は速かった(35)」。

このように『習俗論』からは、「行儀作法」および「礼節」と政治や技芸の発達との関係にかんする一般的解釈を導くことができる。次々章でとり上げるヒュームのとはかなり異なる解釈である。行儀作法、礼節、女性に対する慇懃《ギャラントリ》ささえも中国人からイタリア人、ついでアラビア人を経て、フランス人、イギリス人までそれぞれの状況で固有の発展を遂げてきた。それでも、西ヨーロッパ（あるいは西方キリスト教圏）はその他の地域のなかで異彩を放つ。長きにわたる未開の時代にもさまざまな真の徳が花ひらいたが、ヨーロッパのなんらかの優位性を示すものではなかった。にもかかわらず、未開時代の終着点としてこれらマナーが急速に「完成」に至った点で西ヨーロッパは秀でている。この動きはイタリアの共和国諸国で開始されたが、その後を引き継いだのは強大な君主政の国々であった。いずれも、イタリア諸共和国に負けず劣らず技芸の保護・育成に力を注いだ宮廷を擁する国々である。よってヨーロッパの諸国家は、臣民と国が組織する政治的共同体に対して有用であろうと尽力した点で明白な正当性がある。だがそのことと、国々が主張するような法的基盤とのあいだにはさほどの関係はない。ヴォルテールにとっては、サリカ法などのフランス「王国基本法」はイギリス「古来の国制」と同等の疑念を抱かせ、高等法院にも栄光に包まれた起源などない。だが反対に、ヨーロッパ史の正当な法的遺産はたしかにある。それは民法のなかに息づくが、その正当性の根拠は人間の自然な理性に即していることにある。時・場所を問わず、理性の光〔啓蒙〕に対する障害なるものの根幹はかわらない。ひとつは「卑しい下層民」から、もうひとつは貴族の強烈な野心からバトンを引き継いだ司祭たちの野望と狂信である。『哲学書簡』では、近代への転換をはっきりと示したイギリス政治体制の能力が強調されていたが、これと比較すると『習俗論』ではイギリスの優位性は控えめに描かれていることがわかる。野蛮

(34) *Ibid.*, p. 807-808.
(35) *Ibid.*, t. I, p. 213.

な中世から出発し、ヨーロッパという例外的ケースが出現したその軌跡を描いた本作では、イギリスはフランスと同一の地平に据えられていた。イギリスの歴史もまた血みどろの事件に溢れ、フランスより早くエリザベス女王治世に政治的受け皿を見いだしたとはいえ、あたらしいヨーロッパ精神の最初期の開花において果たした役割はわずかである。それに対し、ヨーロッパ史においてもっとも偉大な世紀のひとつが誕生するなかで、光輝燦然たる宮廷に支えられた強大な君主政国家は特別な役割を演じ切った。このことをあきらかにしたのが、『ルイ十四世の世紀』である。

フランス、ヨーロッパ、ルイ十四世の世紀

『ルイ十四世の世紀』は『カール十二世の歴史』とならぶ歴史家ヴォルテールの代表作である。同時に、古典主義的な歴史観と「啓蒙の進歩[36]」という近代思想の中間にあるかれの立ち位置を最大の力量で表明した作品でもある。現代にいたるまでの歴史学の進歩がどれほどのものであったにせよ、『ルイ十四世の世紀』は「偉大な世紀」の解釈として今なお強烈な魅力を放ち、また多くの点について実に説得力に富む。『ルイ十四世の世紀』の古典的な側面はというと、人類の歴史には人間精神の極致に達し、後世に範となるような高い完成度を示す稀有な時期が存在するとの考え自体がこれにあたる。この時代も「不幸や犯罪」を免れていたのでは決してない。「穏やかな市民の手で芸術が完成の域に達しようとも、王侯は野心を逞しくし、民衆は暴動をこととして日もなお足らず、宣教師や修道僧はとかく陰謀をめぐらしたり、人を誑かしたりしたがる[37]」のだから。しかしながら、才の開花という点でやはりこれら

の世紀は別格である。多種多様な才によって人類の偉大さはもっとも高らかに表現されるのだから。そうした選ばれし時代は四つある。第一にペリクレスからアレクサンドロス大王までの古代ギリシア、第二にカエサルからアウグスティヌスまでの古代ローマ、第三にメフメト二世によるコンスタンティノープルの陥落以降のメディチ家の時代、そして最後が「四時代中もっとも完全に近い(38)」ルイ十四世の時代である。近代とは、まさにこの四番目の偉大な世紀にのみ認められた卓越したステイタスである。ルイ十四世の時代は、人間精神がなしうる偉業の一例を示しただけではない。それは、イタリア・ルネサンスさえも完遂しえなかったはるかにスケールの大きな進歩における第一歩でもあった。いや、まさに第一歩だったのである。

前三者の所産を受けつぎ、分野によっては、これを合わせた以上の進歩さえ示した。勿論、あらゆる芸術が、メディチや、アウグスッスや、アレクサンダーの時代より発達したわけではない。が、

(36) 十八世紀の歴史家たちについての研究で、ポーコックほどこの点を巧みに表現した者はいない。「ヴォルテールは自らの時代が古代人を凌ぐと考えたという意味では『近代派』であったが、古代人が基準を設けた——その基準によってかれらは凌がれることになった—と考えたという意味では『古代派』であった」(*Barbarism and Religion*, *op. cit.*, t. II, p. 91)〔『野蛮と宗教　二』、八〇ページ〕。

(37) Voltaire, *Le Siècle de Louis XIV*, chap. 1er, in *Œuvres historique*, Paris, Gallimard, « Bibliothèque de la Pléiade », 1957, p. 617-618〔『ルイ十四世の世紀　一』丸山熊雄訳、岩波文庫、二〇二〇［一九七四］年、九ページ〕。

(38) *Ibid.*, p. 617〔同上、八—九ページ〕。

一般に、理知そのものが、完璧に近づいたのである。健全な思索が哲学が行われだしたのは、この時以来の現象だ。事実、リシュリューの晩年から、ルイ十四世の没後の時代までに、フランスでは、芸術も、思想も、習俗も、政治も面目を一新したが、この全面的な変革こそ、フランスの光栄を永遠に記念するものである。輝かしい事業の影響は、更に国境を超えて四方に伝播。イギリスへ入ると、大胆で機知に富むこの国の住人に、折よく競争の機会をあたえる。ドイツでは趣味が洗練され、ロシアにあっては学問が勃興する有様。お陰でイタリアさえ、無気力から立ち直ろうとした。ルイ十四世の宮廷に、全欧が、優雅と社交の精神を学んだのである。[39]

当然のことながら、ルイ十四世時代のパラドクスはつぎの事実にある。すなわち、一つはイタリア諸共和国の所産の継承、もう一つは商業国家で有用性を重んじるイギリスの活性化という二つの課題が、燦然と輝く宮廷を後ろ盾とする絶対主義的君主国に課せられたという事実である。J・G・A・ポーコックが注目したように『ルイ十四世の世紀』は啓蒙の誕生を、したがって未来の「征服者ブルジョア」の誕生を最大限に「王国的」であるばかりか「貴族的」でもある仕方で活写した。というのも、「芸術とその完成が宮廷風のマナーを確立するための主な手段」[40]となるのは、まさに宮廷風マナーの社会の上方から下方への伝播によってより高次の文明状態が生まれるからである。ヒュームはフランスの「礼節」と「文明化された君主国」を、イギリスの「半・共和主義的」な道に対するもうひとつのモデルとした。これに対し、ヴォルテールはもっとも先進的な希求がイギリスで表明されたようなあたらしい世界の出現の主要条件のひとつを「文明化された君主政」に認め、おまけにその際にフランスの政治体制の強み以上に、ルイ十四世そのひとの偉大さを強調したのである。

『ルイ十四世の世紀』の「序論」において二つのモデル（イギリスとフランス）の中道をゆく第三の道が明示されるが、[41]それは以下の点を主張するためである。すなわち、ルイ大王以前の君主国フランスは粗けずりな状態にとどまっていた、そう考えればフランソワ一世治世の数々の成功にもかかわらず「フランスの天賦の才」の開花までに実に長い時間を要したことも説明がつく、と。フランス人民はフィリップ二世治世までは奴隷で、「ルイ十一世の時代まで、貴族といえば暴君」であった。ルイ十一世自身、「王権の伸張には大いに寄与しながら、国民の幸福や名誉にはすこしも貢献しなかった」。仮に「フランソワ一世が商業や航海を興し、文学をはじめ、あらゆる芸術を勃興させたとしても」、「これをフランスで永続させるには、生涯が悲惨に過ぎたために、かれが他界するとともに、みな無に帰してしまう」。つまり、ブルボン家の登場とともにフランスの才は自らに適した政治形態を見いだしたが、ただし傑作の誕生にいたるのはルイ十四世治世である。「王のお陰で幸せになりはじめた臣下のなかに於いて」凶刃に斃れたアンリ四世も、真の改革のために「オーストリアの王室と、カルヴァン派の信仰と、国内の豪族」に手一杯だった枢機卿リシュリューにしても「寧日に恵まれぬ」[42]。フランスの栄光は「ル

(39) *Ibid.*〔同上〕。
(40) *Barbarism and Religion, op. cit.*, p. 87〔『野蛮と宗教　二』、七七ページ〕。
(41) *Le Siècle de Louis XIV, op. cit.*, p. 618〔『ルイ十四世の世紀　一』、一〇ページ〕。「一国が強大をなすには、国民に法律上自由が認められるか、君主の権力が盤石の安きに置かれねばならぬ」。
(42) *Ibid.*, p. 618-619〔同上、一一ページ〕。

イ十四世自らが統治した」ときにはじめて真の意味で輝きはじめた。その直後から、栄光で飾られたフランス国王の存在を見事に見せつけ、他のヨーロッパ諸国を圧倒したのだった（第七章）。最初期の軍事および外交上の勝利後、すぐさま王国は変貌を遂げた。「しばらく、矛を収めていなければならぬので、ルイ十四世は戦前の事業を継続、社会の改善、軍備の充実、国土の美化などに力を傾けた。独裁者が善行を励めば、なにごとも掌を返すように易しいのを、身をもって示したわけだ」[43]。ルイ十四世治世の総括をしたとき、ヴォルテールが本質的な功績を国王自身の人徳に見たことは驚くに値しない。国王の娯楽によって「フランスでは、趣味や、礼儀や、才能が磨かれたが、王が政務に精励するのに、こういうものが少しも邪魔にならなかったのは素晴しい」。王は「類のない」豪勢さで、「主君の広量さと趣味が十分にあらわれるよう手伝ったにすぎぬ」コルベールではなく、芸術を保護したのも、「豪奢」[44]を披露したのもルイ十四世そのひとであった。ルイ十四世の栄光は優雅と美を礎に築かれ、あらゆる宮廷人を圧倒する国王の「威厳の伴う美貌」によって仕上げられる[45]。若き国王は義妹ヘンリエッタ・アン・ステュアートから「ヨーロッパの他の土地では思いもよらぬような礼儀の正しさや上品な魅力」を教えられ、そうしてしだいに宮廷は優美さを増し、またたく間にチャールズ二世の宮廷を凌駕した[46]。そこからヴォルテールはヒュームとつぎの点で見解の一致をみる。すなわち、国王の権力とその力を彩り、のちに社会に普及するモデルとなる礼節との関係、そしてフランスの礼儀作法における女性——そして女性に対する慇懃さ《ギャラントリ》——の占める重要な役割である。

およそ、高位にあるものにとって、必要なのは、会いに来た人間がひとりも自分に不満を持って帰らぬよう、また近附くものには誰にでも喜ばれるようにすることだ。始終、人のためになることをしてばかりはいられぬ。が、人を喜ばすようなことばなら、いつでも言える。王は、こういう習慣を身に付けてしまったが、これは慥《たし》かに良い。王と宮廷の人びとのあいだには、一種独特の関係ができ、一方が威厳を保ちつつ、品をおとさず親切にすれば、他方は忠勤を励み、気に入ろうとつとめながら、卑屈にならず如才なく立ち廻る、こういうことが長いあいだ続いた。王は、とくに女性に対して丁寧でよく気がつき、この丁寧なのが輪をかけたかたちで延臣たちに伝わる。また、機会あるごとに人びとの自尊心を擽り、これに忠勤を競わせるようなことを口にし、このことばは、相手にとって忘れぬ思い出になるのだった(47)。

よって、ルイ十四世の世紀に比類なき栄華をもたらしたのは、第一に君主そのひとの徳性と才である。たしかにかれには幾多の謬見や失策があった。とはいえ、「品位があるだけに、それが、一段と味のあるものになった女性に対する慇懃さ《ギャラントリ》(48)」を宮廷に広めた君主であり、自身の名誉や権力ばかりにかまけて

(43) *Ibid.*, p. 705〔同上、一三一ページ〕。
(44) *Ibid.*, p. 908, 910, 912〔『ルイ十四世の世紀　二』、一八六、一八九ページ〕。
(45) *Ibid.*, p. 903〔同上、一七五ページ〕。
(46) *Ibid.*, p. 903-904〔同上〕。
(47) *Ibid.*, p. 957〔同上、二五二ページ〕。
(48) *Ibid.*, p. 904〔同上、一七六ページ〕。

いるようで、王国の改良と技芸の保護への関心とつねに一体であった。だがその栄華は国王特権の強化の結果でもあり、それは王国の伝統的エリートらの分裂という大胆な政策がなければなしえなかった。ヴォルテールはこの政策を支持しているようである。実際、先に確認したように、ヴォルテールは貴族身分の擁護に反対する「王国テーゼ」の支持者でありつづけた。とはいえ、それでも高等法院との因縁の闘いにあった公爵らへの支持を表明した国王にも賛同するのだが。高等法院に対峙する大貴族への支持によって、ルイ十四世は同輩公らが国王なしでは無能であることを白日の下に晒し、高等法院に対する自身の優位をもあらためて表明したのだった。

これらすべてが功を奏し、ルイ十四世の宮廷はひときわ威容を誇るようになり、ヨーロッパの他の宮廷は、どれもこれも影をうすくした。王は、自身の栄光が、周囲のものすべてに及ぶようにしたい。王弟や大コンデをはじめ重要な人物は残らず崇められ、しかも、ひとりとして勢力を振るわぬようにしたいのである。大貴族と高等法院の裁判長たちのあいだに古くから諍いがあったのを、前者に有利になるような形で解決したのも、やはりこの目的に沿うためだ。裁判長たちは、大貴族より先に発言する権利があると主張し、これを手に入れていた。王は特別の会議を催し、その場で、御前で行われるいわゆる親裁座にあっては、大貴族の方が、裁判長たちより先に発言するように決めたが、これでは、御前だからこそ、そういうことができるのだ、と言わぬばかりではないか。そして、親裁座以外の会議では、古い習慣が存続するようにした。(49)

ヴォルテールはフランス史の一貫した解釈に依拠し、これは『パリ高等法院の歴史』（一七六九）にみてとることができる。君主政の法体系の整備における役割、とりわけローマ教皇の支配から王国を解放するガリカニズムという司法上の教義の制定にあたっての役割など、パリ高等法院が果たした役割をかれは否定はしない。だが高等法院があまりに多くの過ちを犯したために、ルイ十四世親政期にならなければ「ゴシック的」な未開状態からの脱却に着手できなかったことはかれにとって自明であった。高等法院の野望を前に、国王の完全な権威の立てなおしを図ったモプーの改革をかれが強く支持したのもそのためである。[50] 高等法院はサン＝バルテルミの虐殺を正当化し、重々しい修辞学に対する良き趣味の勝利の道筋をつけたアカデミー・フランセーズの創設に対して不満をあらわにし、アリストテレスの名のもとに近代科学を断罪し、フロンド期には不和の種をまき、さらにはルイ十五世治世には忍耐強い国王を「うんざりさせ」、「懇願するシュヴァリエ・ド・ラバールを前に公衆の厚情[51]」を失う〔キリスト十字架像への冒瀆罪で斬首刑のちにヴォルテールの『哲学辞典』とともに火刑された青年貴族。死刑回避のためヴォルテールが介入した事件〕。すべて、パリ高等法院の犯した過ちである。

亡くなる少し前に、ヴォルテールは『パリ高等法院の歴史』に短い段落を加筆した。ルイ十六世の「必要な修正」による高等法院の立てなおしに賛意を示す一節である。[52] とはいえ、ルイ十四世治世以来の君主国による高等法院との闘いを正当化する点では一貫している。よって、当然かれの「王権テー

(49) *Ibid.*, p. 909〔同上、一八五ページ〕。
(50) 『パリ高等法院の歴史』、第六九章を参照。in Voltaire, *Œuvres complètes*, Paris, Baudouin, 1828, t. XXXIV, p. 415-418.
(51) *Ibid.*, p. 414.
(52) *Ibid.*, p. 418.

ゼ」と絶対主義への支持の意義とその限界が問われることになる。ヴォルテールにいわせれば、ルイ十四世治世の栄華はフランスの栄光を高めるとともにヨーロッパ社会全体の進歩もうながした。そうであれば、高等法院の勢力の抑制も、貴族の政治的衰退の派手な代償である宮廷および大貴族の排除もやむをえない。とはいえ、たしかに君主の権威が「妨げなく盤石」な政体はそれ自体として正統であるが、絶対王政と人民が政治的自由の恩恵に浴する国家のどちらが優るかという問題に決着をつけるには不十分である。すなわち、基本的にはフランスとイギリスの比較に収斂する問いである。

『ルイ十四世の世紀』では、ルイ十四世とオラニエ公ウィレム〔ウィリアム三世〕が対比される。見事に均整のとれた美しい対照関係に二人がおかれるが、イギリス国王がやや優勢であることが暗に示されているようである。私生児で、あきらかにルイ十四世に見劣りするにもかかわらず、ウィリアムはまさに「絶対的」であることを欲せず、ヨーロッパにおけるイギリスの勢力を守り、イギリスを平和に治めた点で優位に立つ。しかし、ヴォルテールはつぎの点では意見を変えなかった。「フランスでは、王の努力で芸術が栄えたが、イギリスでは政治も、君主の性格にふさわしく、冷ややかでかつ暗く、芸術など捨てて顧みられぬ」。英仏の文学の功績を比較するさいにかれの考察の主軸となる問いとは、「未開」とのちに文明と呼ぶことになるものとの闘いである。ヴォルテールにとって、この闘いにおいて技芸と文学が政治的に決定的な役割を果たすというまさにその限りにおいて、重要ななにかが起こる可能性がなくはないのである。

ここで想起されるのは、『哲学書簡』でヴォルテールがイギリスの詩に真の功績を認めたこと、かれがシェイクスピア演劇をフランスに紹介したひとりだったことである。ヴォルテールはシェイクスピア劇に間々あらわれる暴力性を非難し、喜劇と悲劇をミックスした「怪物じみた」性格には苦言を呈するが、その魅力を積極的に評価した。その数年前、自作の悲劇『ブルータス』（一七三〇）初版の巻頭に掲載された「悲劇について」で、かれはイギリスの詩法に賛辞をおくってさえいた。かれが讃える「ステキな自由」は厳格な規則にがんじがらめにされたフランスの詩人が羨むだろうというのである。ところが、その後の作品ではしだいにイギリスの戯曲に、殊にシェイクスピアに対して厳しい態度をとることになる。その理由は、マキシム・コーエンの優れたエッセイに端的に示されている。シェイクスピアの戯曲は野蛮である。なぜなら暴力好きな民衆の好みにおもねり、卑猥な趣味のせいで真の女性に対する慇懃《ギャラントリ》さをおとしめ、その点においてフランス文学がユマニスムとルネサンスの遺産を豊かに実らせたというのに、シェイクスピアはこれを衰退させたからだ。[53] だが、高度に洗練された行儀作法と礼節のヨーロッパにおける伝播と同様に、芸術・文芸の保護はルイ十四世の世紀の、そしておそらくはそれを作りあげた政治体制の最大の成果であった。よって、いくつかの側面においては、絶対主義は未開に対する啓蒙の不確実な進歩のための必要な道具のひとつではなかったかと問うべきである。この問いに答えるためには、フランスの事例を脇におき、別の絶対君主政国家のありようとその文明化の営為について問わねばならない。

(53) Maxime Cohen, « Éloge empoisonné du barde immortel d'outre-Manche », in *Promenades sous la lune*, Paris, Grasset, 2008, p. 114-129. 同書所収の下記論考も参照のこと。l'« Éloge vengeur du théâtre de Voltaire », p. 290-305.

文明化された君主国から、文明をもたらす君主国へ

『ルイ十四世の世紀』のほかに、ヴォルテールは二人のヨーロッパ国王についての単著を上梓した。『スウェーデン国王カール十二世の歴史』（一七三一）と『ピョートル大帝下のロシア帝国の歴史』（一七六〇）である。[54] 三〇年以上にわたって執筆されたこれらをいわば三部作としてとらえるとヨーロッパの歴史と絶対王政のリスクと功績についての壮大で一貫した考察をなし、これが啓蒙の地誌のあたらしい定義に結実することがわかる。

先述のように、『スウェーデン国王カール十二世の歴史』は『ルイ十四世の世紀』とともにおそらく歴史家ヴォルテールの代表作である。だが、両者の論調は大いに異なる。『カール十二世の歴史』は、偉大な大尉にして悪王である傑物の歴史である。かれは「いくつもの偉大な美質を備えた人物で、そのうちひとつでもあれば別の君主ならその名を不滅にしただろう」が、カール十二世の場合はその美質が「国に災いをもたらした」。[55] プルタルコスを思わせるその語りでは、目的を失った征服者にはピョートル大帝というライバルがすでに対峙されている。カール十二世ほどの傑人ではないものの偉大な政治家としてのあらゆる徳性を備え、名誉だけではなく権力に汲々とし、また宗教に無関心なぶんだけ「哲学研究に熱心で弁論術の才を持つ」[56] のがピョートル大帝である。三十年後、『ピョートル大帝下のロシア帝国の歴史』は偉大な「ツァーリ」[57] の功績を綴る。ヴォルテールは、ロシアという未開世界へのヨーロッパ文明の移植の成功例がここにあると見ていた。一方にイギリスの科学、他方にフランス君主政のモデルに依拠したヨーロッパ文明である。こうしてロシア人に洗練されたマナーを強引に学ばせると同時に

ロシアが近代的「商業／交際」の世界に参入する条件が整えられた〔ここでも commerce は洗練されたマナーに則った「交際」と「商業」の二面をもつ〕。ピョートル大帝は、また啓蒙君主として描かれている。科学技術に造詣が深く、帝国をヨーロッパの列強に比肩する近代国家にしようと試み、自国を未開状態から脱却させるために、一見もっとも専制的な手段をもちいてこれを成功させた君主である。

芸術と文芸の奨励、ロシア貴族の文化水準の向上（かれらを奴隷あつかいしないことを含む）、度量衡の統一、マニュファクチャーの設立、複数の大規模工事の決行（その最たる例が「かれの」都市であるサンクトペテルブルクの都市建設）、ピョートル大帝はこれらすべてをおこなった。かれはロシアに近代的刑法をほどこし、これを遵守しない司法官は極刑に処した。迷信に囚われた実の息子には致死的な厳罰をあたえた。世俗権力に教会をしたがわせ、修道院および共同生活を営む宗教施設への若者の入信を制限した。『ピョートル大帝下のロシア帝国の歴史』は、「名誉を愛し、だが名誉によって善をなし」、「なすべき任務があるとき」「君主はつねに偉大だった」という君主への賛辞によって締めくくら

（54）*Le Précis du siècle de Louis XV* は『ルイ十四世の時代』の続編。ヴォルテールの同時代人に対するかなり手厳しい批評が見られる点で興味深いが、年代記の域を出ない。「啓蒙時代は偉大な国王の治世での強力な後押しの恩恵を受けて発展を遂げたが、天賦の才は才に道を譲り、アカデミーの尽力があってもなお趣味のよさは少々くずれた」。

（55）*Œuvres historiques, op. cit.*, p. 272.

（56）*Ibid.*, p. 274.

（57）一七四八年、ヴォルテールは『ピョートル大帝治世の逸話集』を発表した。『ロシア史』では、エカテリーナ二世の差配に対してわかりやすく好意的な評価をくだして分析したのみだったが、『逸話集』では早くもロシア君主の功績に対して一貫性のある評価をした。

れる。[58] だがロシア史に対するかれの理解をもっとも明瞭に表したのは、おそらく『ピョートル大帝治世についての逸話』〔以下『逸話』〕であろう。とりわけ、ロシア貴族を文明化することで男女間の関係性を穏やかにした習俗の改革に対するヴォルテールの考えがよく示されている。

ピョートル大帝以前には、女性は男性と別に暮らしていた。驚くべきことだが、夫は自身が結婚した女性に決して会わない。彼女に接するのは教会だけだったからだ。夫になる者から妻への婚姻の贈り物のなかには、大きな握りこぶしほどに束ねたムチがあった。機会があればすぐにでも夫から多少の折檻を受けることを覚悟しておくべきだという警告である。夫は妻を殺しても罰されず、反対に妻が同様のことをもくろみれば夫は妻を生き埋めにしていたという。

ピョートル大帝はムチのプレゼントを廃止し、夫に妻を殺すことを禁じた。結婚による不幸を減らし、より調和の取れた結婚にするために、男性が女性とともに食事をとる習慣や、結婚前の娘を婿候補者に対面させる習慣を取りいれた。一言でいえば、すべてをかれの国家に生み出し、そして社会にまで浸透させた。[…] あたらしい習慣を打ちたてようとする大帝にとって最大の難関は、ドレスの裾と髭をみじかくさせることだった。[…] 女性たちは改革をすすめるツァーリを熱心に支持した。女性たちはツルツルの顎のほうを好んだからだ。もうムチで打たれないで済むし、男性とともに社会生活を送ったり、より礼儀正しい顔にあいさつのキスができるのはツァーリのおかげだったのである。[59]

大帝の子息アレクセイ・ペトロヴィチとその仲間たちの悲劇的な死についてやや手心をくわえて言及したのち、ヴォルテールは虚をつくような指摘をする。かれがピョートル大帝の改革の大きな代償を見落としてはいなかったということである。「モスクワが文明化されたとしても、この礼節はモスクワには高くついた[60]」。それでも『逸話』を偉大なツァーリの感動的な賛辞で締めくくっている。ロシアにこのような君主が誕生し、さらにはこの地を支配する可能性などほとんどなかったことだけに、なおさらすばらしい君主である。「今日、もはやロシア人は自分たちの発展に驚かなくなった。五十年もたたないうちに、かれらはあらゆる技芸に慣れ親しんだ。はるか以前からロシアに存在したかのようだ。残るはアフリカの広大な大地で、そこにはピョートル大帝を待ちわびる人びとがいる。かれが到来するのは数百万年後だろうか。彼の地には、すべてがあまりに遅れてしか来ないのだから[61]」。この「全体としては肯定的な」君主政ロシアへの評価は、ヨーロッパ政治の一貫したある解釈の一端をなす。ヴォルテールの解釈はヒュームと同様の現状認識にもとづくが、そこから導かれる全体像は根本的な部分で大きく異なる。スコットランド人哲学者のヒュームにとっては、君主政フランスは技芸の進歩をうながし、礼節、丁重な女性に対する慇懃《ギャラントリ》さを育んだ。なぜなら、すでに「文明化」を果たしていたフランスは、社会的、生来的〔男性の〕優位性を埋め合わせつつ、宮廷と会話と男女間の交流から生まれた礼節あふれ

(58) *Œuvres historiques, op. cit.*, p. 197.
(59) *Ibid.*, p. 328-329.
(60) *Ibid.*, p. 334.
(61) *Ibid.*, p. 335.

るマナーによって権利を尊重するからだ。これに対し、ロシアの粗暴なマナーはモスクワの専制主義的体制の当然の産物であり、その点でフランスはロシアから隔絶しているのである。改革プランを立ちあげたヴォルテールは、文明化をもたらす君主政国家というあたらしい考えに導かれる。一定の条件においては、〔ロシアは〕ほとんど無からフランス文明に匹敵する国家に成長するであろうし、無知と未開な習俗に対する闘いにおいて、その荒削りな習俗が幸いしさえするだろうというのである(62)。ここから、ある意味では実に穏健な思想家ヴォルテールに合理主義的かつ主意主義的な主張が生まれる。「フィロゾーフたち」によるエカテリーナ二世およびフリードリヒ二世やヨーゼフ二世のような「啓蒙〔専制〕」君主への支持から、共和主義的歴史叙述による絶対君主政の遺産のかなりの部分の回収まで(63)、このヴォルテールの主張はフランス文化において大きな反響をえることになったのである(64)。

ヴォルテール自身にしてみれば、世界の大変革、無限で不可逆的進歩への突入などは論外であった。いくつか部分的な改善策を実施するまでで、仮に成功してもそれが永続する保証などどこにもない。プロイセンやオーストリアの事例と同様に、ロシアの例はフランスの弱点をまざまざと映しだした。文明国家であるという理由でヨーロッパを教え導くことができると信じていた国の弱点であることが、いっそう強いショックをあたえた。先述のように、ルイ十五世下のフランスでいまだ道半ばだった度量衡の規準化と統一にピョートル大帝下のロシアが成功したことは、この点をよく示している。取調べ中の拷問については、なおさらである。エカテリーナ二世はその廃止に成功したが、反対に穏やかな習俗を自負するフランスでは、もっとも残虐な形で拷問が行われつづけていた。司法が問題になるケースでは、国家と政治の社会・習俗に対する優位がよりいっそう露呈するのである。

この事件〔シュヴァリエ・ド・ラバールの処刑。六一ページの訳注参照〕は十三世紀や十四世紀に起こったのではない。十八世紀に起こったのだ。外国人がフランスについて考えるとき思いおこすのは、芝居や小説や美しい詩、きわめて甘美な物腰をもつオペラ座の歌い手たち、オペラ座の優雅な舞踏家たち、心を奪うほどに詩を朗するクレロン嬢である。かれらはフランス人ほど心底残酷な国民は存在しないことを知らないのだ。

一七〇〇年代のロシア人は未開人とみなされていた。まだ一七六九年だが、ある女帝が、諸々の法律をあの広大な国家に付与したばかりである。ミノスやヌマやソロン〔いずれも古代の伝説または実在の名だたる立法者〕が考案するだけの才覚をもっていたならばかれらの名誉となったであろう法律である。まず注目すべきは普遍的寛容であり、つぎは拷問の撤廃である。正義と人間性が彼女のペンをみちびき、彼女はいっさいを改革したのだ。だが、久しい前から開化していた国民がいまだに残虐な旧習にみちびかれてい

(62)「法律と同様に度量衡は定められ、統一された。この統一ははるか以前から文明化された諸国家でも切望されたが実現しなかったのに、ロシアではこれが難なく、なんの反論もなく導入されてしまった。このような有用な制度は我われのところでは実現が不可能だと我われは思っている」(*Œuvres historiques, op. cit.*, p. 564)。

(63) ピョートル大帝は「臣民においても自分自身にも陸地でも水域でも、すべてにおいて自然を力でなんとかしようとする。だが、それは自然を美しくさせるためなのである」(*ibid.*, p. 597)。

(64) ヴォルテールによるピョートル大帝の賛美は、フランス文化における看過できないもうひとつの潮流の出現をも意味している。ヴォルテールを産みの親とするこの潮流は、合理主義的かつ国家主義的な親ロシア派の一形態である。のちの親スラヴ主義とは大きく異なるが、かならずしもより合理的であるとは言えない。

ることは、なんという不幸だろう。かれらの言い分はこうだ、「何故われわれが法律を変えねばならないのか。ヨーロッパはわが国の料理人や理容師を使っているではないか。だからわれわれの法律は正しいのだ」[65]。

ピョートル大帝とエカテリーナ二世のロシアに対するヴォルテールの好意的評価は、どこからくるのだろう。フランスでの改革を訴えるために、外国の例を引き合いにだしたいという幾分ナイーブな下心の産物なのだろうか。おそらく、それほど単純ではない。と言うのも、ロシアに対するヴォルテールの支持は波紋を広げていたからだ。たとえば『ピョートル大帝下のロシア帝国の歴史』の執筆後、ヴォルテールはかなりあやしい外交問題に巻きこまれたが、さらに大変な事態も生じていた。それが啓蒙思想に利したかは定かではない。ヴォルテールは、エカテリーナ二世のポーランド政策も支持していた。それは、エカテリーナ二世がカトリックの抑圧に対抗して宗教的「寛容」を拡大し、ポーランド分割によってヨーロッパ列強間の競合関係を弱めずしてその存在感を増すことになるに違いない、とヴォルテールが考えていたからである[66]。

◇

ヴォルテールは暴力を抑え、それ自体一時的なものに過ぎない秩序を擁護したいと願う古典主義時代の人間である。と同時に、啓蒙時代の人間でもあり、迷信の衰退と実験科学の進歩によって人間が地上での自らの生存条件の改善に全身全霊を捧げることが可能になる、それこそが神の御力を讃える最良の方法だと考える。人間の進歩は無限ではなく、共和主義的自由から絶対主義的な君主政まで、多様な政治形態において実現が可能である。だからこそヴォルテールはそれぞれの状況に応じて大いに異なる政治体制を擁護しえたのであり、そこに矛盾はなかった。フランスでは君主政擁護者であったのは、ただ王権のみが大貴族から庶民をまもり、教会の権力の抑止が可能だったからである。かれはまた共和主義者で、ジュネーブではほとんど民主主義者でもあった。[67] 近代の経験においては、イギリスとフランスの経験が模範的価値を有する。なぜなら、その二国は進歩への二つの異なる、しかし相互補完的な道をはっきりと照らしだすからである。一方のイギリスの政治体制が、キリスト教の遺産から解放されつつある世界における政治的自由の可能性を示すとすれば、フランス君主政は、社交の表現形式をヨーロッパ中に伝えたという類いまれなる功績をのこした。社交とは、つまりは平和な習俗の維持を保障する最良の方法なのである。

(65) シュヴァリエ・ド・ラ・バールに対する拷問については、『哲学辞典』の項目「拷問」を参照。Voltaire, *Dictionnaire philosophique*, Paris, Classiques Garnier, 1967, p. 410〔『哲学辞典』、『哲学書簡・哲学辞典』中川信、高橋宏光訳、中公クラッシクス、二〇〇五、四六七ページ〕。

(66) フリードリヒ二世の書簡が示すように、「フェルネーの賢者〔ヴォルテール〕」は偉大なるエカテリーナに騙されて、かなり不満気であった。「トルコ人との戦争前、反体制派を正当に評価し、ただ良心の自由を確立するためにロシア女帝がポーランド国王と手を組んでいると愚直にも信じ込んでしまった。まったく、まんまと騙された」。だが、このかなしい経験の影響を実際に被ったわけではなさそうである。ヴォルテールと「北のセミラミス〔バビロニアの伝説の女王〕」との関係については、以下を参照。P. Gay, *Voltaire's Politics. The Poet as Realist*, *op. cit.*, p. 171-184.

(67) *Ibid.*, p. 185-238.

この点ではヒュームに同調するヴォルテールにとって、過去のイギリスは過去のフランスと同様に未開だった。[68]だが、かれはルイ十四世のフランスに「文明化された君主国」以上のものを見ていた。強大かつ開明的な国家になにがなしうるか、文明化されたヨーロッパの境界線を「モスクワ」方面に、さらには宗教問題においては優れた体制をもつトルコ方面にどこまで広げられるか。かれにとってフランスは、その最良の例であり希望なのであった。[69]だが、ヴォルテール、ヒューム双方にとってフランスの行儀作法と礼節は絶対君主政と密接に結びついていた。ということは、フランスの政治モデルに異議申したてをする以上、フランスのマナーも拒否されるかもしれないのかと自問せねばならない。これが、モンテスキューが取り組んだ大問題のひとつである。ヴォルテールの議論の別の選択肢を提起するモンテスキューは、この点でも別の視点を示すことになる。

(68) 「歴史についての考察、とりわけヒューム氏『イングランド史』(一七六八) について」におけるヒュームの歴史書に対するきわめて肯定的な評価を参照のこと (in *Œuvres complètes*, *op. cit.*, t. XXXVI)。

(69) 『哲学辞典』の項目「寛容」では、宗教の複数性を土台とするイギリスの寛容とトルコの政治体制の驚くべき近似性が示唆される。「わたしは諸君につぎのように述べてきたし、それ以外に言いようはない。もし諸君の国に二つの宗教があるならば、それらは互いに喉笛を切り合うだろうが、もし三〇の宗教があるならば、それらは平和に生きるであろう、と。トルコ皇帝を見たまえ、かれはゾロアスター教、バラモン教徒のインド商人、ギリシア系キリスト教徒、ネストリウス派、ローマ人を支配しているのだ。紛争を巻き起こそうと考えるものは誰であれ、串刺しの刑に処せられる。だから世の中は全て平穏なのである」(*Dictionnaire philosophique*, *op. cit.*, p. 40)〔『哲学辞典』中川・高橋訳、四五五ページ〕。

第三章　モンテスキュー、フランス、イギリス

ヴォルテールは、ヨーロッパには文明社会にいたる二つの道があると考えていた。これを体現するのが、ほぼ共和国であるイギリスとフランス君主政である。[1] 商業国イギリスは近代世界をその基底で動かす原動力をしかととらえているし、他方「礼節を知る」フランスは技芸と学問の発展、マナーの洗練、習俗の穏和化に適したさまざまな生活形式を一からつくることができた、と。モンテスキューもおそらく同様の認識であった。かれは「商業」に基づくイギリスの自由に熱烈な賛辞をおくるとともに、フランス君主政のある種の「中庸」を、そして名誉の役割および「マナー」[2]の重要性から生まれる自由さえをも再評価していた（もっとも、イギリスの「極端な」性格については条件付きではあるが。「中庸」

（1）本章での分析は、二〇一〇年四月リヨンのＥＮＳにて行われた「議論・論争──『法の精神』をめぐって」と題されたシンポジウムにおける発表を下敷きにしている。なお本シンポジウムの報告書は下記にて公刊された。*la Revue d'histoire des idées politiques*, n° 35, 2012, 1.

（2）セリーヌ・スペクトールの出色の分析を参照のこと。*Montesquieu. Pouvoirs, richesses et sociétés*, Paris, PUF, 2004, chap. 2, p. 145-220. および Guillaume Barrera, *Les Lois du monde. Enquête sur le dessein politique de Montesquieu*, Paris, Gallimard, 2009.

の思想家にとって、その極端さは過大評価すべきではない）。この時代の大半の人びとのように、モンテスキューも「〔宮廷・貴族的〕礼節」と素朴な「行儀作法」を区別し、この区別をフランスの特徴としていた。ときおり、かれが「行儀作法」により高い道徳性を認めたり、また「礼節」の幾分の嘘っぽさを非難したりするかに見えても、『法の精神』では最終的につぎのように結論づける。フランスの礼節とそれに付随するすべて――女性に対する慇懃さ《ギャラントリ》、女性の支配、会話等――は高い価値が認められた財であり、軽率に非難すべきではないし、自由で繁栄した国家〔イギリス〕での礼節の不在は決して誇るべきではない、と。しかしながら啓蒙時代の他の思想家と異なるのは、「専制」との闘いという最優先すべき問題関心がかれにはあった点である。それによって、礼節のもっとも偉大な二人の理論家、すなわちヒュームとヴォルテールに対してモンテスキューが一歩前に迫りだすことになる。

　ウィッグ的正統主義に対して「文明化された君主国」フランスの側に立つヒュームの念頭にあったのは、無論、偉大なルイ王と絶対主義の継承者である同時代のフランスである。「王国テーゼ」の擁護者であるヴォルテールが、フランス社会の変革のための希望の拠りどころとしたフランスでもある。二人に対し、モンテスキューは同時代の君主政フランスの変遷を数世紀におよぶ専制化への進展の結果であると見ていた。「フィロゾーフ」らの「画一化」の精神はそのあらわれである。(3) だからこそ、かれにとって君主政国家フランスが絶対的でないことが文明化の条件であった。おなじ理由から、君主政は自力で文明化することはできないとも考えていた。(4) 初期作品において、モンテスキューはフランス社会について、都市については無論、宮廷についてはいっそう厳しい見立てをしていた。問題の克服には、独自の政治理論を練るよりほかはない。より保守的で且つより「近代的」でもあり、いずれにしても啓蒙時代の他の思想家の理論より古典主義的伝統から距離をとる理論でなければならない。最初期のモンテスキューは積極的に「共和主義的」で、かれなりの流儀でイギリスの伝統に沿っていた。それはフランスについての考察においても踏襲された。つまり、『法の精神』の著者は、そうであっただろうフランス君主政体の擁護を願うのである。このことが、かれをあたらしい哲学に導き、「文明化」の問題にあたらしい重要性を付与していくことになる。

誠実さと礼節

かれの作品のなかで最初に大成功を収めたのは『ペルシア人の手紙』である。一七二一年に匿名で出版されたが、著者の名が明かされるまでに時間はかからなかった。とはいえ、それ以前の作品群を見過ごすのは賢明ではないだろう。一七一六年にボルドー・アカデミーに入会した若き高等法院司法官の作品には、その後の作品でも繰りかえしあらわれる主題がすでに認められるからだ。その代表が『誠実礼賛』である。おそらくアカデミーの懸賞論文への応募用に書かれた作品で、一貫して宮廷人像への批判を主軸に展開する。(5) 宮廷人批判という主題そのものに独自性は一切なく、古典古代の文学作品(オウ

(3)『法の精神』第二九編十八章「画一性の観念について」(野田良之ほか訳、岩波書店、一九八七—一九八八)。
(4) 同上および『法の精神』第一九編十四章のピョートル大帝の改革についてを参照。
(5) 一般的に一七一七年執筆とされる。このテクストは *les Mélanges inédits* (1892) に所収。

ディウス、ウェルギリウス、ランプリディウス、エウリピデス）や、モンテスキューがそこかしこに散りばめた聖書（ダニエル記）への度重なる参照も同様である。偉大なルイ王治世のラ・ブリュイエール『キャラクテール』第八編と同様、『誠実礼賛』は宮廷批判という長年の伝統に沿った作品なのである。この伝統を汲む大半のモラリストは、内面と外見という伝統的対比によって宮廷人批判をおこなう。（偽の？）礼節によって生まれた見せかけの外見と誠実さを支える内面的徳の対比である。ラ・ブリュイエールは言う。「宮廷は大理石の建物のようなものである。というのは、きわめて dur であると共にきわめて poli な人びとで構成されている、という意味である[6]」。このような展望において、宮廷批判では外見的な礼節を相対化するものの、「あなたの評判を左右する」マナーを否定はしない。礼節それ自身が徳を芽吹かせることはないが、「内面的にそうあるべきように外部に人間を見せる」ことで、「すくなくとも、そのような外見をあたえてくれる」。そして当然、礼節は他者への配慮をもとめるが、おそらく非道徳的なものはそこには一切ない。ところがこの点について、〔当時の修辞学の〕形式に厳密に則っていながらも『誠実礼賛』はどこか独特である。それは、「外面的」な礼節と「内面的」な誠実さとの対比とはまったく異質ななにかに依拠して立論する点、誠実さの道徳的価値以上に、その政治的影響に比重がある点にある。自己を直接的に認識しうるのだという自負を完全に虚しいものとする「自己愛」の罠を繰りかえし説く青年モンテスキューは、ラ・ロシュフコーに近い。そこからモンテスキューは、他者の目をつうじてしか、人間は自分がなに者であるかを知ることができないとの考えにいたった。

　ストア派哲学者たちは、自己の探求に哲学のすべてを捧げた。そうした研究には、人生が長すぎるということはない」。この格言は神殿の正面に飾られて複数の学派に継承されたが、とはいえ、容易にわかることだが、自己分析をするよう弟子に勧めたかれら自身が自分を知っていたとは言えない［…］。

ありのままの自分を見るには、人間はあまりに近視眼的に見すぎている。自身の徳も悪徳も、すべてを美化する自己愛のフィルターを通してしか観察しないのだから、人間はつねに自己についての信頼のおけない証言者であり、買収された判事である。

ということは、人間がいかに真実から離隔しているかを知り、その事実を人びとに伝えるために自身の知恵を用いる者ははるかに賢明である。思弁的知でよしとせず、誠実であろう〔真実を率直につたえよう〕としたかれらは賢明なり。過剰な誠実さをもとめる似非学者たち*が理性そのものを冒瀆せず、洗練された自由であるとうそぶきながらあらゆる非礼をはたらかなかったならば、さらに賢明であったろうに[7]。

＊キュニコス派

誠実さがあらゆる徳の源泉であるとしても、誠実さが賢者の人格全体に内面的な気高さを浸潤させるからではない[8]。とりわけ誠実さが高く評価される社会では、単に他者の視線が気になるという理由で、

（6） La Bruyère, *Les Caractères*, VIII, 10〔『カラクテール　中巻』、十ページ〕。VIII, 2, VIII, 74 も参照〔第一章の注18も参照〕。

（7） Montesquieu, *Œuvres complètes*, Paris, Gallimard, « Bibliothèque de la Pléiade », t. I, 1949, p. 99.

（8） *Ibid.*, p. 103-104.「誠実であるための力を持つ者は、こうしたものを持っているであろう．その人物の人となり全体に広がるある種の熱意、全体的な自立、他者への厳しさと同等の自身に対する厳しさ、不安や強い恐怖による曇り

誠実さが悪を抑える効果を発揮するからである。

欠点を指摘されたとして、なお延々と反論できる者などいない。面倒だからという理由で放棄するなら、かれは有徳になろうものを。

我われが善をなそうと思うのは、賢者がよりどころとする良心の充足のためばかりではなかろう。侮蔑されたくないという懸念が賢者を動かすからでもある。

悪徳は、この惨めな嘆かわしい状況に陥るだろう。徳もそこで喘いでいる。この堕落の時代、意地悪な人間になるためには善人になるのと同等の力と勇気が必要であろう。(9)

道徳的な観点からいえば、「心づかい」や度を超した礼節が「ナルシス」や「自分に惚れこんでいる人びと」をさらに勢いづけるときにこそ、誠実さは、逆説的にも自己愛の働きを制限する。かれらが自身の功績を溢れんばかりに口にし、自画自賛して有頂天になるときである。(10) 政治的な観点から言えば、誠実さは、暴政および専制に対するもっとも強力な抑止力となる。君主に自身の義務に立ちかえらせ、「宮廷人魂」の悪行に対抗させるからだ。古代ローマ人が敬愛するストア派の徳は、したがって政治的徳とみなすべきである。なぜならばこの徳が君主と人民の幸福の源泉となり、「嘘とごまかし」(11) によって我われが遠ざかってしまった「黄金期と無垢の時代」を唯一とり戻しうる誠実さに導くからである。

『ペルシア人の手紙』におけるフランス

『誠実礼賛』は、社交的であると同時に自己愛に支配された人間が身をおく複雑な政治哲学の素描を見せてくれる。それはもっとも洗練されたかたちの社交性によって、人間が自己に対していっそう盲目になりうる場であり、また誠実さが政治的自由への道をひらき、その自由があらゆる徳を成熟させる場でもある。こうした古典的「共和主義的」な哲学は『法の精神』までくりかえされる。だが『ペルシア人の手紙』では、すでに「専制主義」の導入がいくつかの修正をもたらしている。たとえば「ハーレム」、より一般的に東方イスラームが描かれ、反対にこれと大きく異なる君主政フランスは「宮廷人魂」と過剰に強大な国王の権力に支配される場として歪曲されるのである。

周知のように、『ペルシア人の手紙』では二人のペルシア人旅行者、ユズベクとリカの文通をつうじてフランス、よりひろくはヨーロッパが描かれている。二人の知る社会とは大いに異なる社会、宗教、政治体制への関心や驚きが、よろこび、批判、より多くは感嘆とともに伝えられる。図式化するなら、都市・宮廷を問わず洗練され、嘘っぽいフランス社会に対し、二人のペルシア人は「自然」の観点から

のない魂、徳への愛、悪徳への憎しみ、悪徳に身をゆだねる者への嫌悪、きわめて気高く、美しい若木から広がるのは黄金の枝ばかりである」。

（9） *Ibid.*, p. 100-101.

（10） *Ibid.*, p. 101.

（11） *Ibid.*, p. 107. その直前（p. 103）で中国を賛美している。帝国の存続の秘訣は、「皇帝のおこないに逸脱があった場合にそれを進言する」ことを任務とする役職「Kotaou」の設置にある。

の主張を代弁する。ただし、その主張に曖昧さが充ち満ちていることも吐露されている。たしかに、パリにはびこるあまりに空々しい会話を二人は見逃さない。とはいえ（たしかに、リカよりもユズベクにとってそうなのだが）かれらのもっとも内に秘めた経験、つまり礼節やごく形式的な行儀作法という「化粧」すら権力、暴力に施さないハーレムで繰りひろげられるのは、剥き出しの支配なのだから。

ペルシア人の本性は、ある意味で近代自然法の本性に真っ向から対峙する。というのも、ユズベクは人間の本性的社交性を心から信じ、社会の起源を自明としない社会契約を狂気の沙汰だという。「人間同士が社会を形成せず、互いに距離をおき、避けあっていたのなら、なぜかれらが孤立したままなのかその理由を探らなければならないだろう。ところが、人間は生まれつきみんな互いに結びついている。息子は父親のそばで生まれ、父親とつながっているそれが社会であり、社会の原因なのだ[12]」。だが、ヨーロッパ人の習俗とマナーを評価し、ペルシア人のそれと比較するさい、それでもやはり、この自然＝本性の社交性が万人の認める基準となる。たとえば、アカデミー・フランセーズは判決をくだすやいなや民衆に破棄される始末で、幸いにもペルシアには同等の組織は存在しない。自然という考えが、アカデミー・フランセーズのような組織の気位の高さを糾弾するさいのよりどころとなるからだ。「こんな奇妙なものは、ペルシャではお目にかからない。僕らは、こういう奇妙で、風変わりな機関に感じるような精神を持ち合わせていない。僕らは、いつもペルシアの単純な慣習と素朴な作法に、自然を探し求めているのだ」。同様に、ヨーロッパ的行儀作法には、むだな気取りや優位性を誇示する傲慢の表現に属するものがあるが、ペルシア人はそれらと「鷹揚さ」をとり違えたりしない。根底には、「一般に、どんな国民にも共通するある種の礼節がある[13]」との考えがあるからだ。ペルシア人がそうした共通マナーを身につけていることに、パリ人が驚くというのもなかなか興味深い。ユズベクは、両国の領主を比較する。横柄に（実際は、下品に）自身の優位性を誇示することが「〔良家の〕代表者にふさわしい」と考えるパリの大領主に対して、か弱き者たちの前での柔和で思いやりのある態度と、公の式典あるいは「非常事態」にも高貴かつ威厳に満ちた態度をあわせもつペルシアの大領主を対置することも辞さないのである。[14]

他方で、ハーレムの家内制度は苛烈な支配の例であり、これはペルシアの政治体制とおそらく無縁ではないだろう。原則は男女間の不平等で、そこには夫が寝とられるのを阻止しようという意思がある。この点についてのリカの考察は興味深い。「アジア人が正当にも自分の不安を鎮めるのにふさわしい手段を探しているのだとすれば、ヨーロッパ人もまた正当なことに、その不安を持たないようにする」[15]。アジア人とヨーロッパ人の習俗を比較する際、モンテスキュー作品に登場するペルシア人は、両体制の対照的な長所・短所をそれぞれ認め、公平さを保つかに見える。ペルシア人のほうが妻に浮気されにくく、万事につけ妻は夫にしたがい、また人目に晒されることなくひっそりと暮らすため、彼女たちはより「美しい」。これに対し、ヨーロッパ人はより率直な恋愛感情をたのしみ、妻の不貞による寂しさは愛人のところでたっぷりと慰めてもらえる（かれらの国では、女性の不貞は不名誉ではない）。同時に、

（12） *Lettres persanes*, lettre XCIV〔『ペルシア人の手紙』田口卓臣訳、講談社学術文庫、二〇二〇、三二三―三二四ページ（手紙九四）〕。
（13） 同上、手紙四八〔一六四―一七二ページ〕。
（14） 同上、手紙七四〔二六四―二六六ページ〕。
（15） 同上、手紙三八〔一三七―一四〇ページ〕。

誰もが皆に気にいられるべきという社会の圧力が強く、ペルシアよりもヨーロッパのほうが一般に女性たちはより「素敵」である。反対に、『ペルシア人の手紙』を構成する書簡全体を見渡したとき、ペルシア世界の親密な関係性にある純然たる力の論理から目を逸らすこともできない。権力関係が礼節によってオブラートに包まれることもなければ、嘘といかさまがより少ないわけでもない。君主は宦官に専制的権力を委譲するが、いつでも剝奪することができる。身体の一部の切除によって生来の真の力を奪い、それによってのみ宦官にあたえられた権力で、代わりに主人の権力の及ばぬ場では妻のあらゆるわがままに応えねばならない。君主の権力はというと、罰をあたえる権利、生殺与奪の権利さえ有しているが、にもかかわらず女性たちから一切の権力を剝奪しても充分ではない。ロクサーヌの自殺という悲劇的な結末が示すように、主人に快楽をあたえられるのは彼女たちのみであるとの事実が残るからだ。かくして女性たちは自由の片鱗を保持しつづけ、そのせいで完全支配はできない[16]。

フランスの礼節は、ペルシア人の「本性」のまさしく対極にある。礼節には往々にして堕落がつきまとい[17]、支配性を掩蔽するが、礼節の儀礼的な穏やかさによって支配のもっとも苛烈な影響を緩和し、君主による暴政の代わりに言論が支配する。礼節はこうして名誉欲をつねにともなう。「良識的な男」がユズベクに言うように、名誉欲、この「幸福な気紛れ」によって「あなたの国のスルタンが臣民の鼻先に絶えず刑苦と報酬を突きつけることでしか得られないものを、フランス人は喜んで粋に実行するわけです[18]」。このように、フランス君主政は共和主義的自由と専制主義の中間のように見えるため、モンテスキューとかれの二人のペルシア人はフランス君主政に対して曖昧な評価をくだす。一方で、「トログロディット人の寓話」は、有徳な共和国が君主国へと変貌する政治的堕落の描写と解釈される。広大になりすぎた共和国は仲間うちのもっとも徳高い人物に国王になるよう乞い、さらなる愉楽のために自らの自由をすすんで放棄する。

これがどういうことなのか、わたしにはよくわかる。トログロディットたちよ！　君たちの徳が負担になり始めたのだ。首長がいない今の状態では、君たちは意に反して有徳でなければならない。さもなければ、君たちは生き延びていけない。〔…〕一人の君主にしたがって、今の習俗より厳格でないその君主の法をまもる方がまし、というわけだ。君たちは知っているのだ。そうしておけば、しばらく野心を満たし、富を蓄え、ゆるんだ享楽に溺れていられるし、大罪に手を染めさえしなければ徳は必要でなくなるだろうと。(19)

一方で、ロシアを除いてヨーロッパの君主政の大国の君主たちは、実はスルタン以上のものを持っているが、すべての君主政が同等ではなく、とくにすべてが専制的であるわけでもない。なぜなら、権力

(16)　同上、手紙一六一〔五四七—五四八ページ〕。以上すべての点については以下を参照。Céline Spector, *Montesquieu, les Lettres persanes : de l'anthropologie à la politique*, Paris, PUF, coll. « Philosophies », 1997, p. 29-31.

(17)　「あまりに育ちが良いと言われる人たちは、しばしばもっとも悪徳に磨きのかかったものに過ぎませんし、多分毒とおなじように、もっとも染み込みやすいものがもっとも危険でもあるわけです」。同上、手紙四八〔一六八ページ〕。

(18)　同上、手紙八九〔三〇八—三一一ページ〕。

(19)　同上、手紙一四〔六七—六八ページ〕。

を拡大しすぎるのは割にあわないと得心したからである。東方では君主の失寵は死に直結し、よって家臣らは反乱を起こすが、ヨーロッパでは失寵はただ特恵を失うことを意味するまでで、よって大貴族たちは国王に忠誠を誓いつづける。[20]くわえて、「名誉」が殊に重要な役割を果たす君主政フランスは、さらに自由に類するものを保持する。自由なくして名誉への配慮はないからである。「格言としていえるのは、どんな国家でも名誉欲は臣民の自由とともに増減するということだ。つまり、名誉は決して隷従につきものと言うわけではない」。したがって、政治的自由から専制にいたる堕落の道を反対方向にたどると、恐れの支配（スルタンの体制）から有徳な共和国へと徐々に近づく。有徳な共和国のなかで、フランスは中間の位置を占める。共和国では「最大の勲功に報いるのは、ただ名誉のみ」であり、フランスの君主は強大な権力を有するものの、君主は臣下の名誉を支配してはいないからである。反対に、すでにあきらかなように、専制君主は君主政フランスの陥りうる顛末として描かれている。君主の寵が「公衆の尊敬」および〔君主政体を作動させる〕伝統的動因である名誉に優先されるようになれば、起こりえないことではない。[21]実際に『法の精神』ではそのように描かれることになる。

フランス人は奴隷ではないが、もはや市民でもない。人間に対する社会の不可視の権力をただ示すだけの空疎な義務を背負い込み、かれらはこうして人間の政治的本性〔アリストテレス的政治共同体の一員としての生を全うせんとする本性〕ではなく、社交的本性〔他者の好意を獲得し、他者との関係構築を最重視する本性〕を体現する。「人間は社交的な動物だと言われる。この点を踏まえると、フランス人は誰よりも人間なのではないかと僕は思う。それも典型的な人間だ。フランス人はただ、社交のためだけに作られているように見えるからだ[22]」。つまり、人間の行動を左右するのは習俗でも、法でもない。本質的に変化しやすい流行によって左右され[23]、自由な国家において法への忠誠を誓うのとおなじように、流行にもある種の忠実さを示してしまう。だからこそ、フランス人はある種の外国人を軽蔑する。かれらのコックやら理髪師やらのありとあらゆる「くだらない発明」をフランス流だといってもてはやし、自身では策定せず、外国から借用した法の下で生きることを受け入れる連中である〔手紙一〇〇〕。つまり、流行が変化すれば、フランスではあらゆる変化はそれを手本になされる。それが君主の意向と見なされる場合もあり、世論の意向といわれる場合もある。

マナーや暮らし方についても、流行廃《はやりすた》りがある。フランス人は王の治世に応じて習俗を変えるのだ。国王がきちんと取りかかれば、国民を厳粛にすることさえ可能だろう。君主が自分の精神の特徴を宮廷に刻みつけ、宮廷が首都に、首都が地方に刻み付ける。支配者の魂は、他のすべての魂の形を決める鋳型なのだ。(24)

同書簡において、ユズベクはパリで享受される自由を認めつつ(「パリを支配しているのは、自由と平等だ」)、寵(大臣の、つまり国王の)は「フランス人にとって偉大なる神様のようなもの」だとも

(20) 同上、手紙一〇二〔三四八―三五一ページ〕。
(21) 手紙八九の末尾を参照。
(22) 同上、手紙八七〔三〇三―三〇五ページ〕。
(23) 同上、手紙一〇〇〔三四二―三四四ページ〕。
(24) 同上、手紙九九〔三四〇―三四一〕。

いう[25]。

のちにヒュームは、共和国とも専制国家とも異なるフランス社会の特徴として女性の地位をあげる。女性たちが礼節を女性に対する慇懃《ギャラントリ》さに変え、会話をより豊かにし、「たわいもないお喋り」を「国民的性格」にまでするのだ、と[26]。女性の支配は、上流社会における男女の分け隔てない交流からはじまる[27]。いうまでもなくペルシアのハーレムの反転である。男女の混合は、個々人を不安とごまかしから解放する作用がある。専制国家のハーレムでは「人間のあるがままの姿ではなく、そうあるように強いられた姿しか見ることができない」が、女性の天下はハーレムよりも「自然」に近い状況をつくる。他方で、その点において女性支配のフランス社会は、専制国家ペルシア、かつての貴族政、古典古代の共和主義のすべてに共通する男性的価値と対照的である。たわいもないお喋りが規範となり、もっとも「厳格」な職業、状況、組織にも適用される。なぜならフランスの女性天下とは、それが元来有する性的な意味付けを基盤とするからだ。ハーレムの対極に位置するものの、おそらくハーレムと同様に「自然」ではないのである。「婦人に気に入られるには、いっそう好かれるのとは異なる一定の才能が必要だ。この才能は、機知のなかでも一種の軽口にこそ宿る。軽口は、ごくたまにしか守れないことを絶えず約束するように見える点で、婦人を楽しませるわけだ[28]」。

『ペルシア人の手紙』は、基本的にフランス（宮廷も都市も）についての作品だが、他のヨーロッパ列強についても興味深い記述がある。啓蒙の地誌の定番のテーマがすでにあらわれている。モンテスキューと作品中のペルシア人はフランス批判を繰りだすのだが、それによってフランスの独自性、あるいは模範性と呼ぶべきものを浮かびあがらせている。

在モスクワのペルシア大使は、同郷のユズベクとリカのイメージする君主国フランスと実に対照的なロシアを描き出す。広大な帝国を支配するツァーリは「臣民の生命および財産の絶対的な支配者だ。臣民は、四つの家族を除けば、みんな奴隷」であり、モスクワの女性たちは夫がきちんと殴ってくれてはじめて夫の心を射止めていると確信できる。[29] ここには、ヒュームを強く思わせるものがある。ヒュームにとって、臣民の権利および所有権の尊重と女性の地位の二点において、文明化された君主政体フランスは専制ロシアの対極に位置するからだ。さらに、ペルシア大使も帝国を芸術大国に育て、「今日まで忘れ去られたまま、ほとんど国民自身にしか知られていない自国の栄光を［…］伝える[30]」ためのツァーリ（ピョートル大帝）の努力にもきわめて懐疑的である。

もう一方のヨーロッパの端では、スペインとポルトガルはたがの外れた君主政の例を示している。両国は、フランスの戯画である。両国の遊びのないただの「厳粛さ」は滑稽でしかなく、貴族はどこまでも高慢で、支配と剝き出しの権力を和らげるわけでもない空疎な儀礼を礼節と呼ぶ始末である。「スペ

(25) 同上、手紙八八〔三〇六―三〇七ページ〕。
(26) 同上、手紙六三〔二二〇―二二一ページ〕。
(27) 「僕はもう、一つの家で五、六人の婦人たちが五、六人の男たちと一緒にいるのを見てもさほど驚かないし、そういうのも悪くないと思っている」〔同上〕。
(28) 同上。
(29) 同上、手紙五一〔一七九―一八三ページ〕。
(30) 同上。

イン人は、フランスでは場違いに見えるつまらない礼儀を守っています。たとえば指揮官が兵士を殴るときはかならず許可をもとめますし、宗教裁判所がユダヤ人を火炙りにするときはかならず陳謝します」[31]。スペインに対する手厳しい評価を書いたのが「貴族反動」の代表格とみなされる人物だと考えると、なかなか意味深長である。サン＝シモンにとって、スペインは宮廷儀礼、貴族の地位などにおいて君主政フランスのモデルとすべき国だった。反対に、モンテスキューは当時のスペインに対するあらゆる批判的ステレオタイプを持ちだす。大半は、プロテスタントのイギリスから啓蒙時代のヨーロッパに拡散したお決まりの批判である[32]。

よって、『ペルシア人の手紙』には貴族的価値が共和主義的言説に巧みに織りこまれ、全体としては偽善的なフランス社会への批判であるとしても、モンテスキューはすでに「マナー」に一定の利点を認めてもいる。すなわち、君主政フランスの専制主義的傾向を緩和する作用である。とはいえ、『ペルシア人の手紙』は『法の精神』にはほど遠い。『法の精神』では、文明社会は徳の衰退の代わりに人間の生存条件にあきらかな進歩が認められる社会とされ、そこへと導きうる二つの過程として「商業」と「マナー」の二つのパラダイムが提示される[33]。『ペルシア人の手紙』から『法の精神』へのかれの思考の変遷を理解するには、イギリスの習俗および制度との比較を足がかりに、かれがいかにフランス社会のとらえ方を修正したのかを忠実にたどる必要がある。

フランスとイギリスにおける謹厳実直さと礼節

モンテスキューの思索の変遷をたどるための主たる史料は『わが随想』である。かれが一七二〇年から生涯をとじるまで書きためた三巻からなるノートで、第一巻は一七二〇〜一七三四年、第二巻は一七三四〜一七四八年に、第三巻は一七四八年以降（つまり『法の精神』の刊行後）に書かれた。死後出版のこのノートに『雑録』が加わる。『雑録』には、とくに一七一八〜一七四九年のイギリスやオランダの新聞の写しや切り抜きなどに基づく個人的省察、旅行中のメモ、とりわけ重要な一七二九〜一七三〇年の長期滞在時に作成された『イギリスについてのメモ』が含まれる。作成時期が不確実なテクストも含まれるものの、ここからはモンテスキューのフランスに対する評価について、かなり一貫した変化を抽出できるように思われる。イギリスの習俗と政治体制への理解が深まるにつれて、フランスへの評価にまず濃淡があらわれ、しだいに厳しさが和らいでゆくのである。ただし作品中でモンテスキューは、礼節と政治的自由はまず両立しないという核心的直感を信じつづける。「自由な国家は文明化された〔よく統治された〕国家である。隷属に生きる国家は、礼節を知るだけの国家である[34]」。英仏の比較を中心テーマとするのは、『わが随想』第二巻の三つの断章である。

（31）同上、手紙七八〔二七四―二七八ページ〕。

（32）たしかにモンテスキューの世界は、公爵の世界ではない。手紙七八でさらに注目すべきは、こう述べるのが（また結論でスペイン人なら仇を討つためにこう答えただろうと想像するのが）フランス人である点である。

（33）C. Spector, *Montesquieu. Pouvoirs, richesses et sociétés*, *op. cit.*, chap. II.

（34）*Pensées*, n° 784.『わが随想』および「雑録」からの引用は、下記より。la collection « Bouquins », Paris, Robert Laffont, 1991.

七七九——君主政国家が樹立すると、礼節がうまれる。作品がうまれるのは君主政の初期のみで、この部分をまた腐敗が広く蔓延する。
七八〇　イギリス人は多忙である。かれらに礼節をわきまえる時間はない。
七八一　「イギリス人とフランス人の差異」
イギリス人は下位者と付き合うのが上手いが、上位者と付き合うのは耐えられない。私たちは上位者とはなんとかうまくやるが、下位者からすれば私たちは耐えがたいだろう。

最初の断章は、ヒュームの「学問技芸の誕生と発展」の前書きと類似の議論に基づくが、ヒュームと大きく異なるのは「文明化された君主政フランス」についてはるかに暗い展望を描く点である。ヒュームと同様、モンテスキューも「礼節」を君主政体に結びつけて考察する。だがこのスコットランド人哲学者とは反対に、モンテスキューによれば、君主政体はある地点までは技芸の発展に味方するが、「才気にあふれる作品」がつぎつぎと生みだされるような発展は長くはつづかない。なぜなら、絶対君主政の論理と宮廷人の精神は公共精神全体に腐敗を蔓延させるからだ。人間の条件のいかなる側面も、この腐敗を免れない。より啓蒙されているのに、モンテスキューの時代がルイ十四世の時代ほどの輝きを放たないのはそのためだとかれは考えたようだ。絶対君主政が技芸と文芸を奨励する時代は去り、なんとか保っていた一部の自由のおかげで細々と生きながらえているにすぎない。断章七八一では、両国の社交をはっきりと比較する。自由なイギリス（市民が自由であるが故に大貴族は弱く、また一定の平等が支配する国）の「ほぼ共和主義的」な社交と、のちに鋭い観察者によって「侮蔑の滝」〔Aがすぐ下のBを見下し、Bがその下のCを見下すというように、上層から下層まで侮蔑の連鎖が滝のように連なる様を指す。貴族から職人まで位階や序列のわずかな差へのこだわりによって形成されるアンシアン・レジーム期フランスの社会的紐帯の一側面を言い当てた表現〕と名づけられるアンシアン・レジーム期フランスの社交、すなわち卑屈と横柄を行きつ戻りつする宮廷人を着飾った従僕に貶める社交とが対置される。さいごの断章七八〇で、『法の精神』の中心課題となるテーマがようやく論及されることになる。「たえず利益追求に奔走していたら、怠惰を基盤とするこの礼節を知ることはないであろう。事実、そんな時間はまったくないだろうから[35]」。礼節の弱点が政治的自由にかかわる以上、政治的自由はフランスに対する英国のある種の優位を示すしるしとなるが、しかしその優位性の原理は古典古代の共和主義の「徳」ではない。イギリス人の謹厳実直さ〔honnête / honnêteteの訳。ここでは快さ、軽薄、不道徳性を特徴とするフランスの礼節に対置される規範を表す〕は公益への愛ではなく、人間行動を個人的利害の追求へと方向づけるイギリス人のやり方に由来するのだから。反対に、仮にフランスがイギリスよりも不道徳に見えるとすれば、それはフランス人が本性的にイギリス人に劣るからではなく、礼節をかれらの最大の関心事とさせるような別の習性があるためだ。「パリでは、社交のせいで誰もが軽挙妄動する。みなマナーばかりを覚えて、徳も悪徳も知る時間がない[36]」。つまり、イギリス人は上品になる時間がないから謹厳実直で、フランス人は謹厳実直になる時間がないから上品だと言うのだろうか。そうなのである。ただしその理由は、フランスとイギリスが（ほとんどパスカル的な意味で）気晴らしのための二つの競

（35）『法の精神』第十九編二七章。
（36）*Pensées*, n°. 1079.

合する過程を代表するからである。もはや古代都市国家の市民でも、伝統的貴族でも、はたまた真のキリスト教徒でもおそらくはない人間の気晴らしが問われているのである。イギリス人が上品になる暇がないのは、私利の追求に余念がないからだ。フランス人が悪徳性にも徳性にも――そして公益にも――関心を持つ暇がないのは、公衆や国王の前で話題をさらったり、皆のお気に入りだと認めてもらうのに余念がないからだ。ちなみに、愛らしさが国王や公衆からの寵愛をしばしばもたらすにせよ、お気に入りであることがつねに実利につながるわけでもない。

したがって、イギリスの謹厳実直さとフランスの礼節は対称的だが、しかしそれが一方の道徳的堅実さと他方の紛いものの煌めきという単純な対比には還元されない。モンテスキューにとって、ここにはイギリスの自由についてのネガティブな弁証法とほぼ呼びうるものがある。謹厳実直はイギリスの自由からが生まれるが、突き詰めれば無情さを、さらには憎悪をもたらしかねない。波乱に満ちた政治史から生まれた幸福な国民であるフランスの見事な変貌はイギリスに対する反論ともなる。こうして、結局のところフランスに対するイギリスの道徳的優位は揺らぐ。「わたしはこう言っていたのだ。イギリス人がフランス人には劣らないとは言い切れない。フランス人に対するイギリス人の優位性はその程度のものだ、と[37]」。

『イギリスについてのメモ』には、イギリス人の振る舞いについての手厳しい描写が並ぶが、辛辣な批判の矛先はフランス人旅行者の無理解にもむけられる。まずイギリス人はこうだ。上流階層においてすら、イギリス人には洗練の欠片も見られない。「若きイギリス人貴族」は学はあるが、赤抜けないか無知で横柄かのいずれかであり、またシェイクスピアのヒロインたちは愚かしく、自己表現もできない（?!）。

なぜなら、シェイクスピアは「社交界のしきたりも礼儀正しさ」も知らない輩だからだ。イギリス人は慎み深いというが、習俗が野鄙なだけだとしか考えられない。[38] だが、たいしたことではない。「イギリス人は、あなたに対して上品な振る舞いはしないが、決して無礼は働かない」。他方で、フランス人も悪い。「イギリス人が自分たちとおなじようであって欲しい[39]」と願い、イギリスでもフランスでのような社交を願うフランス人にも非はある。たとえフランス的社交が心地よいとしても、彼の地ではまったく不要だからだ。[40] よりつぶさに観察してみると、イギリス人の厳格な振る舞いはつまるところかれらの冷たさのしるしであり、それはフランス人の愛想のよさと対比をなすことがわかる。「どうしてイギリス人に外国人を愛することができるだろうか。かれら同士が愛しあっていないのに。どうして我われをディナーに招くだろうか。イギリス人同士でも、そんなことはしないのに[41]」。けだし、こうしたかれらの精神性はイギリスの政治体制と無縁ではないだろう。汚職が横行するものの政治的自由によって一定

（37） *Pensées*, n°. 1326.

（38） Notes sur l'Angleterre, in *Œuvres complètes, op. cit.*, t. I, p. 874, 875-876. p. 883 も参照のこと。「ここ〔イギリス〕では女性は控えめである。なぜならイギリス人は女性たちに会わないからである。彼女たちは見知らぬ男性に話しかけられると、自分に襲い掛かろうとしているのではないかと思ってしまう。だから、「男性をその気にさせたくはありません」と言う。

（39） *Ibid.*, p. 876.

（40） *Ibid.*, p. 877「イギリスでは私に親切にする者はいない。そんな必要があるだろうか？」

（41） *Ibid.*, p. 876-877.

の歯止めがかけられ[42]、しかしそれらがすべてが不信感を生み育て、結果的にかれらの心をこわばらせる。「この地では人は愛しあうことはほとんどなく、冷淡になることを恐れるあまり、実際に冷淡になる」[43]。モンテスキューが『〔わが随想』の〕ある断章で、イギリス式社交の主たる動因を憎悪とまでいっていたことの理由がここにきてわかる[44]。

イギリス式マナーが自由な国民のマナーであるにしても、その自由が優れた徳に基づくのか、イギリス人に幸福をもたらすに足るかどうかは決して定かではない。

イギリス社会においてもっとも重要な真実は、富への情念があらゆる人間行動の動因となり、よってその情念が常軌を逸した行動においてさえつき纏うことである。ただし、悪いことばかりではない。この情念はイギリス人の「偏見」の不在と無縁ではなく、そのためにかれらは貴族社会の通念よりも個人の能力を優先する。イギリス人は「人間が人間であることを望み」、二つのことしか評価しない。「富と個人の能力[45]」である。だが金銭を好むあまり、名誉や徳がかすむ[46]。それは、イギリスの「才覚」にも、また政治体制にも影響をおよぼさずにいられない。イギリス国民は「自身の繁栄よりも、他人の繁栄をねたむことのほうに忙しく」、しまいにはイギリスの自由はかれらの強欲のせいで、脆くなってさえいる[47]」。「もはやイギリス人は自由に値しない。国王に自由を売ってしまったのだ。もし国王が自由を返したとしても、その時にはイギリス国民はまた自由を売るだろう[48]」。イギリス人も同様に「常軌を逸したこと」ができるが、フランス人とは対照的な理由によってそれをするし、おそらくフランス人のそれ以上に高尚な理由からではない。「わたしには、イギリスでも常軌を逸したおこないをする者がいるように思われるが、つねに金銭のためである。ここには名誉と徳がないだけでなく、その観念すらもない。

フランスでは、常軌を逸した行動は金を使うためになされるが、ここでは金を得るためになされる」[49]。最初の断章のひとつで、モンテスキューはイギリス人の自殺傾向はかれらが真に幸福ではないことの兆候だと述べている[50]。のちには、イギリス人の幸福は精神不安を引き起こすとさらに暗い見解を示す。「イギリス人はわずかな失敗で自殺をする。なぜなら、かれらは幸福に慣れきっているからだ[51]」。だが、

---

(42) *Ibid.*, p. 877-878.
(43) *Ibid.*, p. 879. *Pensées*, n°. 767 を参照。「(イギリス人は）自国の国王を愛しもせず、憎みもしない。怖がるか、軽蔑するかである」。
(44) *Pensées*, n°. 1136. 「イギリス人が意気投合するのは、憎悪か復讐心で結ばれた時のみにほぼ限られる」。
(45) *Pensées*, n°. 767. 『法の精神』第十九編二七章（『全集』第二巻、五八一ページまたは下記も参照）(*De l'esprit des lois*, introduction, chronologie, bibliographie, relevé de variantes et notes par Robert Derathé, Paris, Classiques Garnier, 1973, t. I, p. 352)。
(46) Notes sur l'Angleterre, *op. cit.*, t. I, p.878. 「ここでは貨幣は最高度に評価され、名誉や徳はほとんど評価されない」。
(47) *Ibid.*, p. 883.
(48) *Ibid.*, p. 880.
(49) *Ibid.*
(50) *Pensées*, n°. 26. 「イギリス人は金持ちで、自由である。だが、自らの知性によって訳がわからなくなり、すべてに嫌気がさし、すべてを見下す。不幸にならないための理由が五万とあるのに、現実的にはかなり不幸である」。
(51) *Pensées*, n°. 1426. 『法の精神』でふたたびモンテスキューは自殺についてイギリス人とローマ人を比較する。イギリス人の自殺への傾向を気候と特殊な病的な気質／体質 complexion の影響と見る。この点については、かれ自身が自己の理論展開のなかでより明晰な分析にいたったかは定かではない。

この幸福はかれらの極度の国民的傲慢さの源でもあり、イギリス人はそのせいでフランス人の隷属性と惨めさをことさら強調する。「フランス人の半数はバスティーユ牢獄に、のこりの半数は施療院にいるとイギリス人は思っている」[52]。

以上はすべてイギリス史の特定の解釈に依拠し、モンテスキューは『法の精神』で力強い総論を示すことになる。モンテスキューにとって、イギリスは均衡のとれた政治制度がもたらす徳のおかげで「世界でもっとも自由な国」であるが、しかしその自由は脆いままである。その原因は、イギリスの貴族層の決定的な弱体化である。さらに民主主義の成立が現実的に問題となるにはあまりに徳が弱いままであったことも追い討ちをかける[53]。周知のように、モンテスキューは生涯を通じて通史としての一貫したフランス史の理解に努めてきた。かれにとって、フランスの歴史の大半は穏健君主政の確立とその維持にむけた努力と失敗の連続からなる。このようなかれの歴史解釈の試みにおける最大の成果のひとつが断章一二七二、一二七三で、さらに「からかい」（一二七四）「女性に対する慇懃さ《ギャラントリ》」（一二七五）、マナーの変遷について（一二七六―一二七八）の大変興味深い考察がつづく[54]。これらのテクストでは、フランス人民の没落とでも呼ぶべきものが、王権強化の産物としてあらわれる。王権の強化が伝統的貴族層の習俗を破壊し、同時に「高位者の劣化」を招いたのである。

貴族層の弱体化は、かれらが領地をはなれ、宮廷と都市へ向かったところから始まる。「それが、人民に起こった習俗の変化の主因であった。初期の気取らない習俗から遠ざかり、都市の虚栄に染まった。女性は麻の衣類を手放し、快楽とは無縁の娯楽を見くだすようになった[55]」。「混乱」は十六世紀を通じて拡大し、カトリーヌ・ド・メディチの摂政期にはイタリア式奢侈と逸楽によって悪化し、さらにアンリ三世治世になると前代未聞の「悪徳[56]」となってあらわれた。これは女性の全般的な堕落によるもので、それもまた直接的には家族関係のほころび、習俗の「自立」と「自由」に起因する。気づかないほどのかすかな変容だが、その結果、笑いものになることを恐れ、恐れるあまり徐々に悪徳への嫌悪感が薄れ、女性の徳は「一種の迫害された宗教のように」なる。こうした習俗の変化と同時進行で、伝統的権威に対するフランス王権の闘いによってあらゆる顕職が消滅し、残るはただ純然たる支配と隷属の関係であった。「ルイ十四世崩御の直後から、身分に対する妬みがあからさまになった。民衆は、王権がやってきたことに加勢した。君主の延臣の前ではへつらうが、国王役人に対しては一切遠慮しない。隷属はしても、それ以外のあらゆる服従に対しては怒りの目をむける[57]」。当然のごとく、マナーの変化はからかいの乱発、過剰な「女性に対する慇懃さ《ギャラントリ》」、虚栄と無遠慮による無軌道な会話の術をもたらすことになる[58]。

これらのテクストでは、すべてがフランスの（過剰な？）礼節の断罪にむかうように見える。礼節と隷属は相関関係にあり、黄金で飾られた礼節は隷属の相棒であるらしい。だが、かれの考察の帰着点が

（52） *Pensées*, n°. 326.
（53）『法の精神』第三編三章。
（54） *Pensées*, n°. 1340 も参照。「ある国における習俗の変化」。
（55） *Pensées*, n°. 1272.
（56） この「悪徳」とは同性愛を指す。真偽のほどは定かではないが、アンリ三世の取りまき「坊やたち」がそうだったと言われていた。
（57） *Pensées*, n°. 1273.
（58） *Pensées*, n°. 1274-1278.

ここではないことも我われは知っている。『法の精神』第十九編においてモンテスキューは「社交的気質」と「開かれた心」をその「一般精神」の特徴とし、かつ「寛大」と「率直さ」を備えた国民からこの歴史が生まれ、古来の習俗にかれらを引き戻そうとしてもむだだと考えているようだからだ。[59]『わが随想』とあわせて読むと、この点がまさに争点として浮上する。というのも、『法の精神』では、(過剰かもしれない)「社交性」を属性とする国民としてのフランス人――都市も宮廷も含めて――の特徴がしかと強調されるからだ。つまりフランスは、フランスなりのやり方で穏やかな国なのである。料理は「北国よりも美味しく」、「南国よりも食欲も旺盛」[60]なのか? 仮に、フランス人が時に正反対の悪徳をいくつも抱えているとしても、[61]それはかれらが支配的な情念に隣人たちほど振りまわされていないからだ。一見、かれらとおなじ難点を持っているかのようでも、フランス人は実はかれらほど自身の欠点について盲目ではない。[62]『わが随想』には『真の歴史』の序文用のテクストとおぼしき、なかなか驚くべき断章がある。そこでは、高慢で軽薄な「良家の若造(プチ・メトル)」の意外な、しかし感情のこもった擁護論さえ見受けられる。経済的豊かさばかりかフランスの幸福と栄誉において、かれらが中心的な役割を果たしたのだという。

> 主たる国民のなかで、我われほど知ったかぶりな国民はいない。気取った方々を声高に非難してもなんの足しにもならない。
> とどのつまり、人生の愉しみをもっともよく知るヨーロッパ人民〔フランス人〕を上品にするのは、かれらである。

さまざまな社交集団を結びつけ、古《いにしえ》の習俗では協調できなかったであろう人びとのあいだに幸福な調和をもたらしたのは、かれらである。

かれらの活気あふれる雰囲気のおかげで、学者たちも愛嬌があるように感じられ、愚かな人びともまったくの愚鈍に見えない。――わたしたちの娯楽を仕事に変えるために動く人びとがいれば、実に愉快な一種の見せ物となる人びとがいる。

ある国民のなかには、独特な傲慢さを見せる人びとがいる。だがそうした傲慢さの代わりに、わたしたち〔フランス人〕の高慢を、ありとあらゆる方法で悪意を感じさせない不作法に変換するのはかれらである。――祖国のために血を流し、君主の側に仕えようとする父の世代の生真面目さにショックを受けた青年たちは、かれらについてゆく。

(59) 『法の精神』第十九編五章。

(60) *Pensées*, n°. 2081.

(61) 「フランス人は金をかき集め、そして使うために働く。かれらの一方の手は吝嗇家、他方の手は浪費家のようだ。かれらは同時にミラノ人であり、フィレンツェ人でもあるということだ」(*Pensées*, n°. 1394)。

(62) フランス人とスペイン人の「自惚れ」の理由については、たとえば『わが随想』断章一四七〇を参照。「スペイン人が自惚れるのは、自分を偉大な人物だと思うから、フランス人は自分を誰からも好かれる人物だと思うからである。フランス人は、自分が知らないことは知らないと知っている。スペイン人は、自分が知らないことを自分は知っていると知っている。フランス人は自分が知らないことをどうでもよいと思っている。スペイン人は自分が知らないことを、自分は知っていると思っている」。

かれらはどうも頭が浮ついているのだが、わたしたちの主たる商業部門が生まれるのは、まさにかれらの頭のなかからである。よき趣味に支えられたそのあたらしい商業が、わたしたちの流行や服装を変えていく。あまりに絶大な権威がその変化を進めるので、良い方向に変化していると信じずにはいられないのだ。(63)

かれらの礼節はこれ以上ないほど過剰で、貴族的徳であれ市民的徳であれ伝統的徳からもっとも縁遠い礼節である。これを面白おかしく体現する「良家の若造」はフランス人のもっとも愛すべき部分がもっとも濃縮された社会集団で、名誉、国王、祖国のすべてにもよい作用をおよぼす。イギリス的商業倫理の節制とおなじくらい、かれらの軽薄さはフランス商業に見事に繁栄をもたらす。モンテスキューはイギリスの政治的自由の影の部分を浮き彫りにしたが、同様に、かれが注目したのはつぎの問いである。地球上でもっとも上品な国民が「専制主義」や「腐敗」を超えて、真に貴族および名誉の名に値するものを有するか、である。

『法の精神』――法律、習俗、マナー

『法の精神』における英仏の比較は、より一般的な哲学的枠組みにおいて再考され、そのもっとも完全な形が第十九編「国民の一般精神・習俗・マナーを形成する諸原理との関係における法律について」に認められる。有名な命題が見いだされるのも、この編である。モンテスキュー哲学の真骨頂のようで

あり、いずれにしても民族精神 *Volksgeist* のドイツ哲学者たち、あるいは社会学の創設者らにとってモンテスキューのその後の運命を決定づけることになる命題である。「数多くの事柄が人間を支配している。風土、宗教、法律、統治の格律、過去の事物の例、習俗、マナー。こうしたものから、その結果である一般精神が形成される」[64]。ベルトラン・ビノシュが指摘するように、これ〔一般精神〕を「モンテスキューそのひとを引き合いに出し、ヘルダー、サヴィニー〔上から哲学者ヨハン・ゴットフリード・ヘルダー、ローマ法学者のフリードリヒ・カール・フォン・サヴィニー〕、ヘーゲルらが中心概念を導出することになる民族精神」の先駆と見なすのはやりすぎだろう[65]。「一般精神」は生きたひとつの総体ではなく、のちに有機的な統一体となって現出するものでもない。単に、競合関係にある様々な関係性や力の単なる結果（あるいは、せいぜい複合的要因から生じた産物）に過ぎない。ただし、諸国民の「一般精神」が固有の実態を備えること、重大な政治的・社会的変化のなかでも生きのこりつづけること、とりわけ政治権力の作用に対して、あらかじめ超えられぬ限界を規定するものであることには変わりがない。たとえていうなら、侵略者のほうが最終的に中国の習俗とマナーを採用するにいたるのは、そして中国にキリスト教の導入がおそらく不可能であるのは中国の一般精神があるからだ[66]。同

（63） *Pensées*, n°. 1489.
（64）『法の精神』第十九編四章（*De l'esprit des lois*, Classique Garnier, *op. cit.*, t. I, p. 329）。『わが随想』断章五四二と八五四にすでに類似の表現がある。『法の精神』の当該箇所にいたるこの部分の表現の変遷とその射程はドラテの指摘を参照（*Ibid.*, t. I, p. 523-524, note 6）。
（65） Bertrand Binoche, *Introduction à* De l'esprit des lois *de Montesquieu*, Paris, PUF, « Les grands livres de la philosophie », 1998, p. 160.
（66）『法の精神』第十九編十八章。

様に、習俗の改変のために上品な振る舞いを「阻もう」とする絶対君主政の努力が水泡に帰するのも、フランスの一般精神があるからである。[67]

諸国民の「一般精神」を形成する複合的要因のなかで、気候風土は自然的な条件であり、そこに人間は一切関与することができず、また第十九編において宗教は副次的な位置づけにとどまる。中心的な役割は「人間を支配する三つの原理」にあるからだ。すなわち、法律、習俗、マナーである。

習俗とマナーは、法律が制定したのでもなく、また設定しようとも思わなかった慣行である。法律と習俗とのあいだには、法律がよりいっそう公民の行動を規制するのに対し、習俗はよりいっそう人間の行動を規制するという区別がある。習俗とマナーの間には、習俗がよりいっそう、内面的な振る舞いにかかわり、マナーが外面的な振る舞いにかかわるという区別がある。[68]

法と習俗の区別、公正な都市国家の形成におけるそれぞれの役割についての議論は古代の政治哲学に起源を持つが、ここにあたらしい要素を導入したのはモンテスキューである。そのさいに、かれは非政治的部分の人間行動を制御する二つの手段を区別した。習俗とマナーである。ただ、モンテスキューの両者の区別の仕方は判然としないように思われる。観察できない要素（内面性）が組み込まれているからだ。いかにすれば哲学者や立法者が内面性に踏み込むことができるかは判然としない。しかしながら、つぎのように考えれば両者の区別も理解可能になる。習俗による行動の制御が（古典古代の意味での「徳」の）都市国家に有用な資質の内面化をめざし、他方、「マナー」の制定はそうした資質のしるしとして外見に示される行動のみを問う、と。

まず、概略はつぎのようになる。法律が国の個別の一決定機関にすぎない政治権力によって制定されるのに対し、習俗は国の「一般精神の作用をより強く受ける」。習俗を変えるよりも、法律を変えるほうがたやすいのはそのためであり、反対に習俗（あるいはマナー）を変えようと試みれば、専制君主は自身の権力をより大きな危険にさらすことになる。[69] だが他方で、法律・習俗・マナーの関係性も個々の政治体に特徴的な諸原理のひとつだといえる。それぞれの政治体において、統治形態はそれぞれの人民や国を体現し、各国家は固有の目的を持つにいたる。[70]

近世ヨーロッパ以前の政治体制においては、法律が同一の法典や諸規範の総体のなかで、別の原理と一体化するということがしばしばある。すべての法律は神から出ずることを前提とするヘブライ人の神権政治、モス・マイオルム〔*mos majorum.*「祖先らの習俗」の意で、古代ローマの不文律の法。私生活、公的生活、軍事生活にかかわる慣習、規範の総体〕に由来すると見なされてはじめて法律の正当性が確保される初期ローマがその一例である。[71] だが、立法者らがめざす目的のためにそれ以上を行う国家もある。法律によってマナーを制定したリュクルゴスや「中国の立法者」のことである。両国で

(67)『法の精神』第十九編五、六章。
(68)『法の精神』第十九編十六章（*De l'esprit des lois, op. cit.*, t. I, p. 337）。
(69)『法の精神』第十九編十二章。
(70) 国家の「目的」は、その統治の「本性」あるいは「原理」と混同してはならない。『法の精神』第十一編五章。
(71) *Ibid.*, XIX, 16, note a, Classique Garnier, t. I, p. 337.「モーセは法律と宗教にかんして同一の法典をつくった。古代のローマ人は古来のしきたりと法律を混同した」。

は「習俗が法律をあらわし、マナーが習俗をあらわす」ことに立脚し、そうして「法律、習俗、マナーを混合」する[72]。

リュクルゴスの目的はラケダイモン〔古代スパルタ〕の習俗の穏和化ではなく、反対に「厳格な」制度によって人民に「好戦的精神」をあたえることにあった。こうしたことは、逆説的にも行儀作法の精神とは対極的な「マナー」の形成に導いた。「つねに矯正し、また矯正される人びと、つねに教え、また教えられる人びと、質朴であるとともに厳格である人びとは、たがいに敬意を示すよりも、むしろたがいに徳を実践した[73]」。これに対し、中国の立法者の目的は、人びとを相互依存の関係におくことで巨大な帝国を平和に治めることであった。

中国の立法者たちは、その人民を静穏に生活させることを主要目的とした。かれらは、人びとがたがいに大いに尊敬し合い、各人があらゆる瞬間に、他人にいかに多くを負っているかを感知し、なんらかの点で他の公民に依存していない公民などいないということを感知するようにと〔中国の立法者は〕望んだ。それゆえ、かれらは行儀作法をもっとも広い範囲にわたってもとめた。

こうして、中国の人民にあっては、村の人びともおたがいの間において上流の人士と同様に几帳面に儀式を守っているのが認められる。これは温和さを鼓吹し、人民の間に平和と秩序を保ち、冷酷な精神からくるあらゆる悪徳を除くのに極めて適切な手段であった。実際、行儀作法から逸脱することは、自分の欠陥をいっそう気儘《きまま》に放置する手段を求めることになるのではないか[74]。

道徳的観点に立てば、（中国の）行儀作法はフランスの礼節よりも優れているように見えるかもしれない。[75] 実際、行儀作法が誠実な心情の表明だとの幻想を抱かないまでも、礼儀正しい振る舞いは根っからの善良な資質を伸ばしてくれる。「この点で、行儀作法は礼節よりも優れている。礼節は他人の悪徳におもねることになるが、行儀作法はわれわれが自分自身の悪徳の表出を阻止する。それは、人びとが堕落するのを防ぐために、自分たちのあいだに置く障壁である」。[76] だが、それは相対的な優位性でしかない。というのも、行儀作法は帝国の（平和の維持という）目的にかかわると同時に、その政治体制の本質にもかかわるからだ。行儀作法によって中国人同士は調和のとれた関係を維持するが、かれらは自由でも対等でもない。「完全に『礼』に導かれた」生活から生まれた人間愛は見せかけで、その人間愛があってもかれらは「地球上でもっとも狡猾な人民」[77] なのである。

作品の冒頭で提示された政体の三分類によれば、中国は専制政体に属する。[78] たとえばつぎの特徴がそ

（72）*Ibid.*

（73）*Ibid.*, p. 338〔同上〕。

（74）同上。

（75）『わが随想』断章一二七一「礼節について」。モンテスキューはここでは「行儀作法」と「礼節」を区別しない。ともに「不文律の一種の規範」である。人びとは「互いに相手に対しておこなう慣習的行為を敬意のしるしととらえ、そしてそれが守られなければ侮辱されたと感じる。このように取り決めをしたのである」。

（76）*De l'esprit des lois, op.cit.*, t. I, p. 338〔『法の精神』第十九編十六章〕。

（77）*Ibid.*, p. 341〔『法の精神』第十九編二十章〕。

（78）*Ibid.*, p. 130〔『法の精神』第八編二一章〕。第八編において、モンテスキューは同時代人、すなわちイエズス会そ

れを示している。中国では「礼」は法律の位置を占めるが法律ではなく、「専制主義の精神」に特徴的な形式で男性と女性は分離され、とりわけ政治的権威および父権はあらゆる礼によって強化される。[79] しかしながら「礼」の重要性よって中国帝国は固有の性格を帯び、他の形態の「専制主義」と根源的に異なるようであることも事実である。その本質は三点にある。まず、〔専制主義の原理である〕恐れである。恐れは「礼」の効力が薄れる時代にもっとも力を発揮するため、中国での役割は限定的になる。つぎは「礼」であり、「礼」自体が徳となんらかの親近性を有し、だからこそ中国の政治体制は道徳性を必要とする。最後に、教育である。「礼」は高度に発達した教育を必要とするため、大半の専制政体国家では主流の野鄙なモデルには還元できない教育が中国では実施されている。無論、教育の目的は礼への服従である。礼を通じて、誰もが支配し同時に服従しなければならない、そのような服従の長い鎖が形成される（よってその中核には家父長制モデルがある）。熟考し、判断することを教えるに適した教育ではないものの、〔専制政体国家での教育のように〕無知をであれとする教育ともいい切れない。[80]

つまり、「礼」は専制主義の本質的作用を制限する効果があり、[81] その意味で行儀作法のとくに優れた効果を証明するのである。だが、ある意味で中国と対照的なラケダイモンの体制のように、中国の政治体制にはどこか自然に反するところがある。法律、習俗、マナーは「本来的に区別」され、ただ「独特な制度」によってのみ混合されうる。「独特な制度」は、立法者が「人間を支配するあらゆるもの」を顧みず、法律と習俗・マナーとを区別せずと法によって制定するという状況下で生まれる。[82] 反対に、自然に適う状況とは互いに明確に異なる三者が区別されつつも、「それらは相互に、重大な関係をもたずにはいない」状況である。よって賢明な立法者とは、アテナイ人に「かれらが耐えうる最良の法律[83]」をあたえたソロンのような人物である。すなわち、これらの関係の相関性を考慮し、国民の一般精神に異質な習俗やマナーを押しつけぬよう留意する立法者である。以上から、果たしてこう述べることも妥当だろうか。「国民の一般精神」が自然な政治体制における立法の起源のなかの起源である、法律はただ一般精神に奉仕する、より一般的にモンテスキューの「社会学」は、政治の固有の効果を二次的な位置に

してヴォルテールら哲学者の中国に対する好意的な評価を批判していた。「中国は専制政体国家であり、その原理は恐怖である。初期の諸王朝においては、帝国はそれほど広大ではなかったから、おそらく政体はいくらかこの精神から外れていた。しかし、今日ではそういうことはない」。その後の『わが随想』の断章一八八〇では中国は「ときに、その専制主義を緩和せざるをえなかった」とし、中国を専制主義を主体とし、しかし共和国の側面を有する混合政体として紹介している。以下を参照。*Ibid.*, note 14, t. I, p. 461-462.

(79) アリストテレス以来、家長の権威と政府の権威との混同は、専制政体の特徴とされる。この点について、アリストテレスはギリシア人の多くが共有する感情を命題として措定したにすぎない。

(80) 『法の精神』第十九編十七章と「専制政体の教育について」(前掲書、第四編三章)を比較のこと。

(81) 中国の「混合的」政体を認めた『わが随想』断章一八八〇では、つぎの点も認めている。「偉大な帝国は専制的政府になり、おそらくはそれが最良の政府である」。

(82) 「習俗とマナー〔生活様式〕とは、法律が制定したのでもなく、また制定することもできず、制定しようとも欲しなかった慣行である。」というモンテスキューの定義に基づくなら、中国あるいはラケダイモンの「立法者」の行為にはいささか矛盾したところがある。実際、「立法者」は、立法権や今日の憲法学における意味での憲法制定権とはまったく異なる。立法者とは考える者であり、政府とその性格を付与することで人民を人民たらしめる者である。人民の生は法律と習俗とマナーによって守られる。

(83) これらすべての点について、*Esprit des lois*, t. I, p. 342 を参照〔『法の精神』第十九編二一章〕。

置こうとした、と。いや、イギリスのような近代的政体にはおそらく該当せず、またフランスさえも、「マナー」は君主政の本性および原理の影響下から逃れられないであろう。

イギリスと自由の作用

イギリス人民の一般精神は、第十九編最終章のテーマである。章題は「法律は一国民の習俗、マナーおよび性格を形成するのに、いかに寄与しうるか」である。ということは、すくなくともイギリスの事例については、決定的な役割は政治体制と法律にあることを意味する。イギリスは、中国およびスパルタについてわたしたちが遭遇したことの正反対の事例なのである。中国とスパルタは、法律、習俗、マナーという本来は峻別されるべき事象を混合するのだが、それは「立法者」によって国の特定の形式があたえられていたからである。それに対してイギリスは意識的に企図された政府ではなく、法制度化されていないものの、自由な諸制度に適した習俗およびマナーを自らつくり出す政府のモデルケースである。ところで、デュルケームはラテン語の博士論文のなかで、政治哲学の伝統的アプローチを退けた社会学の創設者としてモンテスキューを褒めたたえた。モンテスキューは法の作用によって社会変革を標榜する理想的立法者の視点を退け、法律自体が社会全体の産物であると理解したのであろう。だからこそ、法律、道徳性、宗教などの関係性をかれは先達よりも明確に認識することができた[84]。だが、実際のモンテスキューはデュルケームが思うよりもはるかに古典古代の哲学に近い。法律と習俗の関係はまさにその遺産から生まれた問題であるし、理性的立法者のあるべき姿をソロンによって示したようにかれ自身が古代の例を参照するのである。つまり、モンテスキューの新規性はそこではなく、なによりもイギリスの経験を注視したその眼差しにある。それによってほかのなににも増してイギリスの特異性を的確に指摘し、さらにより控えめではあるが、その世界的影響力を示してみせた。この点に、かれのあたらしさがある。

イギリスの党派システムの形成にかんする優れた分析のなかで、モンテスキューは「自由の作用」について語っている。「自由の作用」によって、有権者はある党が圧倒的優位に立たぬよう配慮し、結果的に党派間の争いが公民の自由をより保障するのだという[85]。実のところ、第二七章全体が仮説演繹法に基づく記述である。イギリス政体の諸特性とそこに還元されない気候と島国固有の性質から出発し、当時の書物や自身の旅行での経験などから得たデータを再編する手法が取られている。一貫した条件法〔仮定法〕の採用も同様のことを示唆する。仮にイギリスの「法律」と統治の元来の性質を把握しようとするなら、イギリス国民の「一般精神」を形づくるものの中核から演繹できるかもしれない。そのような体で記述されているのである。

イギリス国内では、「自由の作用」はいたるところで自由を強化する。庶民的な政党の権力は自由を侵害する危険に対する不安をかきたてつづけるが、しかし代議制をとる政府にとって、民衆の恐怖はデ

(84) Émile Durkheim, *La Contribution de Montesquieu à la constitution de la science sociale* (1892), in *Montesquieu et Rousseau, précurseurs de la sociologie*, Paris, Marcel Rivière, 1953.

(85) 『法の精神』第十九編二七章 (*Esprit des lois*, t. I, p. 346-347)。以下を参照。Pierre Manent, *Histoire intellectuelle du libéralisme. Dix leçons*, Paris, Calmann-Lévy, 1987, p. 130-139.

マゴーグや煽動家たちではなく体制強化に利する。ジェームズ二世が王国基本法に反したさい、その後「統治の形態」の再建に結びついたのは体制《コンスティテュシオン》に対する信頼があったからだ。助けをもとめられた外国出身の君主が抑圧者としてではなく「解放者」として振る舞ったのも同様である。人びとは、ヨーロッパのどの国よりも重い税負担を受けいれる覚悟ができている。なぜなら、それが有用であることをよく自覚しているからだ。外交においては、この自由な国民が島国に住む以上、かれらが純然たる征服ではなく、商業と植民地化によって権力拡大を試みるのは理にかなう。軍事的徳は顕彰されるが「文民としての資格」ほどではない。他方で、商業的国民が「極度に嫉妬深い」こともまた自然である。「かれらは、自国の繁栄の恩恵に浴する以上に、他国の繁栄に傷つくであろう」(86)。だが、にもかかわらずイギリスは他国より信頼に値する勢力と認識される。自由のおかげで、秘密裡の協議が制限されると見なされるからだ。各人が自らの思うように自身を律する自由を享受していることから、宗教の役割はその自由しだいとなろう。大多数が既成教会に属し、聖職者が実直で、カトリック教会に対する激しい宗教迫害が行われながらも流血の事態にいたらないこと、さらにセクトが複数存在し、宗教的無関心が広がり、信仰心が衰えるもそのためだとモンテスキューの目には映った。

イギリスのマナーについてモンテスキューが見聞を広げ、考察できたことすべてが以上の分析に含まれ、イギリス人が享受するタイプの自由の結果ないしそれと相関関係にあるものとして紹介される。こうした自由を知る国には宮廷人はほとんどいないだろう。国民は適切な「実質的な資質」、つまり能力と富によって人を判断するだろうし、「虚栄心からの洗練ではなく、現実的必要に即した洗練によってうまれる堅実な奢侈」が存在するだろう。こうして、多くの人びとが「消費の機会よりも大きな財産を有しているため、奇妙な仕方で金をつかうであろう。そしてこの国民においては、趣味よりも才気の方がより多く存在するだろう」。そうであれば、こうした国で（絶対的権力との関連の深い）安逸からうまれる礼節も、女性に対する慇懃《ギャラントリ》さも定着する余地のないことはたやすく理解できよう。だからこそ、仮にイギリス人に礼節があるとすれば、それは〔外面的な〕「マナー」ではなく〔内面的な〕「習俗」の礼節となろう。また、この地で生活する女性は男性とほとんど行動を共にしないだろうし、男性は「婦人に慇懃な態度で接せず、かれらにあらゆる自由と余暇とをのこしてくれるような放縦な生活に身を投ずるであろう[87]」。

よって、第十九編の最終章におけるフランスとイギリスの比較対決においては、フランスの優美が「絶対的政体」の結果として提示されるならば、当然イギリスの「自由な政体」の圧勝に終わるように見える。おまけに、人間関係の拡大によって礼節の必要が生じた社交界においても、優美にさほどの有用性はないのだから。イギリス女性の恥じらいが男性の野鄙な放蕩の結果であること自体はイギリスの重大な難点とはいい切れない。かれらの自由は守られているからだ。

では、この場合、自由へのもうひとつの道となるように見えたフランスの「マナー」はどうなるだろうか。もし、自由が君主の権力しだいであるならば、あるいはマナーを内包するフランスの「一般精神」が「君主政体」の内在的論理の外面的抑止力にすぎないなら、その自由は絵に描いた餅となろう。

（86） *Esprit des lois*, t. I, p. 349〔『法の精神』第十九編二一章〕。

（87） *Ibid.*, t. I, p. 353〔『法の精神』第十九編二一章〕。

したがって、フランスの礼節に固有の長所をきちんと理解するには、自然と礼節の関係、そして君主政の原理と礼節の関係を解明しなければならない。

君主政、名誉、礼節

『法の精神』第十九編には、フランス国民の「一般精神」についての有名な描写がある。見事なまでの大絶賛ぶりである。

世界に、社交的気質、開かれた心、生の楽しみ、良き趣味、自身の考えを伝える容易さを備えた国民、生き生きとして気持ちの良い、ときに軽率で、しばしば無遠慮だが、同時に勇気、寛大さ、率直さ、一程度の名誉心を持った国民があるとすれば、その徳性を妨げぬよう、法律によってそのマナーを阻害しようとしてはならないだろう。一般に、性格が善良であるならば、そこにある若干の欠点などたいしたことではなかろう。

女性の行動を規制し、彼女らの習俗を正すための法律をつくり、奢侈を制限することもできるだろう。しかし、それによって、この国民の富の源泉となるであろうある種の良き趣味、この国に外国人を惹きつけている礼節が失われないかどうか、誰が知りえようか。[88]

このテクストはフランス人民を強制的に上から変えようとする者たちに対してむけられている。[89] フランスの習俗、マナー、国民的性格が国に実に好ましい影響をおよぼすことを認める問題系が作品中にたびたびあらわれるが、その一環をなす記述である。奢侈への嗜好とマナーは国に繁栄をもたらし、虚栄心はあるが名誉心への関心を妨げず、長期間の戦争が労苦をもとめてもなおフランス人は移り気だが、それすらもかれらに幸いする。かれらの移り気は征服欲に歯止めをかけ、世界君主政国家という非現実的――かつ専制的な夢――を追いかけるフランス国王を思いとどまらせるからだ。[90] ところが、フランスで進行しつつある専制的傾向の危機に晒されていたとしても、フランスの「一般精神」は、しかし穏健君主政と折り合わないことなど一切ない。それればかりか、君主政体における教育の分析が示すように、その「一般精神」は穏健君主政の妥当な結果だといってよい。君主政体おいて教育は「公的施設」ではなく、「名誉」の真の学び舎である社交界に入るところからはじまる。教育はつぎの三準則に基づき、これがくり返し強調される。すなわち「徳のなかにはある種の高貴さを、習俗のなかにはある種の率直さを、マナー〔振る舞い〕のなかにはある種の礼節をくわえなければならない」[91]。いずれの準則もいわゆる道徳性を目指すのではなく、青年に身分にふさわしくあれと説く。そのおこないは善である以上に美

（88）*Ibid.*, t. I, p. 330〔『法の精神』第十九編五章〕。
（89）おそらくモンテスキューは一方で貴族の統制を試みるリシュリューの努力、他方で名誉と礼節から生まれる自発的な秩序形成を顧みず、行政と「ポリス」の行きすぎた拡大の双方を念頭に置いている。この点については、以下を参照。C. Spector, *Montesquieu. Pouvoirs, richesses et sociétés*, *op. cit.*, p. 205-213.
（90）『法の精神』第九編七章。
（91）*Ibid.*, Classiques Garnier, t. I, p. 36〔『法の精神』第四編二章〕。

しく偉大であらねばならない。率直に語るべきは率直さが「大胆で自由な」男性であることの証であり、上品であるべきはそれが自己をきわだたせる手段だからである。

礼節とそれにともなう「繊細な趣味」は宮廷の、そして君主の卓越性の産物にほかならない。「君主政の国々においては、礼節は宮廷で自然なものとなる。極端に偉大なひとりの人間が、他のすべての人間を小人にしてしまう。この結果、誰に対しても敬意がはらわれねばならなくなり、ここから礼節が生まれる。それは上品な人びとも、かれらがそうとあつかう人びとをもおなじくらい満足させる。なぜなら上品さは、我われが宮廷に属していること、またはそれにふさわしい者であることを了解させるからである」[92]。ということは、礼節の作用とは王権の威光を放ち、絶対的権力を強化させることに尽きるのだろうか。そうではない。理由は二つある。一方で、君主政の原理であり、また権力抑止の原則を有する名誉とおなじ源から礼節は生じるからである。他方で、礼節は宮廷の世界から離れ、市井のサロンへととめどなく拡散し、ついには社会全体にその絶対的影響をおよぼす運命にあるからである。したがって、イギリスの習俗が同国の代議制と関係があるように、フランスの「一般精神」は君主政に結びつけられ、専制主義がともなう隷属的（かつ不変の）習俗に還元されることはない。しかしながら、かれは伝統的「国制」の安定性も前提とする。伝統的「国制」とは、各々の社団がその「特色」を保持し続けるための特権と偏見の総体であり、これが名誉の基盤となる。そしてこの前提はすべて名誉の尊重へとむけられる。「君主国で領主、聖職者、貴族および都市の特典を廃止して見たまえ。ほどなく民衆国家か、さもなくば専制国家となるだろう[93]」。

このようにフランス君主政と比較すると、イギリスには特有の力があることがわかる。その力とは、イギリスの政治体制が近代社会の本質的要請に応じたことで得た力であり、その力がイギリスにあきらかな優位性をあたえる。ヴォルテールがルイ十四世治世の遺産を賛美する際、フランス君主政が一国の歴史を超えて影響力をおよぼした点を殊に強調しようとするのはそのためである。近代イタリアの恩恵の伝承および啓蒙主義ヨーロッパの誕生において主要な役割を果たし、のちのヨーロッパ諸国の文明化の試みにおいて模範を示した点をフランスの貢献として強調するのである。モンテスキューはおそらく、フランスの「マナー」が君主政体の中央集権化の影響に矮小化されない、より大きなヨーロッパの潮流の一環であることに異を唱えないだろうし、フランス式マナーの他のヨーロッパ諸国への伝播が自由の発展に寄与しうることも認めるだろう。[94] しかしながら、フランスの模範がたどるであろう今後の展望は、文明化をもたらす君主国というヴォルテール流の概念の対極に位置する。ロシアの文明化に精を出すピョートル大帝に対する含みのある、だが容赦のないかれの評価が示すとおりである。

『ペルシア人の手紙』(手紙五一)のなかで、「モスクワ」大使がロシア帝国を文明化しようと奮闘する「ツァーリ」を冷ややかな目で見ていたシーンが思い出される。反対に『法の精神』では、ロシアはヨ

---

(92) *Ibid.*, p. 38〔同上〕。

(93) *Ibid.*, II〔『法の精神』第二編四章〕。名誉の問題については、以下の優れた論考を参照。Ran Halévi, « La pensée politique de l'honneur », in *Penser et vivre l'honneur à l'époque moderne*, Rennes, Presses universitaires de Rennes, 2011, p. 109-126.

(94) 「女性に対する慇懃さ《ギャラントリ》」についてのモンテスキューの出色の分析を参照。かれによれば「ギャラントリ」は「愛ではなく、実際のところ愛についての繊細で軽妙な、そして永遠の虚構」であり、「騎士道と言う摩訶不思議な体系」とともに生まれた。*Esprit des lois*, t. II, p. 239-240〔『法の精神』第二八編二二章〕。

ーロッパ風の習俗とマナーに近づくことができるとの見解をモンテスキューは示す。たとえその理由が、ロシアは地理的にはヨーロッパに位置し、野蛮なかれらの習俗は「諸国民の混淆と征服によって持ちこまれた[95]」ものだからといったものであっても、である。とはいえ、結局かれにとって、それは法律によって習俗とマナーを変えようとしたピョートル大帝の虚栄のさらなる証でしかない。

この国民が自分を文明化した容易さと迅速さは、この君公が自国民についてあまりにも間違った見解を持っていたこと、また、これらの人民が、かれの言っていたような野獣ではなかったことを十分に証明している。かれがもちいた乱暴な手段は無益であった。穏当な手段によって全く同様にその目的に到達したであろう。

かれは自分自身これらの変化の容易さを体験した。女性は閉じ込められ、いくらか奴隷状態にあった。かれは彼女らを宮廷に呼び、ドイツ風の衣装を着けさせ、彼女らに織物をおくった。女性は自分たちの趣味、虚栄心、情熱に大いに迎合する生き方をまず味わい、そして男性にもその生き方を味合わせた。

［…］それゆえ、かれは自国民の習俗およびマナーを変えるために法律を必要としなかった。かれは、他の習俗およびマナーを鼓吹するだけで十分であったと言えよう。[96]

ヴォルテールに言わせれば、ピョートル大帝の偉大さは権力の使い方を心得ていた点である。それによって、合理的な法制度をロシアに授け、説得によってフランスの習俗を導入した。絶対君主政は彼の地でも文明化の推進力になることを偉大なツァーリは示したのだった。くわえるなら、正誤はともかく、法典の編纂、度量衡の統一などヴォルテールがピョートル大帝の功績に数えたものは、モンテスキューには「画一性の精神」の兆候と映り、それは君主政よりも専制主義にふさわしい。かれからすれば、法律による習俗とマナーの改革を試みる場合、啓蒙専制主義と呼ばれることになるものではうまくはゆかない。必要なのは、ロシア人と関係のある上品なマナーと習俗を広めることであり、そうすればロシアに変化が、そして専制主義から君主政への移行が起こるかもしれない。「女性の習俗の変化は疑いもなく、モスクワの政治に大きな影響をおよぼすことになるであろう。すべては極度に結びあわされている。君公の専制政治は本来的に女性の隷従と結びつき、女性の自由はまた君主政の精神と結びつく[97]」。

◇

(95) *Ibid.*, XIX, 14, t. II, p. 336〔『法の精神』第十九編十四章〕。よって自力で文明化するロシアの能力は気候しだいであろうし、おそらくアジアほどは専制主義に適していないだろう。(「風土の支配力はあらゆる支配力のうち第一のものである」)。かれにとっては異論の余地のないこの議論をモンテスキューがさらに展開しなかったことは悔やまれる。

(96) *Ibid.*, XIX, 14, t. II, p. 336〔『法の精神』第十九編十四章〕。

(97) *Ibid.*, p. 337〔『法の精神』第十九編十五章〕。モンテスキューは、エカテリーナ二世がロシア皇帝になる七年前、彼女の行為を知らずに亡くなった。ディドロやヴォルテールほど彼女の賛辞に心を動かされなかっただろうが、エカテリーナの暴力的なまでの専制的統治を知っても、なおロシア貴族の文明化に貢献した点についてはいくらかの功績を認めただろうと思われる。

よって、ヴォルテールと同様にモンテスキューも、フランスに、そしてフランスの礼節に、洗練された生活に単に華を添えるもの以上の価値を認めていたことになる。モンテスキューはつぎのように結論づける。イギリスの自由とは異なる道によって、フランス君主政はヨーロッパの幸福と栄誉と繁栄に貢献すると。だが「君主政体」についてのかれの解釈は、実はフランス社会を合理化しようとする王国の尽力に疑いの目をむけるものである。礼節の賛美は、フランス国民の「一般精神」との関係を重視する近代的であり同時に伝統的な穏健君主政の学説に位置づくと考える、そのような解釈である。[98] つまり、モンテスキューによるフランス流マナーの賛美は、君主国の専制化に対してさらに抗議するためである。貴族社会が基盤とする均衡が、専制化によってすでに修復しがたいほど破壊されたことに完全に自覚的ではあったのだが。[99] イギリス流の文明化と並んで、「商業」ではなく「マナー」によって制御された自由のフランス流モデルがある。このような認識はモンテスキューとヒュームに共通していたが、ヒュームはより楽観的であった。モンテスキューが絶対王政は穏健君主政の破壊から生まれると考えていたところ、ヒュームはこのモデルが絶対王政においてもつねに存在すると信じていた。フランスの礼節の賛美を継承し、絶対主義から生まれた「文明化された君主国」の功罪を十分に問うことなく、礼節の影響力を拡大するのは、逆説的にも英語をもちいる哲学者、つまりデイヴィッド・ヒュームである。

（98） フランス政治における「穏和化」の伝統については、以下を参照。Ran Halévi, « La modération à l'épreuve de l'absolutisme : de l'Ancien Régime à la Révolution française », *Le Débat*, n° 109, mars-avril 2000, et Aurelian Craiutu, *A Virtue for Courageous Minds. Moderation in French Political Thought, 1748-1830*, Princeton University Press, 2012.

（99） この点について以下を参照。R. Halévi, « La pensée politique de l'honneur », art. cité, p. 30-31.

第四章　礼節と自由——ヒュームの政治哲学

ヒュームがヴォルテールやモンテスキューとは異なるのは、政治経験が豊かであること、彼らとは異なる性質の野心を持つことである。大使として長らく滞在したフランスになじみが深く、イギリス海峡の両岸の哲学の「橋渡し役」として大きな役割を果たした。フランスの著名な政治思想者と比較して、より全般的かつ体系的な議論を展開し、それによってヨーロッパ列強の政治的考察にあらたな展望を開いたことは特筆すべきであろう。モンテスキューやヴォルテールの次世代に属し[1]、啓蒙思想の実験に独特な眼差しを注いでいた。それによってヒュームは啓蒙時代のあたらしい理解を生み、そして啓蒙思想の計画の修正へと導いたのである。

現代の人びとは、啓蒙の哲学といえばなにより斬新な思想を思い浮かべるだろう。体系的一貫性にはあまりこだわらず、伝統からの人間性の解放を希求した思想家たちである、と。また、「フィロゾーフ」らに共通するのは理性の政治の擁護である。それによって、一方で宗教的権威に疑義を呈し、他方でア

（1）それぞれ生年はモンテスキューが一六八九年、ヴォルテールは一六九四年、ヒュームは一七一一年である。

ンシアン・レジームの政治批判を、そしてあたらしい経験科学による自然の開拓をすすめようとしていた。よくも悪くもかれらは世界を解釈する以上に変革することを標榜した最初の人びとであった、と。このような啓蒙思想の理解にはたしかに一定の妥当性がある。だが、このイメージのために啓蒙の世紀の多くの思想家が改革の野心を抱きつつも慎重かつ穏健にものごとを進めようとしたことを見落としてはならない。モルレやレナルが、そのよい証拠であろう。不撤退の覚悟で臨んでいた二人でさえ、フランス革命がはじまろうとするその時に当惑していたではないか。だが同時に思い起こすべきは、当時の人びとにとって、あたらしい哲学の特徴はかれらの擁護するテーゼとおなじくらい実に広範な教養あるエリート公衆との関係にあったことである。教養ある公衆とのこうした関係によって、哲学的作品はすこしずつその深部における革新を迫られていたのである。

十八世紀の哲学者たちに共通するのは、人間本性のもっとも根源的な特徴を「社交性」に見た点であり、人間同士の自然な絆という観念はかれらの哲学の仕方そのものによくあらわれていた。プラトン哲学は政治条件を自然なものと考えていたが、しかし人間本性の開花は瞑想のなかでしか実現されないとも考えていた。他方、スコラ哲学は弁証法をもちい、当然のごとくドグマ的な論述形態をとる傾向があり、それは学者でもない上流人士には疎まれる類のものだった。これに対し、近代哲学の特徴はあたらしい表現様式と、とりわけ思想のあたらしい伝播様式の再生と発展にある。哲学の「近代性」はこれら表現様式と不可分なのである。そうなるとまず対話、随筆、さらにはおとぎ話の重要性が増す。こうした様式は読者に極端な思想的転向を迫ることなく、よりひろい社会階層に（しばしば女性読者にも）拡大した読者に哲学を手ほどきできるからだ。そこから哲学とサロンの世界のあいだにさまざまな関係性が築かれ、これが「社交的な会話の表象と知的で開明的な意思疎通の理想とが相互に干渉する広大な地帯」[2]を生むことになる。

フォントネルからアベ・モルレまで、シャフツベリからアダム・スミスまで、市民たちの公開討論の場《フォーラム》と私的領域のあいだに介在するあたらしい社交生活の形態はあたらしい哲学と相性がよい。これが啓蒙の時代を代表するイメージとなり、フランスでもイギリスでもありとあらゆる方法で表現されてきた。だがヒューム作品ほど、礼節の哲学と同時に、かれが「難解な哲学」と呼ぶものと哲学の他の表現形態との諸関係についての省察を示してくれるものはない。

政治的には、ヒュームはバンジャマン・コンスタンが「近代人の自由」と名づけたものの徹底した信奉者であり、ヴォルテールやモンテスキューと同様、十七世紀末にイギリスで誕生したあたらしい社会の優位性を信じる人びとのなかに属する。キリスト教や古代共和政の「徳」[3]に基づく社会よりも、あたらしい社会のほうが優ると考えるのである。この命題は、かれの複数の「エッセイ」や『イングランド史』でさまざまにかたちを変えてあらわれる。ヒュームはイギリスの発明に感嘆の声をあげ、反対に古代都市国家の「共和政」の美化は拒む。ヒュームによれば、古代共和政とは人口の大半から自由を奪う

（2） Antoine Lilti, *Le Monde des salons. Sociabilité et mondanité à Paris au XVIII*e *siècle*, Paris, Fayard, 2005, p. 214.

（3） イギリス政治体制および古代共和国それぞれの価値についてのこの問いについて、『法の精神』の著者は『イギリス書簡』の著者よりもやや曖昧な（あるいはかれほど急進的ではない）考えだったようである。だが、作品中の「イギリスの国制」の役割については「徳」に対する「商業」の優位の方向性をはっきりと示している。

奴隷制を特徴とし、恣意性の高い法制度は生命と財産の安全を十分に保障せず、その粗暴な習俗から技芸の洗練が導かれるはずもない。つまり、かれの同時代人の大半と同様にヒュームはルソーの正反対のテーゼを擁護していた。学問技芸の発達は個人を「堕落」させるどころか、人間の幸福と自由と道徳性の向上に寄与するのだと。他方でヒュームはフランス、イギリスのいずれか一方に肩入れせず、双方ともに好感を示していた点で当時の多くのイングランド・スコットランド思想家とは一線を画する。こうした態度から、のちに文明化と呼ばれることになるものの二つの競合する形態を「商業」と「礼節」に見出すことになるが、それだけではない。ヒュームはフランスの絶対王政を「文明化された君主政」とし、その功績はイギリスの共和政同然の政治体制の強みに勝るとも劣らずと断じたのである。(4)

さらにヒュームは十八世紀初頭になるとすぐにイングランド・スコットランドでも発展し、成功を収めた「礼節の文化」に対する支持を明確にした。また、多くの作品をのこした著述家でもある。非常に野心的作品である『人間本性論』（一七四〇）で文壇にデビューしたものの失敗に終わり、一旦そこで大作は諦め、かれにとって時代の要請にもっとも確実に応える形式であった短く、軽いエッセイを複数書くことに舵を切った。エッセイが「人間性の最良の部分」を構成する二つの世界、すなわち「学者の世界と会話の世界」(5)を結ぶ手段だったからである。ヒュームの頭のなかで、この二つの競合する世界は二つの知の概念に相当し、またいうなれば自然な人間の二つのタイプにも相当する。両者が完全に融合することはないだろうが、学者・会話の双方の世界にとって、他方との歩み寄りは悪いはなしではない。会話の世界の側では、高尚な話題や難解なはなしはせずに…となれば、会話は「延々と終わらぬ戯言と噂ばなし」ばかりとなり、「社交に費やす時間はさほどの気晴らしにならず、我われの存在にとってさほどの益にならずに」終わる。他方、「上流社会のような世間と断絶した」ままでは、学者の世界にとっても損失は少なくない。「目を血走らせて、孤独に勉学に没入すれば、哲学そのものも自らの破滅にむかう。そこからえた結論は現実ばなれし、その表現や文体も意味不明となる。実際、おおよその推論において経験を決して参考にせず、あるいは日常生活と会話のうちに見られる経験をけっして探し求めなかった人びとから、我われはいったい何を期待できるだろうか[6]」。

会話の世界と距離をおくことで、哲学は心地よさや形相的な優美さを失うばかりか、真理に到達する自身の能力を危険にさらすことになる。上流社会での交際なくして真理を知ることはできないからだ。こうした文脈において、エッセイという形態をとることの目的は二つある。ひとつは、開明的な一般常識と多様な意見に晒すことで哲学に試練を課すことである。もうひとつは「会話の世界」に「学者の知」が持つありとあらゆる「有益性」と「魅力」の恩恵をもたらすことである。ヒュームは興味深い政治・経済的メタファーをもちいて、二つの世界の協力関係をあらわしたが、そこには巧みな立ちまわりを要するかれの役割がよく示されている。ヒューム曰く、エッセイの著者とは「学問の領国と会話の領国の大使」のようなものだ。「両国の親密な連絡」の促進がかれの使命であり、相互関係が深まるほど

(4) Duncan Forbes, *Hume's Philosophical Politics*, Cambridge University Press, 1975, p. 165-169〔ダンカン・フォーブズ『ヒュームの哲学的政治学』田中秀夫監訳、昭和堂、二〇一一、二一六―二二二ページ〕。
(5) « De l'essai », in *Essais, moraux, politiques et littéraires et autres essais*, trad. fr. G. Robel, Paris, PUF, 2001, p. 107〔『ヒューム道徳・政治・文学論集〔完訳版〕』田中敏弘訳、名古屋大学出版会、二〇一一、四三〇ページ〕。
(6) *Ibid.*, p. 108〔同上、四三一ページ〕。

両国は繁栄するであろう。当然、このやりとりの「収支」〔「やりとり」の原語は commerce。「交流」と「商業」の二つの意味にかけている〕は均衡が保たれ、ある意味で両者のあいだには一種の対等性が成立する。しかしながらこのメタファーを真剣にとるなら、「学問の領国の大使」であるヒュームの観点では、哲学と学問がもたらす利益のほうが上まわる。「基本的に会話と日常によって提供される［…］諸々の素材」のかたちを変える力をもつのは「学識のみ」である以上、理論的知はなんらかの自然の優位性があるものとして示されている。したがって、エッセイは会話の形態を模倣するが、「抽象的」哲学、あるいは「難解な」哲学を言外に含む。そうした哲学の原理的優位性をヒュームは主張しつづけ[7]、本質的には『人間本性論』で示した主要なテーゼに忠実でありつづけているのである[8]。哲学者は紳士らと親しくあらねばならない。人類の偉業に普段から接するかれらはかけがえのない情報の宝庫であるからだ。また「思慮分別と教育のある女性たち」に対しては「女性に対する慇懃さ《ギャラントリ》を知る男性」として振る舞わねばならない。「美しい性〔女性〕は、［…］会話の帝国を最高権威として支配している[9]」のだから。だが、かれの王国は「難解な思索家」の王国でありつづける。かれらは真理のその先まで到達することがあり、「浅薄な思索家」よりもはるかに評価に値する。ヒュームの意味ありげな表現によれば、後者は「コーヒー・ハウスの座談からでも学べるようなことしか教えてくれない[10]」連中なのだから。

　つまりヒュームが実践するような「エッセイ」とは、ヒュームにとっての政治哲学の形態なのである。それは一般的学説の単なる「応用」でもなければ、都市生活においてすでに提起されたさまざまな「政治思想」をまとめただけでもない[11]。ヒュームは古代哲学者の政治学およびアリストテレス的な自然の概念に異を唱えるが、にもかかわらず、厳密にはかれの政治哲学の実践方法は、興味深いことにアリストテレスの方法と共通点がある。たえず『人間本性論』における人間論にたち戻りつつ、ヒュームは当時のイギリスないしヨーロッパで耳目をあつめていた議論に参加し、イギリスの政治体制についてのウィッグ版・トーリー版の各解釈、フランス、イギリスそれぞれの長所についてなど、既出の主張とテーゼの妥当性と限界をあきらかにした。したがって、礼節の哲学は会話の単なる延長でもお飾りでもない。それどころか、礼節の哲学のみが、会話の真の利益を理解せしめるのである。同様に、ヒュームはつぎの点も明確にしている。礼節の、より一般的にはマナーの理解には（フランス語では「習俗とマナー」と言うであろう）、難解で型にはまった哲学のけわしい道よりも、心地よい都会的なエッセイのほ

（7）たとえば『人間知性研究』第一節「異なる種類の哲学について」（*L'Enquête sur l'entendement humain*, Paris, Vrin, 2004, p. 39-48）〔神野慧一郎、中才敏郎訳、京都大学学術出版会、二〇一八、三―二〇ページ〕に加えて、「商業について」の冒頭（*Essais*, p. 426-428）〔『ヒューム　道徳・政治・文学論集』、二一〇―二一二ページ〕を参照。

（8）『人間本性論』第一部の末尾で、ヒュームは懐疑哲学にとって日常生活に十分に浸ることの必要性を説いている。自身の哲学が実践においてもたらす影響を緩和するためである（*Traité de la nature humaine*, trad. fr. A. Leroy, Paris, Aubier, t. I, 1968, p. 360 et suiv.）〔『人間本性論』第一巻、二九九ページ以降〕。以下の翻訳者ジル・ロベルの「序論」における指摘も参照。*Essais, op. cit.*, p. 26 et p. 63 sq.

（9）*Essais, op. cit.*, p. 105〔『ヒューム　道徳・政治・文学論集』、「エッセイを書くことについて」、四三一ページ〕。

（10）*Essais, op. cit.*, p. 426〔同上、「商業について」、二一〇ページ〕。

（11）以下を参照。Leo Strauss, *Qu'est-ce que la philosophie politique ?* (1959), Paris, trad. fr. O. Sedeyn, Paris, PUF, 1992〔レオ・シュトラウス『政治哲学とは何か』飯島昇藏ほか訳、早稲田大学出版部、二〇一四〕および以下 Philippe Raynaud, « Philosophie politique », in Ph. Raynaud et S. Rials (dir.), *Dictionnaire de philosophie politique*, Paris, PUF, 3e éd., 2003.

うが適している。本書で『人間本性論』よりも先にエッセイを検討するのはそのためである。以下では、ヒューム流の会話と礼節の世界の解釈を通底し、かつ当時のヨーロッパの二大大国についての判断を裏づける政治的テーゼを、まずはエッセイのなかに探してゆく。

進歩と礼節[12]

礼節の問題についてのもっとも包括的なテクストは「技芸と学問の生成・発展について」である。これは当時のイギリスではウイッグ史観、さらには発展の近代思想に対するもっとも急進的かつもっとも核心的な最初の批判でもあった[13]。とはいえ、本論中でヒュームは発展の考えそのものを否定することはなく、それをばかりかイギリスの自由による発展を積極的に認めてもいる。だが発展にはさまざまな側面があり、それらは連結していない。つまり、かれが結論としてゆき着いたのは発展の諸側面の分断とでも呼びうるもので、かれの頭のなかでは政治的発展（自由）と学問および技芸の発展はかならずしも接合しない。また後述のように道徳的発展も一定のところで、ある条件下で中断する。その条件については正統派ウイッグと口やかましいモラリストがおそらくは幾分か疑うだろうが。

一見すると、滑りだしは好調である。技芸が誕生する条件は、自由主義あるいは共和主義的テーゼの正当性を裏付けるように見えるからである。「いかなる国民のあいだでも、技芸と学問が最初にうまれるには、その国民が自由な政体による恩恵を享受するのでなければ不可能だということである[14]」。専制主義は当然のごとく真理の追求を敵視し、反対に法の支配の発展はまちがいなく学問発展の諸条件を整える。「法から安全が生じ、安全から好奇心が生じる。そして好奇心から知識が生じる。だが、つぎの重大な二つの考察を踏まえると、この一般的真理には限界があることがわかる。第一に、大半の場合には法律、学問、技芸の順で興るとしても、詩や雄弁術などいくつかの技芸は法の支配の利点が顕現する前に興り、大きく発展することがありうる。[15] 第二に、ここが決定的だが、共和主義的自由の優位性が感じられるのは最初のみで、その後の技芸の発達に一定の優位性がみられるのは「文明化された君主政」のほうでさえある。「これらの高貴な植物を育て上げるのに適した唯一の場は自由な国家であるとはいえ、にもかかわらず、それらの植物はどのような政体にも移植することができる。そして共和政体は学問の発展にもっとも有利であり、文明的な君主政体は技芸の発展にもっとも有利である」[16]。

ところが「文明化された君主国」――フランスの絶対王政を指し、「大仰な政治演説」においてこれ

---

(12) ここでの考察は、二〇一〇年にモラリスト研究グループによる国際シンポジウムで発表した拙稿をもとにしている。以下を参照。Jean Dagen, Marc Escola et Martin Rueff (éd.), *Morales et politiques, Actes du colloque international organisé par le Groupe d'études des moralistes*, Paris, Honoré Champion, coll. « Moralia », 2005.

(13) David Hume « De la naissance et du progrès des arts et des sciences », *Essais, op. cit.*, p. 268-297〔『ヒューム　道徳・政治・文学論集』、「技芸と学問の生成・発展について」、九八―一二四ページ〕。

(14) *Ibid.*, p. 272〔同上、一〇一ページ〕。

(15) *Ibid.* p. 273〔同上、一〇一―一〇二ページ〕。

(16) *Ibid.*, p. 281〔同上、一〇七ページ〕。

(17) *Ibid.* p. 283〔同上、一〇八ページ〕。

を「暴政的」[17]と呼ぶ者もいるのだが――の相対的優位性はその政治原理に、とりわけその君主政国家を支配する不平等と直接に結びつく。共和国では人民の好意を獲得する術を知り、それによって有用性を証明した者が成功と栄誉を手にする。反対に、文明化された君主国では「知性」「気配り」「行儀作法」によって心地よく接する者が厚遇される。両タイプの政治体制で学問技芸の発展に差異が生じる根本原因はここにある。「優れた才は共和政体において、洗練された趣味は君主政体においてもっとも成功するのである。したがって学問は共和政体においてより自然に成長し、他方、洗練された技芸は文明化された君主政体においてより自然に発達することになる」[18]。このように、明確に区別された発展の二つの道があるということだ。一方は「半・共和国」のイギリスの道に、他方は文明化された君主国フランスの道にそれぞれ相当する。二つの道は、いうなれば、明確に区別された二タイプの道徳性を生みだし、双方において行儀作法の占める位置も大いに異なることになる。

　無論、古代共和国と近代イギリスとに共通する「共和主義的」道徳性というものがあり、そこでは謹厳実直さが重んじられるがためにある種の粗野さもある。反対に宮廷の行儀作法からは名誉、礼節、「女性に対する慇懃さ《ギャラントリ》」という近代固有の徳性が生まれる。ヒュームは名誉をほとんど評価しないようだが、代わりに礼節と女性に対する慇懃さ《ギャラントリ》を大いに重んじる。決闘時のように名誉がただ「体面」を保つことに終始するなら、名誉は無用かつ有害でさえある。「名誉ある」とみなされる人びとに有徳さを免除しかねないからである。他方、「忠義、誓いの遵守、誠実」と類似の意義を有すると考えれば名誉は徳と同義であり、古代人になじみだったもの以上でも以下でもない[19]。反対に、古代人がほぼまったく知らなかった礼節は、近代世界のもっとも貴重な産物のひとつである。だが、先述のように礼節は「文明化された君主政」を特徴づける不平等と不可分の関係にある。ちょうど古代共和国のように近代の「ヨーロッパの共和政体」[20]が「洗練された態度や振舞いに欠ける」と謗られるのとは正反対なのである。

十分な教育を受けた気立ての良い人物は、前もって計画したり利害を考えたりせず万人に礼儀正しい態度をとるものである。しかし、いかなる国民の間でもこの貴重な特性を広めるためには、なんらかの一般的な動機付けによってこの自然な性向を助長することが必要となろう。すべての共和政体においてそうであるように、権力が一般国民から高位者へと上昇し、強大となる場合には、礼儀作法にかんするそのような洗練が一般に広まる傾向はまず見られない。というのは、権力の下から上への上昇によって国の全体がある段階に近づけられ、国家の構成員は互いにかなりの程度独立しているからである。国民がその投票という権限により利点を持つのに対し、高位者はその地位の高さによって利点を持つ。他方、文明化された君主政体には、君主から小作人にいたるまでの長い従属・依存関係の連鎖が存在する。この関係は国民の財産を危険に晒したり国民の精神から活力を奪うほどではないものの、しかし全国民に目上の人間に気に入られたいとの気持ちが、さらに身分と教養のある人びとがもっとも気に入るようなモデルに倣おうとする気持ちが芽生えるには十分で

(18) *Ibid.*, p. 284〔同上、一〇九ページ〕。
(19) *Ibid.* p. 297（当該箇所は、「エッセイ」第三版（一七四二）以降の注にある）。
(20) *Ibid.*, p. 285〔同上、一〇九ページ〕。

ある。したがって、態度や振る舞いの洗練は君主政体と宮廷においてもっとも自然な形で生じ、またその洗練が華やかに栄えるところでは、およそ学芸がまったく無視されたり、あるいは蔑視されたりすることはないであろう。(21)

ヒュームはこうした言い回しはもちいないが、つぎのように総括してもよいだろう。礼節の飛躍的発展の根底にあるのは、二つの暗黙の前提の拒否である。すなわち、自由主義的（および民主主義的）近代の「個人主義」および「平等主義」を同時に拒否することである。つまるところ、礼節とはヒエラルヒーに則った相互依存を個々人が受諾することを前提とする。同時に礼節は「自然な」もしくは「社会的な」不平等に対する代償でもある。剝き出しの不平等が支配していた古代共和国には存在しなかった代償である。強者が最弱者にあらゆる場面で敬意を示し、礼節によって支配をヴェールで覆うことを権力者が受け入れたのである。その点で礼節は若者から高齢者に対して示される敬意や、ホスピタリティーのルールに則った寛大さの表明と相つうじる。その最良のモデルは、近代の偉大なる発明である女性に対する慇懃《ギャラントリ》さであろう。性的欲望から生まれたとはいえ、ギャラントリは「寛大さによる気遣い」の表現であり、それによって強者は自身の権力を気遣いと親切心によって示すよう導かれる。ギャラントリは、男女間の自然的不平等の社会的・人為的な埋め合わせなのである。だがヒュームにとってはそれ以上であり、「宮廷と君主政体の自然的所産」であるギャラントリこそが振る舞いを洗練させ、近代的礼節に至らしめた。(22)文明化された二つの近代的政治体制の比較を超えて、技芸と礼節の起源についての考察は、重大な人類学的帰結をもたらすのである。

ヒュームの分析は、近代社会におけるまったく異なる二タイプの「文明化」の存在を浮き彫りにする。すなわち、宮廷の礼節とブルジョワ的な謹厳実直さの対比である。最終的には前者〔のフランス〕が近代性の最先端の華やかさを体現し、対するブルジョワ社会と半・共和国のイギリスは古代共和国の粗暴さに通じるなにかを保持する。礼節と謹厳実直さの対比はルソーにおいて再び見出されることになるが、そこでは記号と悲壮感《パトス》あふれる表現が反転してもちいられる。『学問芸術論』では奢侈、芸術、政治が同一の地平で関連づけられ、近代政治体制の腐敗の原因がここにあると断じた。腐敗は殊にヨーロッパにおける戦闘的徳の衰退に顕著である。これに対しヒュームは、一七五二年版『エッセイ』に収録された「技芸の洗練について」でルソーへの回答を示すことになる。ヒューム曰く、「商業」も「礼節」もルソーのいうような堕落の原因とはならず、よって商業的半・共和国のイギリスにも、文明化された君主政フランスにも悪影響をおよぼすことはない。

勇猛心を失うことによって尚武の精神を失ったり、あるいは祖国や自由を防衛する勇気と気力に欠けるのではないかなどと懸念するには及ばない。技芸には精神や肉体を弱めるような影響はない。それどころか、技芸と切り離すことのできない産業活動が精神と肉体にあたらしい力を増し加える。そして、たとえ勇気を刺激するといわれる憤怒が、上品さや洗練によってその激しさを幾分失うと

（21）*Ibid.* p. 284〔同上、一〇九ページ〕。
（22）*Ibid.* p. 288〔同上、一一二ページ〕。

しても、これよりももっと強靭かつ不動で、もっと統御しやすい原理である名誉心が、知識と優れた教育とが生む資質の向上によって、新たな活力を獲得する。［…］現代のイタリア人は、これまでのヨーロッパ人のうちで勇気と尚武の精神に欠ける唯一の文明国民である。イタリア人のこの柔弱さを彼らの奢侈や上品さや、あるいは技芸への専心のせいにしようとする人びとは、技芸に対する愛好や商業での精励と同様に、勇敢さでも争う余地のないフランス人とイングランド人を考えてみさえすればよい。(23)

フランスとイギリスは、近代にいたる二つのまったく異なる発展の経路を示すが、いずれの国も学問技芸の発展のために公的道徳が衰退したなどということはない。この事実を確認したうえで、ヒュームは政治体制、礼節の形態、男女の関係性についての秀逸な理論の輪郭を描いた。

もっとも「文明化された」国々では訪問客を迎えいれるさい、家の主こそが客人にもっとも愛想よく応対することで「自然に与えられた」家長の地位を埋めあわせようとする。食卓で家長が下座につき、自身の優位性が露骨にならぬよう配慮するケースはこれにあたる。同様にヨーロッパのもっとも文明化された国、つまり君主政フランスではサロンを「支配する」のは女性である。「自然にあたえられた」地位の低さを忘れさせるために、男性は彼女たちの背後に隠れるからである。その対極にあるのが「モスクワ大公国」のような野鄙な政治体制であり、そこでは女性に対する乱暴な振る舞いと客人の粗雑なあつかいとは対をなす。「古代のロシア人は指輪の代わりにむちを手にして妻と結婚した。同様に、古代ロシア人は自邸ではたとえ外国の大使を迎えたとしても、自分がつねに外国人よりも上座についたのであった。彼らの寛大さと礼儀作法を示すこれら二つの事例は同質で、一致している[24]。程度の差こそあれ、古代共和国でのかれらのもてなしも十分に粗雑で[25]、「女性に対する慇懃さ《ギャラントリ》」を欠いていたことも偶然ではない。「古代の人びとは、女性は完全に家内に適した性質で、洗練された社交界の一員でも、上流社会の一員でもないと考えていた」。こうした図式において半・共和国であるイギリスが占める位置はたやすく推察できよう。フランスほど礼節とギャラントリは発達せず、劇詩そのものも「男性的」かつ野鄙なイギリスのことである[26]。自由と「共和主義的な」がさつさは一対であり、おそらくイギリスに完璧な洗練は望めないだろう。

こうした考察がすべて、エッセイというジャンルにふさわしい優雅で都会的な形式で提示されている。だが同時に、ヒュームの分析が厳密な理論的構築物のうえに成立している点を見落としてはならない。先に見たように、それぞれに意味深い数多の事象を一般原則のもとにまとめうるのは「難解な」哲学のみであり、そこから止揚された構築物である。問題は例外的な少数者の成功体験を披露することではな

(23) « Du raffinement dans les arts », *Essais, op. cit.*, p. 448-449〔同上、「技芸における洗練について」、二二五ページ〕。
(24) *Ibid.*, p. 290-291〔同上、一一三ページ〕。
(25) 「食事にさいして、一家の主人が客にあたえたよりも上等のパンやワインを食したり飲んだりするあの無作法な習慣について、古代の著作家たちはしばしば言及しているが、かれらがしばしば言及するこの習慣のせいで、古代の礼節の評判はあまりよくない〔…〕現在のヨーロッパには、そのような習慣を許すほど、非文明的な地域はまず見当たらない」（*ibid.*, p. 290, note 1）〔同上「技芸と学問の生成・発展について」、一二二ページ、注四四〕。
(26) *Ibid.*, p. 279〔同上、一一五―一一六ページ〕。

く、学問技芸の誕生と発展の一般的原因を理解することにある。よってわたしたちがとり組むのは、蓋然性にもとづく推論、すでに『人間本性論』にその本質が示されていたような一定の手続きと諸原則に則ってなされる推論から得られる一般的あるいは科学的知識が対象としうる領域の諸問題である。[27]実際、近代的礼節の形成についての分析は「科学的」政治論の一環をなす。「科学的」政治論とは、かれが別のエッセイ「政治学は科学になりうる」においてその成立を表明したものである。ここでヒュームは、科学の近代的観念（機械論、確立論、統計論）と政治体制および法律を人間行動の本質的決定因とする政治学の「古代的」概念の見事な結合を披露してみせた。[28]だが、この科学の諸原理は、かれの道徳哲学と照らしあわせることではじめて真の理解にいたる。ヒュームの道徳哲学は、まず『人間本性論』第三部において展開され、その後『道徳の原理の研究』（一七五一）で深く掘りさげられることになる。

道徳感覚から共感へ

おそらくヒュームは英語圏の哲学者のなかでもっとも親フランス派のひとりで、かれについての優れた、もっと言えば第一級の研究もフランス哲学界に複数存在する。にもかかわらず、フランス哲学においてヒュームの占める地位は非常に限定的である。この奇妙な事実は、わたしたちの国の哲学・政治文化の二つの特徴によって説明がつくであろう。第一に、フランス思想はたえず道徳的観念の脱構築にむかう「系統学的」傾向と合理主義的な政治に傾倒する二つの傾向のあいだを揺れ動いている。起源の問題にほとんど関心をむけない保守的かつ経験主義的思想家に、フランス人哲学者が共感を示さないのはおそらくそのためだ。ヒューム哲学は、二つの潮流からなる伝統のなかに位置づけられる。一方に、道徳と共感の二つで一組の感情に依拠し、それによって利害関心と共感の二つの道徳の中道を模索するスコットランドのモラリストの流れ、他方は道徳的合理主義の流れである。かれの作品の独自性はここを起点とし、そこから一般的な政治的学説を導き出したこと、それによってヨーロッパ史のあたらしい解釈を提示したことにある。

道徳感覚、道徳感情、共感、これら学説の本質はすでにフランソワ・ハチスンの代表作『徳と美の観念の起源』（一七二五）に完全なかたちで総括されている。ハチスンは道徳感覚を知覚能力として定義する。知覚能力とは、損得勘定抜きである事象を非難／賛同することを可能にする能力である。[29] 人間行動の動機をただ自己愛のみとする考えは、ホッブズが「物質主義的」哲学の定式をあたえたこと、ジャン

（27） *Traité de la nature humaine, op. cit.*, I, 3ᵉ partie, sect. XI et XII, p. 193-215〔『人間本性論　第一巻』第三部一一、一二節、一五一―一七〇ページ〕。

（28）「政治は科学になりうる」より。「法律や特定の形の政体がもつ力は非常に大きく、人間の気質や気性にはほとんど依存しないので、数理科学がもたらすものとほとんど同一に一般的で確実な帰結を、ときにはそれらから演繹することもできよう」*Essais, op. cit.*, p. 129-146, p. 131 も参照〔『ヒューム　道徳・政治・文学論集』、「政治は科学になりうる」、一―二四ページ〕。これに対する反論として、モンテスキューはつぎのような自論を展開した。かれは「法」にあたらしい意義を付与し、それによって「さまざまなものが事物を統治する」のであり、政治はそのひとつに過ぎず、たいていの場合は別の原因に左右されるとした。

（29） *Recherche sur l'origine de nos idées de la beauté et de la vertu*, in *ibid.*, 2ᵉ traité, sect. I, §8〔『徳と美の観念の起源』山田秀彦訳、玉川大学出版部、一九八三、一二一―一二三ページ〕。

セニスムの信仰および神学（ニコル）を支えとするフランスのモラリストの伝統（ラ・ロシュフコー）においてきわめて重要だったことは言を俟たない。ハチスンの上述の定義は、必然的にこの見方に対する批判をともなう。だだし利害関心の道徳に対する批判も、その代償として理性に基づく道徳的法の制定が可能だとさまざまなかたちで主張する道徳的合理主義への批判なしにはゆかない。道徳感覚とは美的感覚と同様に「内的」な感情である。この内的感情をわたしたちの美や徳の感情の起源と布置することには、二つの解釈がありうる。ひとつは、感覚を理知化し、感覚それ自体の乗りこえを図るものとする見方。もうひとつは反対に、道徳感覚の理論を伝統的に「理性」に関連づけてきたものを感覚あるいは「感情」の一種に還元する見方である。美、調和、好意に対する感情において表現されるのはまず快・不快の知覚だからである。つまり道徳感覚の定義は、この哲学の反自己中心主義と反知性主義の二側面を統合してゆくことになる。道徳感覚とは「観察された行為から、そこからわたしたち自身に及んでくる利益あるいは損失のいかなる評価にも先立って、是認あるいは非難の単純観念を受けとるわたしたちの心の規定[30]」なのである。

この点に、この主張の一貫性がある。利害関心の道徳と合理主義の双方に対峙するように構築されており、のちのスタール夫人の例で確認するように、カント的な批判を乗りこえる[31]。この伝統におけるヒュームの独自性は、利害関心と好意・共感の性質の差異についても、理性万能主義に対する批判においても、きわめて急進的な仕方でこれを定式化した点にある。そしてまさにこの急進性によって、ヒュームは挑戦者となる。利害関心のモデルに基づく人間学と、「主意主義的」でありながら一貫して合理主義的であろうとするモラルの統合とのおそらくは究極の試みであるカント哲学のような哲学に対する最前線の挑戦者である。

まずは、合理主義に対してである。合理主義に対する批判は『人間本性論』第二編、ヒュームのもっとも著名な、よっておそらくはもっとも不遇な一節に示されている。「理性は情念の奴隷であり、また、ただ情念の奴隷であるべきなのである」[32]。主張の中核は、ミシェル・マレルブが実に簡明に要約している。「道徳上の区別は実践的性質をもつ。それがわたしたちの判断を命じ、わたしたちの情念、行動、行為を修正する。ただ、前提としてのその論証においても、因果関係をもとめる推論においても、理性は人生の価値にはまったく無関心である」[33]。たしかに、一方でわたしたちの道徳的評価は情念と闘い、おそらく情念を抑制しうるが、しかしその評価は理性に由来しない。わたしたちの道徳的評価それ自体の起源も情念だからだ。したがって、義務や責務の考えを基盤として道徳を確立することはできない。わたしたちの道徳的判断がつねに情念に根づく評価を前提とすることを示した分析のとおりである。だが他方では、理性(ヒュームは知性と区別しない)は諸観念の抽象的関係に依拠するか、経験によって既知となった事物の関係性に依拠するかに応じて、証明もしくは蓋然性によって判断する。ただ、いず

(30) *Ibid.*, 2e traité, sect. I, § 8〔同上、一二二ページ〕。
(31) 本書第六章を参照。
(32) *Traité de la nature humaine*, liv. II, 3e partie, sect. III〔『人間本性論 第二巻』第三部三節、一六〇—一六六ページ〕。以下も参照。第三巻第一部一節「道徳的区別は理性から引き出されるのではない」と第二節「道徳的区別は道徳感覚から引き出される」〔同上、第三巻第一部一二節、七—二九ページ〕。
(33) Michel Malherbe, « Hume », in Monique Canto-Sperber, *Dictionnaire de philosophie morale*, 3e éd., Paris, PUF, 2001.

れの場合も理性には行為を起こすことも、意欲を誘引することもできない。できるのは、単に欲望の実現手段や意思を実行に移す手段を見つける一助となることのみである。「情念の奴隷」である理性とは、のちにフランクフルト学派の伝統において名づけられるように「道具的」理性なのである。

二点目の利害関心の人間学への批判は、より認知度が低いが、ジル・ドゥルーズの『経験論と主体性』におけるきわめて重要な分析の対象となり、着想をあたえたものである。[34] 人間の本性的エゴイズムを認めるどころか、反対にヒュームは人間性の特徴は限定的な寛大さや依怙贔屓である点を経験に即して強調する。人間が自らの利益や安楽を犠牲にしてまで、つよい絆で結ばれた近親者や共同体に尽くすことができるのはそのためである。この意味では、ヒュームの共感説は道徳感覚の理論によく整合する。というのも、ヒュームの学説の核はあるモデルの批判にあるからである。「自己愛」のキリスト教的性格の色濃い分析（ラ・ロシュフコー）と、利害関心と政治的義務の世俗的ないしは物質主義的理論（ホッブズ）の双方に裏打ちされた本性的エゴイズムの人間モデルである。ヒュームはこれら理論の矮小化された系譜学的論理に反対し（論点先取をしなければ、寛大さをエゴイズムに還元することはできない）、同時に、その法律第一主義による抑圧的なものの見方も拒む。換言すれば、政治的秩序（「正義」）は自然的秩序の抑圧によってではなく、反対に諸情念と共感の人為的発展から生じるのである。したがって真の政治には、いかなる法を制定するかを問う立法主義的というよりは、法をいかに適用するかを考える立法者的態度が必要となる。わたしたちはさまざまな自由をもとめるが、そうした自由をひとつの社会に無理やり押し込めるために法を制定するのが政治ではない。真の政治とは、漸次拡大するさまざまな共同体を確立しつつ、原始的に人が持つ共感の限界を超えて協同関係が拡張しうるような制度を創造することである。とはいえ、政治権力が不要ということではない。共感に由来する「寛大さ」は、しかし偏った愛情であるがゆえに超えられない限界があるからだ。人間本性は他者に対して一定の共感をおぼえるが、その共感とは本質的に近しい人びとへの偏った愛情としてあらわれる。人間関係がおそらくは無限に増大かつ拡大しうるとしても（ある程度大きな政治共同体において、みなが愛国心を持ちうるのはそのためだ）、共感の偏り自体をなくすことはできない。つまり、あらゆる制度には本質的な不安定さがあるということだ。「しかし、こういう心の寛さが人間本性の名誉のために認められなければならないとしても、われわれが同時に気づくのは、これほど高貴な感情が人間を大きな社会に適合させるどころか、この上なく偏狭な利己心とほとんどおなじくらい社会に反することである[35]」。

ヒュームの政治理論は、上述のテーゼと財の希少性という事実の結合に全面的に依拠し、これが正義論にゆきつく。共感は良識的な道徳感覚に反さないものの、自然と我われを偏った愛に導くという意味では、公平さは自然の徳ではない[36]。人間本性と人間の条件がかくのごとくであり、人類が「発明する

(34) Gilles Deleuze, *Empirisme et subjectivité*, chap. 2, « Le monde de la culture et les idées générales », Paris, PUF, coll. « Épiméthée », 1953, rééd., 1972, p. 23-46〔『ヒュームあるいは人間的自然――経験論と主体性』木田元、財津理訳、朝日出版社、一九八〇、四三―八〇ページ〕。

(35) *Traité de la nature humaine*, *op. cit.*, p. 604〔『人間本性論　第三巻』第二部二節、「正義と所有の根源について」、四二ページ〕。

(36) *Ibid.*, p. 600〔同上、三八ページ〕:「他のすべての条件が等しければ、人は、自分の甥よりも自分の子どもの方を、また、自分のいとこよりも自分の甥の方を、他人よりも自分のいとこの方をよけいに愛するのが自然である。ここか

種」である以上、必然的に人間は正義の規則を発明するよう導かれる。それは人為的な正義の規則だが、かといって恣意的ではない[37]。正義には富の分配機能と所有をまもる効果がある。だが、もし外的な財が無尽蔵にあり、人間の寛大さも無限であれば正義など無用であろう。反対に、全員の生存を保証できないほど財が乏しく、また人間が「何の制限もなしに」ただ自己利益を追求し、暴力的な振る舞いばかりをするなら正義は不可能となろう[38]。したがって、正義とは人間の発明能力から生じる。理性と慣習と想像力をもちいて人間は協約を結び、これが協働と安定的な社会関係の構築を可能にする。とはいえ、発明能力自体は人間同士が感じる普遍的な好意や理性の法の普遍性を依りどころとするのではない。「ただ、人間が利己的であり、心の寛さに限界があるのにくわえて、人間の必要を賄うために自然が提供するものの不足のみから、正義はその根源を引き出す[39]」。

ここからは、いかなる意味で理性が「情念の奴隷」であるかがよくわかる。理性は正義のルールの確立には不可欠で自然な能力ではあるが、公平さという徳が理性から生じるのではない。公平さは愛着の念を抱いた人間同士の出会いと外的な諸事情から生じるのだから[40]。だが、実に洗練されたこの教義を前にしても、道徳的合理主義の支持者らは反駁の手をゆるめない。道徳的感情の教義のその後の展開[41]やカントの批判が示すとおりである。実際、「情念の奴隷」である理性、手段の発見はできても目的を定めることはできない理性は、すくなくとも暗黙のうちには、あたかも自らの役割が承認されるかのようにすべてがすすむ。共感の及ぶ範囲の漸次的拡大には、理性によって発見される一般的かつ／あるいは普遍的ルールの発明と受容が前提として必要というばかりか、ヒュームは最終的には理性を「おだやかな情念[42]」とし、そこに一定の効力を認めるにいたるのである。理性が情念を抑止できるはずがない。ミシェル・マレルブの指摘のように、困難の原因はこのような情念に対する理性の力を認めまいとする根源的な拒絶にあるのではないか。[43] 一方で、本性的エゴイズムの擁護者もヒュームの教義を援用できる（けだし、すべての合理主義哲学者がヒュームの教義を援用しうるではないか）。限界のある寛大さは、拡大したエゴイズムと同様に作用するように思われるからだ。その乗り越えは、実践的には伝統的な諸教義とおなじ手段に頼らねばならない。なぜなら、最終的にヒュームも妥当な利害関心と政治的紐帯によって人間同士の権利の諸関係の拡張を説明しているのだから。とはいえ、わたしはこうした先走りす

ら、これらの組み合わせのなかで一方をよしとする場合に、どうするのが義務（当然のこと）なのかという、通常の基準が成立する」。

（37） *Ibid.*, p. 616〔同上、第三巻二部二節「正義と所有の根源について」、五三ページ〕。

（38） *Ibid.*〔同上、五三ページ〕。ここでの議論は『道徳の原理の研究』第三章でより体系的に論じられる。

（39） *Ibid.*, p. 613〔同上、四九―五〇ページ〕。

（40） *Ibid.*, p. 606〔同上、四三ページ〕:「してみると〔上述の不都合への〕対策は、自然から引き出されるのではなく、人為から引き出される。より的確に言うなら、自然は、親愛の情の不規則で不都合な点を改める対策を判断と知性においてあたえる」。

（41） アダム・スミスの「公平な観察者」は一見するとこの共感の限界と限界のある寛大さの影響を免れているように見える。

（42） とくに「情念論」第五節を参照。*la Dissertation sur les passions*, sect. V〔『人間本性論　第二巻』三部五節、一七〇―一七二ページ〕。

（43） « Hume », art. cité, p. 730.

ぎた結論は慎むべきだと思う。ヒューム哲学のもっとも興味深い側面を看過させかねないからだ。すなわち、ロックにしろ、ホッブズ的な絶対主義にしろ、かれらが理解したような自由主義的自然法とはまったく異なる切り口で政治秩序の誕生を導いた点にヒューム哲学の真骨頂があるのだから。言い換えれば、ヒュームの政治学こそが、おそらくかれの哲学の鍵なのである。

　ヒュームが理解したところの「有限の寛大さ」の概念によって、かれは近代政治学の理論が揺れうごく二つの極――エゴイストかつ／あるいは諸権利を有する主権者たる「個人」および法（市民法あるいは自然法）――を同時に疑問に付すことになる。そのさいに、アリストテレスの類《たぐい》の古典古代の理論への回帰も、（フィルマーが『家父長制君主論（パトリアーカ）』において古典的形式を示したような）神学的関心からの近代的個人主義への異議申し立ても援用せずに、これを行ったのである。ヒュームの自然的世界において、家族ないし（こう言ったほうがよければ）役割ほど共感のおよぶ範囲を定める個々人はいない。家族や役割ほど道徳的法によって縛られることなく、安楽を求め、苦を避けるのとおなじくらい効果的な動機となるものはない。人間は、高度な共同体である国家において本性を完成させるほどには政治的な動物ではない。反対に、政治とは不確実な未来にむけて開かれたものである。また政治にはつねに限界があり、決して人類全体に開かれることなどなく、しかし自然な最適さもなく、さまざまな共同体に開かれた人為なものでもある（ここから、大国における共和国建設の可能性を見たアメリカ憲法議会議員らの考えが芽生える）[44]。父／息子の関係はたしかに原始的だが政治的権威のモデルではなく、まさに人為的紐帯を構築するにちがいない。近親者に対する義務は、見知らぬ者に対する義務に優先される。この点を重視する常識的道徳によって近親者の優遇は正当化され、また許容されている。

だがこのような家族的紐帯ではなく、人為的紐帯がまさに共感のおよぶ範囲の拡大を可能にする。この動態的な政治的紐帯を提示したことが重大な帰結をもたらし、ヒュームの政治学にきわめて独自な様式をあたえるのである。

したがってヒュームの政治哲学は、「文化」とわたしたちが呼ぶものの非常に強靭な理論にゆき着く。自然と慣習の対立をやすやすと超え、かといって経済思想におけるあたらしい範疇にすっぽりと収まるのでもない「文化」である。国家を「人倫的理念の現実性」あるいは「即時的かつ対自的に理性的なもの」〔いずれもヘーゲル『法の哲学』の表現。前者は§257、後者は§258〕とする必要を感じないヒュームは、ヘーゲル以前に、十八世紀のほとんどの議論に通底する「原子」的な見方に対するラディカルな批判を提起している。(45)「社会契約」と市場の二重モデルにおける見方への批判である。ヒュームによれば、人間は生来的に諸権利を保持する主体ではなく、また根源的に戦略家あるいは合理的行為者であるホモ・エコノミクスでもない。ヒュームが想定するのは、つねに刷新をつづける発明と革新の世界としての社会である。ただし、発明と革新は有限の政治的共同体の設立によって諸権利の擁護を可能にするものでもある。とりわけ、この社会とは、利害関心を超えるあたらしい動因——名誉、慣習、遺伝・世襲など——と自然の必要をはるかに超えるあたら

(44) Voir « Idée d'un commonwealth parfait », in *Essais*, *op. cit.*, p. 640-660〔『ヒューム　道徳・政治・文学論集』、「完全な共和国についての設計案」、四一四—四二七ページ〕。

(45) 社会を個々人の利害関心や情念の活動の産物と考える十八世紀の思想家の人間社会の見方は「原子的」だとヘーゲルには感じられた。

しい情念のたえざる発明によって共感のおよぶ範囲を拡大し、人間同士の協働を拡大する世界でもある。[46]この意味では、歴史的時間性——すなわち「文化」——とは、生まれながらにして創意工夫を生み出そうとする人間本性の表現である。ただし、共感を広げ、人間の経験を多様化させるあたらしい創意工夫をどこまでも自由に想像できるとしても、あたかも歴史が神慮に支配されているかのように世界の歴史の方向性を予見することはできない。歴史のなかで見事に開花する人間本性はあっても、「自然の企図」は存在しないのである。

よって、人間社会とは不たしかな未来にむかうと同時に、それ以前に構築された連帯をまもるよう定められている。ヒュームの「保守主義」とは、この点にある。つまり、トーリー的な保守的イデオロギーとも、ウイッグ的な正統自由主義とも等しく距離をおくのである。ヒュームは自由主義的革命の結果を受け入れるが、主意主義《ボランタリズム》的な政治秩序の再建も、過去の再創造も同様に幻想に過ぎないと一蹴する。自由の創設には制度的安定、歴史的継続性、革新を伝統の言語に変換する可能性が必要であるし、反対にこうした意味での保守主義は革新を拒まない。『山猫』におけるランペドゥーサの有名な一節は、ヒュームの思いでもあっただろう。「なにも変えないために、すべてを変えるべきときがきた」。この自由主義的保守主義は、政治体——および経済的繁栄——は一定の地点まで「自然」の必要にしたがうとの考えを受け入れるが、かといって政治権力がつねに受動的であるとか、偶発的な政治秩序と自然秩序の完全な一致を期待するという考えにはいたらない。[47]社会と司法とは人為の産物であり、たとえ伝統、慣習、誰しもが認める利害関心に対峙しても、政府という第二の人為がたえず補完し、修正すべきものである。[48]こうした考えはまた政治哲学者ヒュームを独特の立ち位置におくことにもなる。不偏不党を貫くために、かれは世界市民の視座を持ち、国家主義的情念を超越するだろうと考えたくなるがそうではない。共感には自然な限界があるというかれの概念は、普遍的歴史に対するまさにカントがのちに「世界市民的な視点」と呼ぶことになるものに達することを拒むからである（たとえ『イギリス史』『エッセイ』におけるかれのフランスの見方が示すように、ヒュームの歴史観は比較の手法をもちい、また前提として好意的眼差しがあるとしてもである）。この枠組みにおいて、政治体制はヒュームにとって中心的問いでありつづけるものの、かれがいずれも高く評価する近代ヨーロッパの二大列強がそれぞれ特異な位置を占めることになる。すなわち、フランスとイギリスは競合的かつ補完的である政治的進歩の二つの道を体現する。なぜなら、二つの道は人間関係を拡大するために人間本性が有する二つの人為の手段を表現しているからである。二つの道、二つの手段とは、すなわち商業と会話である。

イギリス国制——共和国か、君主国か?

イギリスおよびフランスの政治体制についてのヒューム流の解釈を理解するには、当然ながら十八世

（46） Voir G. Deleuze, *Empirisme et subjectivité*, *op. cit.*, p. 14〔『ヒュームあるいは人間的自然』、三〇—三一ページ〕。
（47） この点で、ヒュームはフィジオクラートの哲学に対立する。以下を参照。Didier Deleule, *Hume et la naissance du libéralisme économique*, Paris, Aubier, 1979. および « Hume », in *Dictionnaire de philosophie politique*, *op. cit.*, p. 333-337.
（48） *Ibid.*, p. 336-337.

紀イギリスの政治文化を念頭におかねばならない。それ以前の伝統と完全に切断せずとも、一六八八年「名誉革命」の成功以来、根源的な変容を遂げた政治文化である。要約するならば、旧来のウイッグ／トーリー間の対立を部分的に温存する党派対立が常態化しながらも、イギリス政治の特徴は、ヒュームの理解ではしばしば「通俗的ウイッグ(49)」と呼ばれるものの全般的勝利にある（ただし、まちがいなく豊かな学術的議論とより精緻な概念生成の対象になるという意味では、正統派ウイッグと呼んだほうがよいかもしれない）。正統派ウイッグとは単なる学説ではなくひとつの政治的イディオムであり、対立状態にある諸党派は不可避的にこれに依拠することになる。なぜなら、このイディオムによって政治体制あるいは国民という共通空間に論戦を限定することが可能になるからである。党派間対立を超えて、イギリス国制に矛盾しない見解はすべて合法であり、またその事実によって、それら見解は主にフランスとの対比によって定義されたイギリスの伝統に適うとされる。図式的に考えれば、ロック哲学の表現で古い──もしかすると神秘的な──イギリスの伝統を再定式化した以下の三テーゼによってこの正統主義はまとめられる。

まずウイッグ党の基本テーゼを取りあげよう。ヒュームが「原始契約について」で論じたもので、社会契約の「自由主義的な」と呼びうる解釈からなる。これによれば、社会契約は統治の起源というよりはむしろその正当性の基盤となる。つまり、被支配者の同意にもとづく政府のみが正当である。

第二テーゼは、ロック『市民統治二論』に見いだされる論点だが、社会契約の自由主義的解釈から絶対王政に対する徹底的批判が導かれる。これはホッブズ哲学にかかわるが、とりわけ君主国フランスを、イギリス憲法によって体現された自由な政府の反面教師と見なすテーゼである。仮に人間が諸権利をまもるために国家を創設したのであれば、絶対的君主の手にその諸権利を託すことなどできない。もし正当な政治体制のみが同意のもとで創設されたのであれば、市民は法の制定に関与していると想定されるから、あらゆる権力は制限されるはずだ。よって、イギリスのような自由な国家とフランスやトルコのような絶対的政府との差異は単にその性質の差異ではなく、程度のちがいである。このことは、両者の長所・短所を比較検討する分析の試みを即座に制限することになる。(50)

最後に、このようなフランス絶対主義に対するイギリス国制の賛美は、イギリス史を自由の歴史ととらえる解釈から生まれる。これが第三の基本テーゼである。イギリス政治体制は悠久の時を生きる「古来の国制」に根差した特別に幸運な歴史の賜物である。「古来の国制」こそが国王を含むあらゆる権威の力を制限し、臣民の諸権利と特権を保証することで、人の統治ではなく法の統治をたえず保証してきただろうからだ。それゆえ、議会の優位性ないしは至上権を主張する傾向にある正統派ウイッグも、議会に上位の裁判権をみとめる古来のイギリス法学者とおなじ表現で語ることができる。すでに十五世紀のジョン・フォーテスキュー〔イギリス法学者。ローマ法の伝統に拘泥せず、「古来の国制」に則りコモンローや法の支配などイギリス立憲政体の礎の構築に寄与〕がしたように、フランス人の単一かつ暴政的君主政と「混合」かつ穏健なイギリス君主政の性質の差異を発見したと主張した古来の法学者たちの表現である。

誇張ではなく、つぎのように述べることも可能である。もし一市民あるいは政治家（政治屋）として、

(49) D. Forbes, *Hume's Philosophical Politics*, *op. cit.*, chap. 5, « Scientific and vulgar Whiggism », p. 125-192〔『ヒュームの哲学的政治学』、第五章「科学的ウィッグ主義と通俗的ウィッグ主義」、一七一―二六五ページ〕。

(50) *Ibid.*, p. 142〔同上、一九二―一九三ページ〕。

ヒュームが当時のイギリス市民がそうであったようにウイッグ的であるならば、哲学者（そして歴史家）としてのかれの思想は文字どおりこの正統主義に反する、と。[51] かれにいわせれば「原始契約」を理由に正当性を主張することはできず、フランス君主政は尊敬に値し、イギリス国制に優る点すら有する政体である。というのも、イギリス君主政は原始の国制の継承者ではなく、またフランス君主政について暴政的だとイギリス人が非難するものにきわめて近い局面を経験したことをイングランドの歴史は示しているのだから。

イギリス政治体制についてのこの見解を支えるのは、イギリス「混合政体」と、名誉革命をくぐり抜け、ウイッグ／トーリーの古来の線引きが不明瞭になってもなお存続した二党派体制との関係である。両者に密接な関係があることをとらえたおそらくは最初の直感が上述のようなかれの見解の中心にある。ヒュームが「混合政体」の理論家であるとすれば、マキャヴェッリにさかのぼる伝統に沿った理論家ということになろう。最上位分類とは共和政国家と君主政国家を区別する分類だと考える伝統である。そうであるから、かれの目には「グレイト・ブリテンの党派」の分裂はイギリス国制における二元性、つまり二つの要素の共存をあらわすと映る。イギリス国制の二元性とは「共和政」および「君主政」の両特色を兼ねそなえ、よっておのずと党派的分裂を生むものの、あらかじめその影響を制限するようにできている。この分裂は「騎士党」と「円頂党」の紛争、内戦を経て、かれの時代の「コート派」と「カントリー派」の対立にいたるまで多様なかたちをとった。ウイッグとトーリーの競合関係は、この分裂の古典的な形態である。一見すると水と油の関係の原理的対立のようだが、実際には最終的に妥協による決着をみていたため、体制の崩壊にいたるようなことはなかった。「したがって、革命以来のトーリーを数語で定義するとすれば、自由を放棄することはないけれども君主政の愛好者であり、しかもステュアート朝の熱烈な支持者であると言うことができよう。ウイッグは、君主政を放棄することはないけれども自由の愛好者であり、しかもプロテスタントの家系による王位継承の支持者であるということができよう[52]」。原理原則にこだわるかぎり「共和主義者」と「絶対王政主義者」は全面的に対立していただろうが、通常イギリス政治では利害関心と政治家同士の愛着の念から諸原則の差異をあいまいにしてやり過ごしていた[53]。「コート派」と「カントリー派」の対立が容易に想像させるような事態にはならず、イギリス政治が単純な二党派対立に還元されないのはそのためである。「つねに純然たる共和主義者がほとんどいないのと同様に、絶対王政主義者の信奉者もわずかしかいない。ある集団がかれらの原理からすれば擁護すべき別の党派を支持するのは、往々にして利害と愛着の念のためである。だからこそ、わが国の国制にしっかりと根をおろした重みが、内在する力があり、その重みがわが国の国制をその本来の成りゆきからそらせ、わが国の党派にある混乱を引き起こすのである[54]」。

(51) この〔哲学者と政治家の〕区別については、下記を参照。*Ibid.*, p. 125 et suiv.〔同上、一七一ページ以降〕。
(52) « Des partis de la Grande-Bretagne » (1741), in *Essais, op. cit.*, p. 197〔「グレイト・ブリテンの党派について」、『ヒューム道徳・政治・文学論集』、五七ページ〕。
(53) さまざまな党派については「党派一般について」(一七四一), *ibid.*, p. 180-189 を参照〔同、四五―五二ページ〕。
(54) 「グレイト・ブリテンの党派について」(*Ibid.*, p. 198)〔同、五八ページ。訳注：底本が異なるため、邦訳書には「そういうわけで…」以前の記述はなし。同箇所は版によって大きな差異があり、異版の邦訳も付記されているが、原書のフランス語に該当する箇所は見つからなかった（六一―六四ページ、注二〇）〕。

したがって、たとえ実際の争点は多様で、ときに（ステュアート朝の没落時にトーリー党が議会の権利を擁護したときのように）ねじれが生じるとしても、共和主義的傾向の党（円頂党、ウイッグ、カントリー）と君主政の傾向の党（騎士党、トーリー、コート）とがつねにいる。この二党派制がそれぞれの原則において自らを位置づけるという意味において各々の支持者の利害関心をこえた哲学的射程も有する。だからこそ、両党がそれぞれ歴史的に擁護してきた諸原則[55]について論じたヒュームの二大エッセイは『人間本性論』で展開した（「王党主義」の）正当な服従についての哲学的分析の翻訳書といえる。つまり会話とエッセイの言語、非学術的な市井の言語に翻訳した作品として読むことができるのである。[56]『人間本性論』は「創始論」的な、つまりウイッグ党が好む社会契約理論にもとづくアプローチに対する批判を展開する。ウイッグにとって原始の社会契約とは一種の約束であり、それのみが政府と市民の権利と義務を正当化することができる。他方、ヒュームにとって原始の社会契約は約束ではない。社会状態に先立つ「自然な」義務がこの約束から生じ、統治を「許可する」のではない。そうではなく、国家の「人為的」創造がさまざまな約束を保障し、それに権威を付与することを可能にする。つまり、合意したからではなく、有用だから政府に対して忠誠を誓う。政府の有用性こそが、政府に対する合意の理由なのである。ある政治体制は合意を得たから正当なのではなく、正当であるから合意を得た。政府が当然のこととしてその他の理由によっても臣民に服従をもとめることができるのはそのためだ。「原始契約」は服従のひとつの理由になるが、それがなければ政府が樹立できない訳ではない。[57]裏をかえせば、トーリー党が想像するような政府に対する服従の義務に超越的な根拠などなく、また服従の義務によって被支配者のあらゆる権利が強制的に剝奪されることはない。政府があきらかに臣民に利点をもたらし、安全を保証することができなくなれば、服従の義務も消失する。だからこそ、たとえただ有用性と公益のみによって制定された権威への服従が正当化されるとしても、一切の抵抗権を禁じるような無条件の義務を強いることはできないのである。(58)

名誉革命の意義のようなイギリス政治についての幾つかの章でヒュームの見解は一様ではなかったが、原則において揺らいだことはなかった。したがって、『エッセイ』『イングランド史』は『人間本性論』のテーゼの例証であり、確認であり、その延長として読まれるべきである。すなわち、諸原則を対峙させるイギリスの二つの党派という構図の脱構築を試みるテーゼである。一七四八年「原始契約について」「絶対的服従について」では、順にウイッグ党、トーリー党の双方の原則が論及されるが、両エッセイが示すように、いずれも部分的に真実を含むが、双方の党が主張するような極端さはない。実践に

(55) « Du contrat originel » et « De l'obéissance passive » (1748), in *Essais, op. cit.*, p. 361-391〔「原始契約について」、「絶対的服従について」、『ヒューム　道徳・政治・文学論集』、三七五―四〇三ページ〕。

(56) *Traité de la nature humaine, op. cit.*, III, *2e* partie, VIII « Source du loyalisme»; IX, « Limites du loyalisme »; X, « Objets du loyalisme », p. 660-690〔『人間本性論』第三巻二部八節「忠誠の源泉について」、九節「忠誠の限界について」、一〇節「忠誠の対象について」、九七―一二六ページ〕。

(57)『人間本性論』によれば、「実定法」が憲法に内在的に関係付けられた「基本法」としてあらわれるとき、統治が基盤とするその他の原則とは「長期の保有」「現在の保有」「相続」「実定法」となる（*Traité, op. cit.*, p. 678-685）〔同上、第三巻二部一〇節「忠誠の対象について」、一一三―一二六ページ〕。

(58) *Traité, op. cit.*, p. 675〔同上、第三巻二部九節「忠誠の限界について」、一一一―一一二ページ〕。

おいては折り合うことが可能なのは、そのためである。

ウイッグ党員が、政治的権威は人びとの同意なくして成立しないと述べるのには一理あるが、合意さえあれば安定的で優れた統治手段が生まれると考えるのは誤りである。よって、あらゆる政府は民衆の合意に基づくべきと主張し、そこからヨーロッパの君主国家のように文明化された政治体制の正当性を否定するのも誤りである。原始契約は、絶対君主政が文明化された統治の一形態となりうることを否定し、税金についての投票を普遍原理とする。それによって、原始契約はイギリスの政治体制の諸特徴を絶対のものとする。「人類の一般的慣行からこれほどかけ離れた意見にならざるをえないような道徳的推論が、このただ一つの王国〈イングランド〉だけは例外として、他のあらゆるところでいったいどんな権威をもつことができるかは、断言するに難くないところである[59]」。かたやトーリー党員が、神を「すべての統治の究極的な創造者」と認めることにも一理ある。「およそ普遍的な摂理を認めて、宇宙における一切の出来事が一定不変の計画によって導かれ、思慮深い目的へとむけられていると考える人なら、決して否定できないであろう[60]」ことだからだ。だが、この真理がもっとも倹しいものまで一切の権威に適用されると考えるなら、これによって統治や主権に固有の権力を正当化することはできない[61]。おまけに、たしかに権威保持者が自身に有利な推定の恩恵を受けるとしても、絶対的服従は誰も真剣にはうけとらない度を越した犠牲を（仮に、文字どおりうけ取るならば）結果的にもたらすことになろう。つまりヒュームは良識の名において語ると主張し、この点において、かれは古代の遺産の擁護者として近代イギリスで生じたいくつかの風潮に対抗する。古代人たちのなかに極限的状況における抵抗の正当性を否定する者はいなかったが、かといってかれらが大胆な改革を警戒しなかったことにならない[62]。古代の思想家が原始契約の原則も擁護しなかったのは、そのためである。「わたしの知る限り、古代の文献で統治に対する服従義務の論拠を約束にもとめた文章はただひとつであり、それはプラトンの『クリトン』である。そこでソクラテスは脱獄を拒否し、その理由として、自分はすでに暗黙のうちに法律にしたがうことを約束してしまったからだとしている。こういうわけで彼は、原始契約というウイッグ的な基礎の上に、絶対的服従というトーリー的な帰結を導いたのである」[63]。

こうして『人間本性論』および『エッセイ』は、ウイッグ的政治の一般的有効性を認めつつも、ウイッグ的哲学の体系的反論となる。『人間本性論』における政府の形成（基本法への服従）の解説の仕方は、イギリス国制の歴史的観念を想起させるであろう。イギリスの場合における国制の歴史的観念は、ウイッグの原始同意の原則に対抗するコモンローと「古来の国制」[64]のモデルとなるため、結局のところ

(59) « *Du contrat orginel* », in *Essais, op. cit.*, p. 384〔「原始契約について」『ヒューム　道徳・政治・文学論集』、三九〇ページ〕。

(60) *Ibid.*, p. 362〔同上、三七六ページ〕。

(61) 「あらゆる国家において君主の権力を生み出した当の原因が、同様にその国内の一切のより下級の権限やあらゆる制限された権力をもつくり出したのである。したがって、一介の警官といえども、国王に劣らず、神の委託に基づいて権力を行使し、また不可分の権利をもっていることになる」（*ibid.*, p. 363）〔同上、三七六ページ〕。

(62) 「古代諸国民の間では、反逆の罪は、普通、新規なことを企てる（*neôterizein, novas res moliri*）ということばで表現されたのであった」〔同上、三九〇ページ〕。

(63) *Ibid.*, p. 384〔同上、三九〇ページ〕。

(64) 伝統的イギリスの概念では、イギリス法の中核はイギリス裁判所の判例集であるコモンローによって構成される

正統ウイッグ自身に不利に働くことになるだろう。だが『イングランド史』を注意深く読めば、自身の哲学的原則ほどには、ヒュームは正統ウイッグの「歴史的」側面に執着していないことがわかる。かれのこうした立場は、すでに最初期の公刊作品のうちのひとつ、〔『イングランド史』内の〕『ステュアート朝の歴史』をあつかった巻において、イギリスの二つの革命（「大反乱〔主教戦争（一六三九）から王政復古（一六六〇）までを指す〕」と「名誉革命」）に対する見解に透けて見えていた。ヒュームはここで、ステュアート朝に対して非常に寛大な姿勢を示す。それに匹敵するのは、「熱狂」もしくはその敵の「狂信」を前にしたかれの困惑くらいである。イギリス国制の原則については、ヒュームは議会が自由の観念を明確に打ち出すまで、その原則は知られていなかったのだと述べる（つまり、その原則に歴史的根拠はない）。王党派と議会派との論争をヒュームはバランスよく整理するが、かれのまとめ方自体が、双方の解釈のあいだで決着をつけるのはあきらかに不可能であることを示唆する。

その後の著作でヒュームはイギリスの歴史をしだいに遡っていくのだが、そこでイギリス史の支配的な解釈に対する批判をさらに増してゆく。もっとも顕著なのはおそらくテューダー朝の歴史の「付録三」であろう。エリザベス一世治世の総括がなされ、その後「イギリスの統治」の概要へとすすむ作品である。(65) ヒュームはエリザベス女王を「自由な統治」の創始者とし、「彼女が欠く最大の美質は、憲法に対する厳正な敬意、人民の自由と特権に対する配慮(66)」であるとして女王を持ち上げたりさえするウイッグ的伝説をすぐさま退ける。だがその目的は、女王が君主政イギリスが継承した慣習に忠実であると言及することである。「これについて、エリザベス女王は過去の国王たちから継承した特権をそのまま維持しただけである。臣民はかれらの父祖たち以上の自由を手にする権利などないと本気で信じていたし、絶対

的統治 *arbitrary administration* に対する臣民からの一切の反抗もなかったからである。女王自身に無制限の権限 *such unlimited authority* をあたえる統治形態を彼女が悪とみなすのは自然なことではなかった」。

実際、エリザベス一世の絶対王政下では臣民の自由は保護されず、おそらく十八世紀の文明化された君主政国家のなかでは、恣意的権力がたやすく行使にされる国だった。ヒュームにとってエリザベス一世治世は、「現行の自由の政策の成立以前に残っていた」という意味において真の「古来の国制」であった。(67) だが「古来の国制」自体も以前の憲法を継いだに過ぎず、ほかの憲法が「古来の国制」より優れていたわけではない。「だが、さらに古い国制があった。そこでは人民はテューダー朝ほどの自由はなかったが、国王の権威も低かった。貴族《バロン》の権力が国王の権力を強力に抑え、人民に対して暴政をふるっていた。だが、それよりさらに古く、複数の章典の調印以前から存在していた国制があった。人民も貴族も一切の個別の特権を持たず、優れたある君主の治世下には統治の権威がほぼ完全に王権にあったときのことである。他の憲法と同様に、イギリス憲法はたえず揺れ動いていたのである(68)」。

とする。その権威は「古来の国制」に由来する。イギリスという国と同様に古い起源を有するだけに、旧憲法はいっそう神聖である。

(65) Hume, *The History of England*, éd. de 1778, rééd. Indianapolis, Liberty Fund, Liberty Classics, t. IV, 1983, p. 354-386 ; trad. fr. M. Campenon, Paris, Furne, 1839, t. IV, p. 405-442.

(66) *Ibid.*, p. 354 ; trad. fr., t. IV, p. 406.

(67) *Ibid.*, p. 355, note 1 ; trad. fr., t. IV, p. 406, note 1.

(68) *Ibid.*

伝統的歴史叙述とも、自由をもたらす「古来の国制」という伝説とも袂を分つことで、ウイッグ的「諸原則」に対するヒュームの批判は厳しさを増し、同時に『人間本性論』で示した人間本性についての全般的テーゼを確たるものとした。すなわち、イギリス史においては神の摂理は一切はたらかず、大貴族の自由は人民の抑圧のうえに成り立ち、最古の憲法は国王の手にあらゆる権力を授けていた。しかしながら、トーリー党による王権の神秘主義も古来の国制のウイッグ的教理と同様の批判を免れなかった。王権がイギリス史の起源であったとしても、「国制」が王権に大貴族の特権と人民の要求の双方に依拠しなければならない以上、王権は本質的に脆弱で、「国制」の「揺らぎ」に逆らえないからだ。

つまりは、ヒュームはイギリス国制に一切の優位性を認める気はないのだろうか。いや、つぎの点を見落としてはならない。十八世紀イギリスの政治体制が「古来の国制」の後になされた発明を礎とする点、そしてその発明が前代未聞の、より上位の統治様式を誕生させたと言えなくはないという点である。実際、先に確認したように、イギリス二大政党制の定着はこの国の体制の君主政的かつ共和主義的という二重の性質をあらわし、またウイッグ的見解の優勢は、国制が君主政的である以上に共和主義的になったことを示す(69)。そして、まさにその点にイギリス政治体制の現実的優位性があると言えないことはない。その習俗やマナー(*manners*)には古代共和国のような荒々しさがなく、つまりイギリスの政治体制は近代的共和主義の性質を有しているということである。たとえ純粋な共和政がそれ自体としては最良の政治体制であったとしても、現実問題としてイギリスにとっては純然たる共和国よりも君主政のほうが好ましいのである(70)。

文明化された君主政

したがって、ヒュームの政治哲学はつぎの点をあきらかにした。正統派ウイッグの主張に反し、「文明化された君主政」は正当な政治体制であり、いくつかの点においてはイギリスの自由な統治に優りさえする、と。だが一方で、イギリスをほぼ共和国かつ穏健な混合政体にするイギリス国制はフランスのそれに勝ると信じているようでもあることから、かれは古典的なイギリス的思想を放棄してもいない。矛盾というより補完的なこの二テーゼを起点とすることで、フランスの政治体制の本質とそれがもたらしたタイプの行儀作法を、我われは正確に理解することができるであろう。

本性的な欠点を超えれば、フランス政体の悪徳は正統派ウイッグが喧伝するほど悪質ではないと論証し、一般的にイギリス人にはない長所や徳性さえをもフランス人は有している。このように証明することで、ヒュームはフランスを擁護した。

(69) 共和主義的要素が強いとはいえ、決定的とは言い切れないだろう。政治体にとっても死は不可避で、イギリス政治体制は終局に達するにちがいないとして、イギリスがクロムウェルの時代に経験したようにいくつもの党派に分裂した共和国になるより、「文明化された」絶対君主政となるほうが望ましいかもしれない。「ブリテンの政体は絶対君主政へ傾いているのか、それとも共和政へ傾いているのか」参照。*Essais, op. cit.*, p. 172-179.〔『ヒューム　道徳・政治・文学論集』、四〇―四四ページ〕。

(70) D. Forbes, *Hume's Philosophical Politics, op. cit.*, p. 182 et suiv.〔『ヒュームの哲学的政治学』、二三五ページ以降〕。

その最たるものが両国の政治的差異を論じた「政治的自由について」[71]である。一七四一年時点でのタイトルは「自由と専制について」だったが、一七五八年に先のタイトルに変更された。[72] 当初の主題は「政治的自由と専制的政体との全面的な比較をおこない、後者に対する前者の主要な長所をあきらかにすること」[73]だったが、最終的には両政体の差異はさほど明白ではなくなった。古代においては、共和主義的であれ、民主的であれ、自由な政体の優位に議論の余地はなかった。市民的自由は法の支配に適し、だからこそ共和主義的政体は君主政体よりも技芸、科学、商業の発達をうながすのだった。だが、この優位性は近代世界においては失われるようである。技芸は、絶対主義的国家は無論、専制国家においてさえも完成の域に達し、さらにフランスは商業も然りであることを示した。[74] 実際、文明化されたあらゆる政府は近世において決定的な進歩を遂げたが（自由は最大限に守られ、「国内治安《ポリス》」は、古代よりもはるかに完成の域に達した）、より大きな進歩を遂げたのは文明化された君主国においてであった。

しかし、近代ではあらゆる種類の政体が改善されているというものの、それにもかかわらず、君主政体は完成にむけて最大の進歩を遂げていると思われる。以前は共和政体を賞賛するときだけに言われた「共和政体は法の支配であり、人の支配ではない」という表現は、いまや、文明化された君主政体についても主張することができよう。文明化された君主政体は驚歎するほどの秩序と方法と不変性を許すものであるということが分かっている。そこでは、財産は安全であり、産業活動は奨励され、もろもろの技芸は繁栄し、君主は、子供たちに囲まれた父親のように、被治者に囲まれて安泰に暮らしている。[75]

イギリスのような自由な政治体制は原理としての優位性を保つが、「われわれの近代の教育と慣習が、古代よりも人道と中庸の精神を徐々により深く教え込む」[76]につれて、その差異は減じる。くわえて、両政体のあいだの溝は税制度の影響によって埋まる傾向がある。フランスでは税制度の不正と非効率が指弾されたことで制度の健全化を図る改革が行われ、かたや重い税負担がイギリスの自由を脅かす事態となっていた。[77] 多くの点において、フランスとイギリスは甲乙つけがたい。芸術と礼節においてフランス

(71) *Essais, op. cit.*, p. 226-238〔「政治的自由について」『ヒューム　道徳・政治・文学論集』、七八―八六ページ〕。

(72) 君主政フランスのより好意的見解への変化を示すタイトルの変更については、以下を参照。D. Forbes, *Hume's Philosophical Politics, op. cit.*, p. 156.〔『ヒュームの哲学的政治学』、二〇九ページ〕。

(73) « De la liberté civile », in *Essais, op. cit.*, p. 229〔「政治的自由について」、『ヒューム　道徳・政治・文学論集』、七八―八六ページ〕。

(74) *Ibid.*, p. 230 et 233〔同上、八〇―八〇ページ〕。

(75) *Ibid.*, p. 235〔同上、八二ページ〕。

(76) *Ibid.*〔同上、八三ページ〕。

(77) *Ibid.*, p. 235-237〔同上、八三―八四ページ〕。この問いについては、以下を参照。D. Deleule, *Hume et la naissance du libéralisme économique, op. cit.*, passim. 残念ながらその後の歴史から、フランスについてのヒュームの予言の妥当性をたしかめることはできない。イギリス政治体制は膨らむ財政赤字を切り抜け、他方、フランスは何度か税制改革を試みたが、その結果がフランス革命であり、穏やかな君主政の終焉であった。

はイギリスを凌駕し、[78] またフランスは事実上の出版の自由も享受する。[79] ほぼ共和国のイギリスほど、フランスは占領地域に圧制をくわえることもない。コルシカとアイルランドのその後の命運をくらべればあきらかになるであろう。[80]

ヒュームは君主政と共和政を比較する代わりに、「共和主義的統治」と専制主義、その中間に「文明化された君主政」という付置の三者を検討し、次のような結論にいたる。君主政と自由は両立しうるし、反対に共和国にはある種の恣意的権力をゆるす余地がある。いずれのケースにおいても、自由と恣意性の境界線を規定するその鍵は為政者と市民の関係にある。共和国が為政者に大幅な裁量権をあたえるのは、「国家に警戒心を抱かせるほど」身分の高い為政者がいないからだ。過度な権限から恣意的権力が生じるとすれば、それは共和政体の堕落によってである。[81] 他方、専制政体の特徴は、下位役人はいかなる代償もなく権威を手にすることが可能な点にある。なぜなら、専制君主自身も法によって規定されてないからだ。君主政国家は従属関係を温存したまま法の支配を導入し、その統治を矯正することで自由がもたらされる。だが先に見たように、まさに自由と、君主から臣民までを貫く「長い従属・依存関係の連鎖」の併存こそが礼節の発展を、したがって女性に対する慇懃さ《ギャラントリ》と芸術と会話の飛躍的発展をもたらした。野蛮な君主政国家では、君主の支配は役人の恣意的権力の行使によって二重になり、これを野蛮な模範として夫と父も同様に権威をふりかざすようになる。文明化された君主政国家では位階制による従属はのこるものの、市民の自由を擁護する権利によって制限され、また上位者の下位者に対する礼節の義務によって主従関係は反転する。その最たる例が、男女間の野蛮な力の支配を終わらせる女性に対する慇懃さ《ギャラントリ》である。[82]

おそらくヒュームは以上のあらゆる問題を一貫し、かつ開かれた問題体系にもっとも巧みに組み込んだ人物である。かれの問題意識は、一見軽いテーマに見える十八世紀の議論において問われていたものがなにかを端的に示す。礼節の考察は人間についてのある見解を前提として啓蒙の地誌の見取り図を描き、そこから哲学的なある様式が導かれ、これが政治的理想に結びついてゆく。

◇

ヒュームの人間観は「近代的」で人為性を強調するが、真に「個人主義的」でも、完全に平等主義でもない。自由と依存の双方があって社会は成長する。科学と芸術、同意と権力の対立を通じて、自由と依存の拮抗が無限にくり返されることで、近代社会を基礎づける二つの極、すなわち商業と会話が生ま

(78)「技芸と学問の生成・発展について」にくわえて、「政治的自由について」を参照。*Essais, op. cit.*, p. 232〔同上、「政治的自由について」、七八―八六ページ〕。

(79)《De la liberté de la presse》, in *Essais, op. cit.*, p. 119-124, *N.B.*, p. 120〔同上、「言論・出版の自由について」、六―一〇ページ、とくに六―七ページ〕。

(80)《La politique peut-elle être réduite à une science ?》, in *Essais, op. cit.*, p. 128-146, *N.B.*, p. 137〔同上、「政治は科学になりうる」、一一―二四ページ、とくに一四―一五ページ〕。

(81)《De la liberté de la presse》, in *Essais, op. cit.*, p. 120.〔同上、「言論・出版の自由について」、六―七ページ〕。

(82)フランス社会における女性に対する慇懃《ギャラントリ》さの影響については、以下の秀作を参照のこと。フランス文学史のアビブの解釈がヒュームの直感の正しさを十二分に裏づけている。Claude Habib, *Galanterie française*, Paris, Gallimard, 2006.

れる。両極の差異は、商業の「自由な統治」、交際の「文明化された君主国」という政治的対比としてあらわれるのである。

この哲学的主張から啓蒙の地誌という考えが生まれ、さらにこれが権力均衡、文明化された君主政、あるいは偉大なる共和国といった前代未聞の政治様式の発案を可能にした。ここでの地誌とは法的な規定はないものの、事実上、西ヨーロッパを指す。イタリア、フランス、イギリスがこの理想的ヨーロッパの花形であり、ロシアおよびトルコは除外される。だが、ここで両者を分かつのは諸国民の性格ではなく法の論理や政治体制である。ロシアが「文明化された君主国」になるためには、国力増強のみでも、貴族らに正しいマナーを教えるのみでも不十分である。必要なのは、君主が法にもとづく統治術を学ぶことである。そうすることで、ムチではなく行儀作法によって示される支配と従属の関係が社会全体に浸透するのである。

礼節の哲学は、それ自体が哲学における礼節を生む。哲学の礼節によって、論述ではなくエッセイが選ばれ、政治的諸問題に対するヒュームの態度もそこから理解することができる。かれは単に一市民、一政治家、一紳士であるだけではない。たとえそれによって祖国の政治的正統派を転覆させることになったとしても、「世界市民的」不偏不党を貫こうとする一哲学者でもある。反対に、かれは目下の議論やイギリスの議論の約束事に参加するくらいには、自由なイギリスの信条とマナーに敬意を払う者でもあった。イギリス市民であり親フランス派の哲学者でもあるかれは、かれなりの仕方で啓蒙期ヨーロッパの二大大国間の架け橋となろうとしていた。そのために、イギリス市民には自由そのものから生じる危険に対する警戒を呼びかけ、フランスには改革を説き、イギリスにはフランス流マナーの利点を伝えていた。共和国、君主国、商業、礼節、これらおなじ要素を組みあわせしだいでさまざまに考察し、さらに異なる哲学、異なる政治学、異なる「行儀作法」に対する見方を生んでいく。またこれら四つの要素は総合的に検証されることもあり、君主国フランスおよび半・共和国イギリスにおいては、近代の腐敗の二形態とみなされることがある。そしてルソーは直感的にまさに商業と礼節にヨーロッパ的近代性の根源的同質性――根源的に悪とみなされる――を見た。これが、かれの宣教の核心になっていく。

第五章　ルソー、あるいは真正さのパラドクス

イギリス、フランス両政治体制のそれぞれの価値、商業社会の恩恵、礼節と謹厳実直さとの関係など。これらの点で意見の相違はあれど、おなじ枠組みで議論しうる程度には、啓蒙期のフィロゾーフらは前提となる主要な論点を共有していた。フランスの礼節は気取りすぎているかもしれないが、文明的マナー自体は善である。啓蒙時代の習俗の進歩の可能性を示す兆候であり、人間の本性的な共同生活の適性、すなわち社交性の産物でもあるからだ。そもそも近代的行儀作法が受け入れられることは、啓蒙思想がひろく浸透するための条件のひとつでもあった。あたらしい哲学は衒学趣味の拒否、会話が築く社交の世界との良好な関係とおなじくらい、幾何学的「システム」からも「迷信」からも解放された実証的合理性に対する信頼も特徴とするからである。

よって、ルソーの主張が異様なほどの力をもって響いたのは、かれが技芸と科学の進歩を挑発的に、幾分大げさに告発したというだけでなく、開明的世界における暗黙の前提を問題視したようにみえたからである。伝統的哲学や宗教的正統派の支持者ではないルソーからの告発であったことが、いっそう衝撃的であった。当時の人びとが人間の社交性と啓蒙の進歩に信頼を寄せ、自由のために古代共和政と

まったく異なる政治体制の創造を標榜していたところ、ルソーは人間に本性的社交性はないと主張した。そして孤独な生をおくるか、古代都市国家の一員へと戻るか、いずれも許容しがたい二者択一を提示したように思われたのである。大半のフィロゾーフが、サロンやカフェでの交際が進歩をうながし、すくなくとも哲学精神を伝える豊かな土壌となると期待したのに対し、ルソーは純然たる社交上の技巧による哲学の腐敗を告発した。才気煥発が褒めそやされ、真実に対する無関心がごまかされるというのである。イギリス人とフランス人のもっとも繊細な人びとがイギリス国制の共和主義的要素を称賛しながらも、両政治体制の差異を強調しつつ君主政フランスの魅力を口々に語っていたのに対し、ルソーはヨーロッパ社会が画一化しつつあると声高に語った。さらに、真正さを損ない、近代的腐敗を極限にまでおし進めることをフランス式礼節の最大の有害さとして糾弾したのだった。

しかしながら、ルソーは自分が「パラドクスの人間」であることは認めても、「思い込みの激しい人間」であることは認めない。その点では、かれ自身がこの時代の人間であることは明白で、かれのアプローチも啓蒙思想の方向性全般に対する批判であると同時に、啓蒙思想の見解の急進化とみなすこともできる。ルソーのあらゆるパラドクスは、かれのこの奇妙な立ち位置から生じている。かれは近代社会の病理に対する治療法を提案しているようだが、この立ち位置がゆえに、かれはその治療法がもたらす困難やアポリアに執着するのである。この近代性に対する最初のもっとも厳しい近代的批判のひとつがなされたこの実に特殊な論争において、行儀作法と礼節は決定的な重要性を帯びる。ルソーの思想にある二つの核心的問題が提起されるのはここだからである。すなわち、一方は人間は同胞とともに生きるべきとする理由をめぐる問題、他方に人間の本性および必要を踏まえた「適切な」生存様式を保障しうる諸条件についての問題である。啓蒙思想家にとっては、行儀作法は「礼儀正しさの実践による本性的資質の具現化」である。「社交性を有する人間は、他者とも自分自身とも折り合い」[1]、マナーは人間の悪しき資質を修正してくれる。ところがルソーの主要数作品では、こうした見解に異議申し立てがなされる。『学問芸術論』では習俗の洗練は徳の衰退をつねに伴うことを示し、『不平等起源論』では人間の本性的社交性を否定し、ついで『エミール』では「人間の本性的善性を主張し、悪は制度の側にあるとした」[2]。このようにルソー作品全体を行儀作法の観点から再読することができる。行儀作法の問題は、同時代人たちとの論争の意味をあきらかにしてくれるだろう。

礼節と誠実さ

かれのあらゆる思想は一七五〇年ディジョン・アカデミーが提起した問い、すなわち「学門と芸術の復興は習俗の純化に寄与したか」についての考察から生まれた。ルソーはこのことを『告白』で教えてくれる。なかばゲームのつもりだったのかもしれないが、この問いにかれが「否」と答えると決めたときからルソーは眼前にあたらしい思考の世界が拓けていくのが見えたのであろう。はじめは雑然としていただろうが、次第に整理されるなかでかれ自身の存在と作品に意味をあたえてくれる、そのような思

(1) Florent Guénard, *Rousseau et le travail de la convenance*, Paris, Honoré Champion, 2004, p. 27.
(2) *Ibid.*, p. 27.

考の世界である。

現在、もっともよく読まれたルソー作品のなかに『学問芸術論』が数えられることはない。だれもがその主題について知り、ヴォルテールの面白おかしくもきびしいコメント(3)が、その不公平さを批判しつつも好んで引用されるが、この最初の作品はルソーが実際に述べたこと以上に、かれが告知したことによって有名になった。だが、かれの同時代人が理解したであろうように、あるいはかれ自身が理解したように理解しようとすると、ルソーがあたらしいテーマを伝統的レトリックを駆使して説明しようとしたその方法に驚かざるをえない。たとえば近代世界への批判では、古代文学から継承したトポスを多用した。かれの主張の根本はすでにきわめて「個人主義的」で、その点では「近代的」なのだが、他方で「プラトン的」ソクラテスの姿が特異な地位を占めていたりする。

古代文化のなかでルソーを魅了したのはなによりスパルタとアテネの対比であり、かれはペリクレスよりも圧倒的にリュクルゴスの都市国家の側に立つ。

その幸福な無知によっても、おなじくその法の叡智によっても著名なあの都市、人間のというよりもむしろ半神の——かれらの徳がそれほど人間性を超えているように思われた——、あの共和国が建てられたのは、まさにギリシアのうちであったことを忘れられようか。スパルタよ！　空しき教説を永遠に辱めるものよ！　美術によって導かれた悪徳が全てアテナイに持ち込まれ、そこに一人の僭主が詩人の王者の作品を入念に収集していたとき、お前は芸術と芸術家を、学問と学者をお前の城壁から追放していたのだ。

こうした相違は事実によってあきらかである。アテナイは礼節と洗練された趣味の都となり、雄弁家と哲学者の祖国となった。そこでは優雅な建築が優雅なことばに対応していた。［…］ラケダイモン〔スパルタ〕の状態はこれほど輝かしいものではない。「そこでは、人間は生まれながらにして有徳であり、国の空気そのものが徳を鼓舞しているようだ」と他の国民たちは言っていた。この国の住人たちについてわれわれにのこされているものは、かれらの英雄的な行動の追憶だけである、こうした記念碑は、アテナイがわれわれに残した奇妙な大理石像よりも、われわれにとってはるかに価値のないものであろうか。(4)

スパルタと同様にルソーがおもに参照するのは、もちろん古代ローマである。とはいえ、第二ポエニ戦争以前のローマである。カトーが賢明にも「人工的で、繊細なギリシア人」を警戒し、だが「哲学、技芸、弁論術」が出現するやいなや衰退したあのローマである。「人びとは軍紀をないがしろにし、農耕を蔑視し、党派を信奉し、祖国を忘れた(5)」。

（3） 以下を参照。Voltaire, lettre à Jean-Jacques Rousseau, 20 août 1755, in J.-J. Rousseau, *Œuvres complètes*, Paris, Gallimard, « Bibliothèque de la Pléiade », t. III, 1964, p. 1379-1381. ヴォルテールのルソーへの返信は「第二論文」後だが、かれの手紙は学術、文芸、技芸の道徳性への影響について広範に論じている。

（4） Jean-Jacques Rousseau, *Discours sur les sciences et les arts*, in *Œuvres complètes*, *op. cit.*, t. III, p. 12〔『学問芸術論』山路昭訳、『ルソー選集　五』、白水社、一九八六、一五、一六ページ〕。

（5） *Ibid.*, p. 14〔同上、一七ページ〕。

つまり、哲学はローマの徳の崩壊に対して責任の一端を負うのである。「そのときまでローマ人たちは徳を実践することに満足していたが、徳を学びはじめたとき、すべてが失われたのであった(6)。学問、技芸、哲学の責任は限定的だが、因果関係は明白である。「無為のうちに生まれた学問は、それ自体で無為を育てる(7)」。とはいえ、これは一哲学者の言である。かれはのちに「文化」と呼ばれるものによって真の学徒と堕落した人間とを入念に見さだめようとする人物である。そもそも『学問芸術論』全体が、徳の復興のみならず人間を理解するための作品である。学問と哲学に対するルソーのあいまいな態度は、とくにプラトン『ソクラテスの弁明』に付された長い注解においてかれがソクラテスについて語る場面によくあらわれている(8)。弁論家と詩人に対するソクラテスの批判からルソーが学んだのは「無知の礼賛」であり、ルソーにとってそれは「無知の知(9)」の警句が意味するところであった。ただし、省察を欠く生は生きるに値しないとか、『クリトン』が示すように、自身の都市に多くを負うとの自覚のあるソクラテスがアテネの法律に忠誠を誓ったといった件にルソーは言及しない。つまり、ルソーが参照するいくつかの政治モデルとは、厳密にいえばプラトン的国家ではないということである。公正な都市国家は哲学も、『法律』において示された立法術すらも必要としないのだから。ルソーの政治モデルは、アテネやローマの旧支配者層の保守派が夢見た幻想と、アメリカ大陸の発見〔現在は「到達」の表現を用いる〕に触発された近代哲学者の皮肉な考察を同時に喚起する、そのような政治モデルである。それは人間の成熟した能力の産物では﹅な﹅い﹅という点に、事実上の価値がある(10)。

だが反対にプラトン的なものも残存し、それはルソー作品が一貫して忠実でありつづける政治哲学の概念の一種である。プラトンと同様にルソーも哲学と堕落した都市国家との闘いから出発し、やはりプラトンと同様に最終的にきわめて急進的な諸原則と、感じやすい世界において望ましく、かつ可能なものの観念における一定の節度を組みあわせる。プラトンにおいて「国家」とは、もし法律が十分に状況に対応できないならば、必要に応じて法律に背く統治を要請する観念である。しかしながら、人間にかかわる事物の現実においては真の国家の台頭は不確実きわまりない。よってそれが無理ならば、最良の政治体制とは例外なき法の支配が完遂される体制である。そもそも民主主義それ自体が、法の権力が弱体化して腐敗した政治体制のなかでもっともマシであるにすぎない。ルソーとって、徳は学問と芸術が人間をこれ以上堕落させないことを望んだだろうから、ならば学問と芸術などなくしてしまったほうがよい、となる。だが近代世界の現実においては、事情は異なる。ポーランド国王スタニスラスの反論に

(6) *Ibid.*〔同上〕。
(7) *Ibid.*, p. 18〔同上、二三ページ〕。
(8) *Ibid.*, p. 13〔同上、一六、一七ページ〕。
(9) スタニスラス国王への反論への応答として執筆された「回答」において、ルソーはつぎのように自身の見解を明確にしている。「人間の義務にまで及び、悪を増す犯罪的な無知」を擁護することは一切なく、かれはただ「徳への熱烈な愛から生まれ」、「人間にあたえられた能力の限界に好奇心を留めておくような」「道理にかなった」「謙虚な」無知を擁護するのみであると述べる(*ibid.*, p. 54)〔「スタニスラス王への回答」、『学問芸術論』、八二ページ〕。
(10) モンテーニュの「カニバル」の注を参照のこと。「我われが相当に苦しみながら抑止している悪徳の名前さえ知らないような幸福な民族について、つまりアメリカの未開人たちについて、わたしはあえて語るまい。モンテーニュは、これら未開人たちの素朴で自然な国家《ポリス》を、プラトンの法ばかりか、人民の統治のために哲学が考えうる限りのもっとも完全なものよりも好ましいものと、ためらうことなく断じている」(*ibid.*, p. 11-12)〔同上、一四ページ〕。

対する返答として著した「回答」でルソーはつぎのように述べた。人間はおそらく決定的に堕落しているが、不確実で、結局はさほど望ましくもない革命に期待するのでなければ、スタニスラス王のようにするのがよい。「応急手当てをほどこし、病者の必要よりもむしろ気質に応じて薬をあたえる(11)」医師の「賢明さ」にならい、君主が学問と芸術を奨励する。よって「学問と芸術が腐敗させた人間の凶暴性を、いわば和らげる(12)」ために、今日《こんにち》の学問・芸術の奨励は君主ばかりか人民自身にとってもよいことである。

　人間が原初の善良な状態から脱しなければ、世界がより善良になっていた可能性はあっただろうが、あと戻りはもはや望めない。よってのこすは、伝統的徳性の衰退とされるものを超え(13)、学問、技芸、礼節からなるシステムによって生じた堕落とはいったいなにかを知ることである。おおよそ予想のつくように、ルソーは青年モンテスキューと同様に礼節と誠実さを対比し、振る舞いの洗練が人間同士の信頼関係の諸条件を破壊すると嘆いた。「こうした不安は、なんとさまざまな悪をひき連れてくることだろうか。もはや誠実な友情も、真実の尊敬も、確固たる信頼もない。疑惑、不信、恐怖、冷淡、遠慮、憎悪、裏切りが、礼節という画一で偽りのヴェールのもとに、そして現代の文明の成果であるあの誇らしげな都会風の優雅さのもとに、たえず隠されている(14)」。ただし「マナー」の世界と「個々人の真正さ」と我われが呼ぶものの軋轢を強調した点は、ルソー独自の視点である。モンテスキューにとって誠実さの政治的利点とは、誠実さの存在意義が認められた社会において堕落した個人に道徳的制約を課し、逸脱行動を抑制しうる点にある(15)。だがルソーにとっての礼節は行動の画一化に作用する。まさに礼節によって人間はみな取り替え可能だと信じるにいたり、もっとも信頼に足る相手すらも信頼できなくさせるのである。

今日では、より精緻な研究とより洗練された趣味が人を喜ばす方法を道徳の原理にしてしまい、われわれの習俗は悪しき、偽りの画一性に支配され、すべての精神は同一の鋳型に投げ込まれているように思われる。たえず礼節が要求し、行儀作法が命令している。たえず人びとは慣習にしたがい、おのれ自身の精神に決してしたがうことはない。人びとはもはやありのままの自己をあえてあらわそうとはしない。そしてこうした絶え間ない強制のなかで、社会といわれる集団を形成している人間はおなじ環境におかれ、より強力な動機によって方向をそらされないかぎり、まったくおなじことをなすであろう。したがって、人びとは誰と交わるべきかを決して知りえず、その友を知るためには、重大な事態を待たねばならないと言うならば、時期を失するまで待たねばならない。そうしたときにこそ、友を知っておくことが絶対に必要なのである。(16)

(11) *Ibid.*, p. 56〔同上、八二ページ〕。
(12) *Ibid.*〔同上〕。
(13) 衰退が予想されていたが、いささかもあきらかにされていなかった。というのも、ヒュームがのちに賢明にも指摘するように、十八世紀のフランス人やイギリス人が古代ギリシア人やローマ人ほど勇敢でないことを証明するものはなにもないからだ……。
(14) *Ibid.*, p. 8〔同上、一〇ページ〕。
(15) Montesquieu, *Éloge de la sincérité*, in *Œuvres complètes*, *op. cit.*, t. I, p. 100-101.
(16) *Discours sur les sciences et les arts*, in *Œuvres complètes*, *op. cit.*, t. III, p. 8〔『学問芸術論』、一〇ページ〕。

したがってマナーの支配は堕落させるばかりか、とりわけ個体性を傷つける。マナーの支配はいかなる同意もえていない行動モデルを強いることで個々人の独創性を抑圧するため、個々人の真価を認識することはできず、人間の安全の保証すらもできない。しかしながら、最終的にルソーは以下を認めることになる。この堕落した世界において学問と芸術の進歩、その中核をなすマナーの洗練はこの世の悪の責任の一端を担いつつも、一時的にせよその悪に対する対処療法にはなるのだと。この文脈において、すくなくとも「悪人たち」に対しては純然たる利害計算にもとづいたもっとも「現実的な」考察が暴力の回避には十分だとルソーは言う。「悪人の知識は、なおかれらの野獣のような愚鈍さに比べれば、それほど恐るべきものではありません。悪人自身が、知識によってあたえられる悪の認識をつうじて、自ら犯すかもしれない悪について、すくなくともはるかに慎重になることでしょう[17]」。このことは、かれの批判の矛先が人間関係の底流に「万人の万人のための闘い」やエゴイズム同士の闘いばかりを見るホッブズの系譜にある論者たちではなく、反対に人間の本性的社交性を主張する論者らにむけられていることを意味する。もっとも基本的な共感の人間関係において芽生え、しだいに人類全体に拡張する、そのような社交性を主張する人びとである。ルソーはかれ固有の「田舎らしさ」を高らかに掲げ「われわれの世紀の思いあがった偽りの礼節」を批判するが、この批判はフランスのマナーのみならず、人間の本性的社交性の諸理論全体を対象とするのである。その筆頭にあるのが、イングランド・スコットランド啓蒙における道徳感情と共感の理論である。あまりに美化されて嘘っぽく感じたこの理論に対し、ルソーはすでに「第一論文」〔『学問芸術論』〕から別の主張で対抗した。三段論法の「前提」においては根本的に個人主義的で、「結論」においては意図的に「全体論的」あるいは「集産主義的」という二面性をもつ理論である。一方で、礼節には画一化の傾向があり、それによって近代社会において発話は人格を失う。誰が話者でもさして変わらないのである。他方で、この画一性は「礼節という画一で偽りのヴェール」[18]にすぎず、分断を解消するわけではないばかりか、世界共同体という幻想のせいで国家間の真の連帯を破壊する。「民族のあいだの憎しみは消えるであろうが、それとともに祖国への愛も消えるであろう」[19]。よって真正な個人の社会協約に対するこうした抗議と連動するのは、省察によっていまだ穢れを知らぬ習俗を保つ均質な共同体をなつかしみ、それを擁護しようとする動きである。「第二論文」〔『不平等起源論』〕を通底するのは、人間を孤独と共同生活の双方を同時に希求する者ととらえる人間観である。自己愛と憐憫が「自然法のあらゆる規則」から演繹される唯一の原則で、よって人間精神は社交性の原則に依拠せずにこれらを感知することができる[20]。たとえ自己完成能力によって歴史のようななにかが人間に可能となったとしても、人間の能力や社会的徳を伸ばしえたのは「決して生じなかったかもしれないい外部のいくつもの原因」[21]に対応するためのみだったのだろう。

（17） *Ibid.*, p. 56〔同上、八二ページ〕。
（18） *Ibid.*, p. 8〔同上、一〇ページ〕。
（19） *Ibid.*, p. 9〔同上〕。
（20） Jean-Jacques Rousseau, *Discours sur l'origine et les fondements de l'inégalité*, in *Œuvres complètes*, *op. cit.*, t. III, p. 126〔『人間不平等起源論　付「戦争法原理」』坂倉裕司訳、講談社学術文庫、二〇一六、三五ページ〕。
（21） *Ibid.*, p. 162〔同上、九三ページ〕。

自然状態では「自己愛」によって各人は自己保存へと駆りたてられるが、あいかわらず人びとはバラバラのままである。憐憫の情によって我われは他者の苦痛への同情にさそわれるものの、人びとのあいだに協力関係を構築するほどではない。のちに『言語起源論』で示されるように、似たもの同士だから憐憫の情を抱くわけではない。人間が互いに相手を〔自分とおなじ人間であると〕認識するのは、原初的なことではないのである（言語起源論）。社会状態において、素朴な自己愛は利己愛によって隠されている。利己愛が表明されるのは、人間関係が構築されてからである。その人間関係とは競合関係と切り離せない関係で、それ自体が理性と省察の産物である。つまり利己愛が欲するのは保存や安楽ではなく、他者に対する優位なのである。利己愛によってホッブズの世界に入るわけである。ルソーによれば、ホッブズの過ちは単に社会状態で芽ばえる情念や悪徳を自然状態の人間の属性とみなした点にある。よって一般的な本性的社交性の理論は二重の意味で不十分である。ひとつは、社会状態における分裂も考慮せず、あるはずのない公正・不正の観念を自然状態に投影するからである[22]。こうした理解はとくに人間社会が自然状態の完全な延長線上にあると示唆する点に難があるが、これは二重に不可能である。なぜなら、一方で文明社会の成立は深部における人間本性の変質がなければ起こりえなかったから、他方で政治的自由と平等は、政治機構が本質的に公民性の原理、すなわち自己愛、商業、礼節とはまったく異なる原理に基づく限られた規模の都市においてのみ可能だからである。ルソーの想定する人間は本性的に社交的な動物ではないものの、一定の条件下では古代の市民のように政治的動物として生きることが可能である。

仮に、人間が本性的に社交的でないとしても、共同生活をはじめるとほぼ同時に一種の行儀作法の存在が認められる。人間たちは互いを比較しあい、皆から認められたいと思いはじめるのである。

この最初のより好みから、一方では、虚栄心と軽蔑が、他方では、恥と羨望が生まれた。そして、このあたらしいパン種の発酵によって、ついに幸福と無垢にとって不吉な合成物がつくられたのである。人間たちが互いに評価しあうようになり、精神のうちに尊重の観念が形成されると、すぐに誰もが自分こそ尊重される権利があると主張した。もはや誰に対しても尊重を欠いたなら害を受けずにいられなくなった。ここから、未開人たちの間にさえ、行儀作法の最初の義務が生じた。(23)

無論、ここでの行儀作法とは『百科全書』がもちいた意味でのそれ、つまり「他者に敬意と配慮を示そうとする厚意」であり、また項目執筆者のジョクールが「礼節」と入念に区別した「行儀作法」である。「フランス流に(24)」にこれを理解してはならないと釘を指しながらではあるが、法律が制定され、一

(22) ルソーと本性的社交性論との関係については、以下の優れた分析を参照のこと。Florent Guénard, in *Rousseau et le travail de la convenance*, *op. cit.*, p. 245-265.

(23) *Discours sur l'origine et les fondements de l'inégalité*, *op. cit.*, p. 170〔『人間不平等起源論　付「戦争法原理」』、一〇四—一〇五ページ〕。

(24) *Du contrat social* (*1re version*), in *Œuvres complètes*, *op. cit.*, t. III, p. 328〔『社会契約論』作田啓一訳、白水社、二〇二〇〔二〇一〇〕、九三ページ（第三篇一章）〕。ルソー作品における「行儀作法」の位置付けについては以下を参照。Claude Habib, « Ma sotte et maussade timidité », reprise in *Annuaire de l'Institut Michel Villey*, n° 3, 2011, Paris, Dalloz, 2012. 論文は、

定のあいだ社会が存続するための条件としてルソーが『社会契約論』の最初の草稿であげたものでもある。社会生活のいわば前提とされており、その点では啓蒙期の他の思想家の行儀作法とおなじ役割を果たす。だが異なるのは、その源泉が人間本性としての社交性ではなく、共感やおなじ人間であることから生じる感情からはさらに縁遠いことである。それどころか、行儀作法は自己愛と人間同士のライバル関係の芽ばえを意味する。とはいえ、その社会が公正であれ不正であれ、あらゆる人間社会において行儀作法は権利の尊重と法の遵守をうながし、これが平和には不可欠となる。このような最低限の関係を超えたところでは、本性的社交性という共通観念を持ちださずとも公民的社交性とでも呼びうるなにかを想像することも可能だろう。個々の政治条件によって左右され、技芸、科学、礼節が生みだしたそれに完全に対立するもうひとつの社交性である。(25)

礼節、行儀作法、公民精神——パリからジュネーヴへ

「第一論文」では、フランスにおいて規範化された近代的礼節に対して根源的批判がくわえられている。(26) この批判は、完全にかれのオリジナルとはいえない。ルソーの主張に近いものは、イギリス的自由の賛美にもとづきフランス的堕落を批判するウィッグ文学にも容易に見いだされるからだ。しかしながら、以下の二点においてルソーは他の「共和主義的」思想家と一線を画する。まず、先述のように「第二論文」は根本的にあたらしい人間観、つまり「能動市民の生き方 *vivere civile*」という王道の伝統とはまったく異質な急進的個人主義にもとづく点である。くわえて第二点目として、この批判は近代社会全

体にむけられるのだが、その対象は絶対主義的君主政のみではない点である。程度の差こそあれ、ルソーの批判の対象は、技芸、学問、マナーの進歩を否定せず、それによって自然の無垢を破壊するのに十分に発展したあらゆる体制である。だからこそ、ルソーに幾分か共和主義的傾向が認められるとしても、代表制という基本原理がまさに分業の促進に依拠するという理由で、かれはイギリス政治体制を受け入れない。また、その外交政策があたらしい世界市民的ヨーロッパ世界に党派分裂を引きおこす重大な要因のひとつとなった点もルソーには看過できなかった。

とはいえ、ルソーは革命家でもユートピア思想家でもない。それどころか数回の政治的介入において、

シンポジウム「古典的行儀作法」(パリ第二パンテオン‐アサス大学およびパリ第三ソルボンヌ‐ヌーヴェル大学の共催、二〇一〇年六月)における同題の発表に基づく。

(25) それでもやはり人間に社会生活ができるということは、すくなくとも社交性への自然な適性を人間は持っているからだ、となる。『エミール』においてルソーが認めているとおりである。「しかし、もし、疑いえないことだが、人間がその本性からして社会的である、あるいはすくなくとも社会的になるようにつくられているとするならば、人間という種に関連する別の生得的な感情によってのみ社会的でありうるのである(*Œuvres complètes*, *op. cit.*, t. IV, p. 600)[『エミール・中』樋口謹一訳、白水社、一九八六、一八八ページ]。『エミール』は、自然状態から社会状態への必然的発展という考えを持たずに読む必要がある。これについては以下を参照。F. Guénard, *Rousseau et le travail de la convenance*, *op. cit.*, p. 274-276.

(26) ここでの考察はシンポジウム「ルソーと人間科学」(二〇一二年五月三〇、三一日、EHESS)でのわたしの報告をもとにしている。Claude Habib et Pierre Manent (dir.), *Penser l'homme. Treize études sur Rousseau*, Paris, Classiques Garnier, 2013を参照。

ルソーはつねに政治的表現を積極的にもちいてきた。一時的であれ、政治的表現がまだ存在する場において、そうした表現はヨーロッパの大半の地域で主流になっていた理想よりもかれ自身の理想に適した環境をまもり、害悪を阻止しうるようにかれには思えたからである。以上すべては、各政治体制の長所をめぐる当時の議論の枠内に収まりつつも、殊に独自の「地誌」の提案によってルソーはその表現を深部から変えた。かれ独自の「地誌」において英仏の対立構図は相対化され、反対にこれまで二次的と考えられてきたスイス、より具体的にはジュネーヴ共和国というモデルに光があてられたのである。もっとも重要なのは『新エロイーズ』の執筆時期で、ジュネーヴの劇場設立についてダランベールと大論争がおこった時期でもある。(27)『演劇について——ダランベールへの手紙』は、ルソーが近代文明批判をもっとも明確に提示したテクストである（おそらくは否定しがたい進歩という性格を認めつつではあるが）。だがこの批判は、『新エロイーズ』での叙述を念頭におかねば完全に理解することはできない。啓蒙期のパリ、パリの行儀作法、パリでの哲学、そしてなにより演劇の果たす役割について魅力的かつ悍ましいパリの描写である。

『新エロイーズ』の有名な「パリについての書簡」の文脈は周知のところであろう。ジュリと別れたサン＝プルは大旅行に乗りだし、パリに到着するとその魅力と悪徳をジュリに宛ててくわしく描写する。ここでの小説という形式は重要である。それによって単なる風刺にも道徳じみた説教にもならずに、論争に演劇的な装いをほどこすことができるからである。当然、サン＝プルはジュリの徳性を模範としてパリ住人をその対極におき、またスイスの習俗と法はフランスのそれを評価するさいの暗黙の参照軸となる。とはいえ、風刺的な論調ではない。ふたりのあいだには真の対話が成立し、だからこそサン＝プルは彼女の反論を受けいれるまでになる。

最初の書簡では、華やかなパリの社交が鮮やかに描き映されている。この描写は礼節に対する、さらには啓蒙時代に考えられていたような文明化の過程に対するルソーのあらゆる批判の要約でもある。[28] サン゠プルが見たフランスの礼節とは心にもない感情の表明であり、つまり嘘である。真の友情によって人間と人間の、個人と個人のあいだに構築される絆の否定でもある。礼節とは、この真の絆を誰もその関与を実感できない全般的な相互依存関係で塗りかえるものである。[29] そしてその相互依存関係とは、見せかけの人間性や好意的な親切心の下で富者と強者へのいっそうの権力の集中を隠蔽する仮面なのであ

(27) この論争については、ヴィクトール・ゴールドシュミットの下記の古典的研究を参照。Victor Goldschmidt, « Le problème de la civilisation chez Jean-Jacques Rousseau (et la réponse de D'Alembert au *Discours sur les sciences et les arts*) » (1978). 同論考は、以下に再掲。*Écrits*, t. II, *Études de philosophie moderne*, Paris, Vrin, 1984, p. 81-128. 併せて下記も参照のこと。F. Guénard, *Rousseau et le travail de la convenance*, *op. cit.*, p. 487-504.

(28) Jean-Jacques Rousseau, *Julie ou La Nouvelle Héloïse* [1761], livre II, lettre XIV〔『新エロイーズ』松本勉訳、『ルソー全集九』、白水社、一九七九、二六六―二七一ページ(II－一四)〕。

(29) *Ibid.*, in *Œuvres complètes*, *op. cit.*, t. II, p. 231-232〔同上、二六六ページ〕。「人びとがぼくを歓迎してくれない、友情や好意を見せてくれないというのではありません。あれこれと親切そうに世話を焼いてくれないというのではありません。そうではなくて、まさにそこが僕の不満なのです。これまで会ったこともない人とどうしてすぐに友人になれますか。[…] 初対面の僕を二十年来の知己のように偶する人は、二十年後になにか重大な頼みごとができると、今度は僕を見知らぬ人とあつかうのではありますまいか。あんなに気の多い人たちが、大勢の人にあんなに情のこもった関心を寄せているのを見ると、実は誰にもそんな気持ちは抱いていないのだと思いたくなります」。

る。「もしそれがみんな誠意のある、ことばどおり受け取ってよいものだとすれば、これほど財産に執着のない国民はまたとないでしょうし、財の共有はほとんど確立されていましょう。もっとも富める者はたえず提供し、もっとも貧しい者はいつも受け取り、おのずと全員がおなじ水準に位置して、スパルタといえどもパリほどには平等な配分はなされていなかったということになりましょう。ところがじっさいは逆で、世界中でここはどこよりも財産の不平等な都会であって、贅をつくした豪奢と悲惨きわまりない貧困とが満ちあふれているのです。このことだけで、もう十分に、他人の入用をいちはやく察するかのような同情の見せかけや、一瞬のうちに永遠の友情を結ぶあの軽々しい心の優しさがなにを意味しているか理解できるのです」[30]。だが礼節とは、とりわけ啓蒙期のもっとも深部で進行するあたらしいタイプのコミュニケーションの発展を推進する力の表現でもある。すなわち、大学界の衒学的態度とも政治的演説とも無縁で、フィロゾーフと「上流社会」の関係を紡ぎつつ、サロンを通じてあたらしい思想を拡散させるコミュニケーションの手法である。それこそが偉大なる「文壇」という制度の燦然かつ破壊的な描写をすることでルソーが標的にしたもの、すなわちフランス的会話である[31]。

こんな当てにならない感情や欺瞞的な信頼ではなく、知識と学問を深めもとめるならば、当地はまさにその好ましい泉です。学者や文人だけではなく、あらゆる階級の男、それに女性も、かれらの会話には学識と知性があって、まずこれに魅了されます。会話は流れるように、自然にはこばれ、重苦しくなく軽薄でもありません。博識ながら学を衒うでなく、陽気だが騒々しくはない、上品であってわざとらしくない、小粋で空っぽではない、ふざけていて曖昧ではありません。それは論説でもエピグラムでもありません。理論を重んじますが論証するのではありません。冗談を言いますがことばの遊びではありません。会話のなかで巧みに機知と理性を、箴言と警句を、鋭い風刺と巧妙な追従と厳格な道徳とを結びあわせます。みんながなにか言えるようにあらゆることを話題にします。人を退屈させるのをおそれて、問題を深く掘り下げません。なにげなく話題にして、早々と決着をつける、その簡潔なこと優雅に通じます。一人一人が自分の意見を述べて、ことば少なく主張します。誰も他人の意見を猛烈に攻撃しないし、自分の意見を頑強に言いたてません。事をはっきりさすために論じ、論争になる手前で打ち切ります。みんながそれぞれに学び、楽しみ、満足して別れます。賢明な人でもこうした会話から、黙して実行する価値のある主題を持って帰ることができるのです。

しかし、本当のところ、こんなに魅力的な会話から人はなにを学ぶと思いますか。世間の事柄を

(30) *Ibid.*, p. 232〔同上、二六七ページ〕。

(31) M. Fumaroli, « La conversation », in *Trois institutions littéraires, op. cit.*「学者の国と会話の国」の交流において、ヒュームは「女性(美しい性)と「思慮分別と教育のある女性」に特別な地位をあたえ、「女性への慇懃《ギャラントリ》さを知る男性」として振る舞わなければならないと説くが、対するルソーはこうした女性への無分別な信頼を敵視する。「女性たちが文学の判定者としての地位につくと、本を判定し、是が非でも本を書こうとし始めると、もう何一つわからなくなる。自分の作品について、女の学者たちに問う作家はつねに悪い助言をあたえられ、自分の服飾について、彼女たちに問う生粋な人はつねに馬鹿げた格好をすることになる」(*Émile*, liv. IV, in *Œuvres complètes, op. cit.*, t. IV, p. 673)〔同上、『エミール・下』、三九ページ〕。

健全に判断することでしょうか。交際を上手に利用すること、せめては一緒にいる人びとを知ることでしょうか。ジュリ、そんなことじゃぜんぜんないのです。嘘のことばを巧みに弁護する、哲学にたよって、美徳のあらゆる原理をゆるがせる、精妙な詭弁で自らの情念や偏見を彩る、当世風の箴言によって誤謬にある種の流行の表現をあたえる、こういったことを学ぶのです。人びとがしかじかの事について何を語るか、そのおよそのところを見抜くには、そのひとの性格を知る必要はなく利害関係だけわかればよろしい(32)。

ルソーは、知識層の文化のすばらしさを余すことなく描ききったが、その本質についてだけはそうと認めなかった。哲学である。社交界の会話によって広められる哲学は真実も完徳も希求せず、ただ「巧みに嘘偽りを擁護するため」にある。哲学の世界と上流社会の相互作用がもたらしたのは啓蒙の光の伝播による公衆道徳の向上ではなく、偽りの一般化である。それは、二つの仕方で示される。道徳面においては、会話と礼節の支配によって二枚舌と言動不一致があたりまえになる。「誰もが絶えず自己矛盾に陥っていながら、これはいけないと思ってみることさえしないのです。会話のための原則と実践のための原則は別個であって、両者が相反していても誰も憤慨しない、これらは相似ることなくして当然と思い込んでいるのです」。他方、社会・政治的には、礼節は役割の混乱としてあらわれる。なぜなら、誰もが自身の職業倫理を「熱く語りながら」も他人の物腰を真似して得意になっているからである。「法律屋は騎士のフリを、徴税請負人《フィナンシエ》は領主をきどり、大司教は艶っぽい話を好み、宮廷人は哲学を談じ、役人は文芸を語る。一介の職人までもが、しょせんは職人風情しか身につかぬのに日曜ごとに法律家よろしく黒服を着こみます」[33]。この点について、第二十一書簡では、パリ社交界での女性の重要な役割を示しつつ、その対極にある伝統的スイス社会での（あるいは、かつてそうであった[34]）女性の役割について述べている。

女性たちの会話や振る舞いがこのように自由奔放なのは、この国民の生まれつきの陽気さや貴族の風を真似しようとする欲求にだけ原因があるのではありません。習俗のなかにもっと深い根があるようです。男女が慎みなくしょっちゅう一緒にいつことから来ていて、その結果、男も女も、様子といいことばといい振る舞いといい、異性のそれに染まるようなのです。わがスイスの女性は女性だけで集まるのが好きですね。そのほうが気安く心地よいのです。見たところ男性との交際を嫌っているようではありませんが、男がいるとたしかにこの女性だけの会はなにかしら窮屈になるのです。パリではまったくの反対。女たちは男としかつき合いたがりません、男たちと一緒にいる

(32) *La Nouvelle Héloïse*, liv. II, lettre XIV, in *Œuvres complètes*, t. II, p. 232-233.〔『新エロイーズ』、二六七―二六八ページ（II－一四）〕。

(33) *Ibid.*, p. 235〔同上、二六九―二七〇ページ（II－二一）〕。

(34) 実際には、サン＝プルの手紙のあと、スイスが「非常に変わった」と強調されていると原注にある。「こうしたことはすべて非常に変わった。これらの事情から見て、手紙はもう二〇年も前に書かれたものとしか思えない。風俗からいっても、文体からいっても、これらの手紙はまるで前世紀のもののようだ」(*ibid.*, p. 269)〔同上、三二〇ページ（II－二一の注二）〕。

ときだけくつろぎます。どの社交界でもその家の女主人はたいていいつでも男性の輪のなかに一人っきり女です。[35]

よってパリはサロンと会話の街であり、女性が君臨する街であるのもそのためである。パリの行儀作法に、公民精神はない〔行儀作法と公民精神の語源はともに市民（都市住民）を意味するラテン語の *civis*。都市の堕落を凝集した「パリの行儀作法」は両語の本質である市民意識が欠落したうわべだけのものという批判〕。能力も徳も、愛想がよく「かろやかで柔軟」でなければ評価されない。その点で、フランスはイギリスの対極にある。彼の地では、習俗の堕落にもかかわらずフランスよりも「誠実な手段」によって評価をえることがいまだ可能だからだ。「なぜなら、国民がより多く、政治に参与しているために、公衆の尊敬ということが権勢をうる最大の手段となりますから」[36]。ただし、つぎの点には留意が必要だろう。おそらくいとこのクレールの示唆であろうが、ジュリの反論に対する回答のなかでサン＝プルは一切の原因がフランス人の国民的気質や君主政体である以上に、大都市パリにあると認めている。そして、パリの習俗とマナーはおそらくヨーロッパに共通する将来の姿だという。[37] フランスのマナーに対する「イギリス的」批判はフランス流礼節の形成における宮廷と絶対主義の役割に注目するが、対するルソーはそれ以上に都市特有の悪癖である点、それがパリに顕現する点を強調し、だからこそルソーはサン＝プルが示したパリ人とスイス人の対立をすでに実態にそぐわないものとみなす。よってルソーの期待に反し、またダランベールとヴォルテールが望んでいたように、ジュネーブとスイスは啓蒙の文明化の過程をすっかり歩みはじめていたかのようにすべてがすすむのであった。サン＝プルのパリからの書簡は、ジュネーブとパリの対照性をあらゆる哲学的射程からとらえた『ダランベールへの手紙』を念頭において読まねばならない。

行儀作法と諸国民の多様性

『ダランベールへの手紙』のきっかけとなったのは『百科全書』の項目「ジュネーヴ」(一七五七年十二月)の刊行であった。項目「ジュネーヴ」のなかで、ダランベールはこの有徳の共和国の住人たちが大都市フランスの娯楽を享受できるようにとカルバンの都市における劇場の開設を訴えていた。劇団員の不品行が悪しき模範とならぬよう、いくつかの法制整備をする条件付きではあるのだが。ダランベールは「ジュネーブ市民ジャン゠ジャック・ルソーへの手紙」でルソーの反論に答えたが、一七五八年のこの論争は、はるか以前にさかのぼる議論の一環と理解すべきであろう。すなわち、ルソーの「第一論文」に端を発し、ダランベールがすでに『百科全書』序文において回答し、さらにかれの『哲学の諸要素についての試論』の第十一章まで持ちこされた議論である。多くの点においてダランベールがルソーの主張を認めているだけに、いっそう意味深長な議論である。ヴィクトール・ゴールドシュミットが「文明の価値」と呼ぶ問題について反対の立場をとりつつも現状の世界がすすむ方向に対してダランベールが繰り出す批判は、実は我われが信じるほどルソーの主張と違わない。たとえ、あきらかにかれが「未開人」のような生よりも政治化され文明化された国に住むほうがよいとの立場をくずさないとして

(35) *Ibid.*, lettre XXI, p. 269〔同上、三一〇ページ(II‐二一一)〕。
(36) *Ibid.*, lettre XIX, p. 263〔同上、三〇三ページ(II‐一九〇)〕。
(37) *Ibid.*, lettre XVI, p. 243〔同上、二八〇ページ(II‐一六〇)〕。

も、ダランベールは文明と道徳性はおのずと歩を一にして進歩するとは一言もいわない。我われが文明と呼ぶものの総括については、議論はひらかれたままなのである。愉楽のための技芸については、君主国ほどは共和国では正当化されないこともかれは認めている。君主国では「多くの怠惰な臣民を擁する」利点があり、よって「かれらの怠惰が有害になること」を妨げる利点がそうした技芸にあるからだ。たとえダランベールの主張が、ルソーの主張を君主政に対する攻撃として見せることでこれを相対化する効果があるとしても、実際にダランベールの主張はルソーの提案と幾多の点で折りあう。反対にルソー自身も、ある人民がすでに堕落している場合、堕落からの救済のためにかれらを学術・技芸から遠ざけてもむだであると再三指摘している(38)。

とはいえ、二人の思想家のあいだに根深い対立があることもまた事実である。一つは文明の本質についてで、もう一つは政治的行為の可能性についてである。ダランベールにとって、文明の礎となるのは学術の進歩である。学術の進歩はおそらく安楽の追求にはよい効果をもたらすが道徳的には中立で、したがって道徳的観点からいえば文明化には不確かさがあり、良し悪しは判然としない。とはいえ部分的な改革を阻止すべきではなく、それは真の進歩の源泉となりうる。以上の理由からダランベールは、ジュネーブでは劇場開設による習俗の腐敗の阻止は可能だと信じ、それによって一定の条件下においては技芸と共和主義的徳が両立しうることを証明できると考えるのである。一方のルソーにとって技芸、学問、マナーの進歩は不可避的にかつ総体的に有害な力学を生みだし、それに対してできることは、もう一方の極に傾けてバランスをとるか、せいぜいその影響を制限する程度でしかない。したがって、劇場の開設を敵視する。技芸と共和主義的徳の両立どころか、都市ジュネーブに現存する共和主義的なものを破壊することにしかならないだろうからだ。ある意味において法律・習俗・マナーの関係性のとらえ方においてモンテスキューに近いルソーは、「古代的」さらには「プラトン的な」立法の見方を支持しつつも、ダランベールあるいはヴォルテールのようなフランス哲学者が法律の力を信頼するほどには立法者の力を信頼しない。ここにルソーの見解の逆説があり、ピョートル大帝の改革やポーランドについての改革案にもこの点は看取される。

フランスの劇場に対する批判がより先鋭化するものの、劇場の問題によって提起されたより広い問題に対する全般的分析は、『新エロイーズ』におけるパリ社交界に対する見方とおなじものに依拠する。[39]つまり、問題は近代の人民には古代ローマの悲劇がもはや適さないことや、モリエール以来の戯曲が嘆かわしいほど退廃したことにとどまらず、劇場の効果と原則そのものを攻撃することである。ジュネーブのような社会において、富者の要望に沿った劇場の創設は貧者にとって決定的な悪をおよぼす。税負担が増し、とりわけ自己愛に左右される消費のロジックに巻きこまれ、必要を犠牲にしてでもかれらは余剰をえようとするだろうからだ。[40]劇場は、悪徳の一掃には効果を発揮しない。悲劇は犯罪者を利害関

（38） ポーランド国王〔スタニスラス王〕に対する反論についての「回答」に加えて、「ナルシス」の序文、『ヴォルテール氏への手紙』も参照。

（39） 演劇についての手紙を参照（*Julie ou La Nouvelle Héloïse*, liv. II, lettre XVII, p. 251-255〔『新エロイーズ』、二八二―二九五ページ（II―一七）〕）。

（40） 「ブランド品」と最先端のスマートフォンが若者たちにもてはやされる今日では、ルソーの発言は厳しく、やや白けさせるかもしれないが、ルソーの言い分にも一理ある。

係者にし、喜劇は偉大なモリエールも含めて誠実な人間を笑いものにするからである[41]。
　スタロバンスキーの研究以来、「ダランベールへの手紙」は祝祭と演劇の対比から読解するのが定石である。演劇の喜びが人為的であるのに対し、祝祭は参加者同士の直接的なコミュニケーションを構築するから道徳性は向上し、よって共和国的な兄弟愛の構築により適する[42]。実際、ルソーにとっての中心課題は、ジュネーブでの劇場開設によるフランス式礼節のモデルに基づく社会的結合関係《ソシアビリテ》の浸透、その当然の帰結として共和国の兄弟愛の破壊にある。ルソーは、パリのサロン（そしてイギリスのコーヒーハウス）を、ジュネーブの「仲間《セルクル》」に対置させる。ジュネーヴの「仲間」はかつてのイギリスの「寄り合い」に似ており、『スペクテーター』の執筆者たちはそれを笑いものにするというような、まったく不都合なことをしました[43]」。このような兄弟愛的（かつ男性的）な社交場はさまざまな目的（狩り、協同組合など）で形成され、民衆的かつ市民的軋轢を起こしながら発展した。そうして共和国的社会的結合関係《ソシアビリテ》の基盤を形成し、そこでは「仲間《セルクル》の男たちは、自分の思想を女性に理解できるレベルにまでさげたり、理性を優雅に着飾ったりしなくてもよいので、滑稽に見えることを恐れず真剣で真面目な議論に熱中することができます[44]」。ところが劇場の創設によって魅力的なあたらしい娯楽が市民に提供されれば、男たちをただちに危険にさらすであろうし、劇場は男女に「通常は別々に」暮らすよう強いる点でいっそう有益な制度をつくってしまうだろう。それは、女性にとってもっとも喜ばしく、とりわけ共和国政府にとってはなによりも望ましいものとなろう。

　離れて暮らすことにもう堪えようとはせず、といって男になることもできない女性たちは、わたしたち男性を女にしてしまいます。

男性を堕落させるこのような不都合は、いたるところで目立っていますが、とりわけわたしたちの都市のような国ではそれが大きいということを予告する必要があります。一君主が男や女を統治するのであれば、かれらが服従しているかぎり君主にとってはそんなことはどうでもよいことに違

(41) ルソーはここで『人間嫌い』のあたらしい読みを提言している。ロマン主義の伝統に忠実な革命的な読みとなるものである。つまり、アルセストを宮廷の堕落を拒む誠実な男性と、フィラントを風見鶏のような自分のない人間と見るのである。

(42) Jean Starobinski, *Jean-Jacques Rousseau. La transparence et l'obstacle*, Paris, Gallimard, 1971, p. 117-121〔ジャン・スタロバンスキー『ルソー——透明と障害』山路昭訳、みすず書房、二〇一五［一九九三］年、一四八—一五六ページ〕。このイメージのフランス革命後の展開については、以下を参照。Mona Ozouf, *La Fête révolutionnaire*, Paris, Gallimard, « Folio histoire », 1988.

(43) J.-J. Rousseau, *Lettre à d'Alembert*, in *Œuvres complètes*, *op. cit.*, t. V, p. 90〔『演劇について　ダランベールへの手紙』今野一雄訳、岩波文庫、一九七九、一八〇ページ〕。

(44) *Ibid.*, p. 96〔『演劇に関するダランベール氏への手紙』西川長夫訳、『ルソー全集　八』、白水社、一九七九、一二七ページ〕。ブリュノ・ベルナルディは、ジュネーヴの「仲間」に対するルソーの愛着に熟議と議論の効能をよく知る共和主義的兆候を見てとっている（« Rousseau lecteur de ses lecteurs : la querelle des cercles », *Annales de la Société Jean-Jacques Rousseau*, 2008)。こうした「男性的」な社交形態に感じ入るルソーの姿からは、兵舎や、より身近な例ではミシェル・ウエルベック『素粒子』で男性主人公が国民戦線の活動家たちの週末について思いをめぐらせるシーンを想起することもできる。

いありません。しかし、共和国においては男たちが必要なのです。(45)

したがって、ジュネーブにおける劇場の創設は共和国を危険にさらす。道徳性を汚すばかりか、より深刻なのは共和国的な人と人との関係性を「礼節」のシステムに換えてしまうことにある。共和国的社交では、男性たちはあるがままの自分でいることを恐れる必要がないため、笑いものにされることなど恐れずに重大かつ深刻な議論に没頭することができるが、礼節のシステムでは男たちは「軽薄な女たちのおしゃべり」を気にしすぎるあまり、理性や公平さの精神は「冗談」や「手心を加えること」「気のきいたことば(46)」ほど重視されなくなるのである〔「笑いもの ridicule」は古典主義時代の宮廷式社交の残酷さを示すキーワード。この語によって（女性的）上流社会の欺瞞的社交と（男性的）市民的社交が対比されている（注62も同様）〕。

ジュネーブの共和主義的習俗は、「技芸と学問の生成・発展について」でのヒュームの描写のとおりイギリスの習俗にかなり近い。ジュネーブの社交では、娯楽の場での男女の分離が制度化されている。公民性を理由にイギリス人が夕食後、男性だけであつまって政治談義に興じるのとおなじである。だが実際には、ジュネーブはイギリスよりもはるかに完全で、はるかに脆弱な共和国である。ルソーにとってのイギリスとは、国王が存在するという理由で混合政体あるいは「半・共和国」であるというだけではない。イギリスとはなによりひとつの巨大都市によって支配され、共和主義的な制度の残滓と、商業および貴族的行儀作法の二重のロジックに依拠するシステムとが共存する大きな社会である。またそれは、破壊する必要がないという理由で、「寄り合い」を黙認するシステムでもある。仮にイギリス人がフランス人よりもやや自由だったとしても、イギリスは基本的にはフランスの側に立つ国であり、フランスよりマシだとはおそらく言えない。(47) ジュネーブ政府はすでに堕落の道を歩んでいる。もはや子どもの市民教育もできないのに、お辞儀の仕方を教えるフランス式の社交界の教育が成功を収めていることがその証左である。(48) だが、まだ手おくれではない。そのためには「完璧だが非現実的なもの」を捨て、「人間の本性と社会の構造に即して可能な最善のもの」の追求に集中すべきである。それは、ジュネーブが「仲間《セルクル》」をまもることである。「仲間《セルクル》」をなくし、「男女をへだてる礼節の柵」(49) を撤去して落ちるところまで落ちる他の人民の対極の道を選ぶのである。

「ダランベールへの手紙」からえた教訓は、逆説的にも節度を学ぶことであった。法律が生活のすみずみにおよんで、楽しみさえも規定することで個々人の生を管理しうることをルソーは受けいれるし、プラトンが『国家』からホメロスを追放したならば〔『国家』第十巻で詩人を追放すべきと説いた〕、ジュネーヴ人がモリエールを拒否できない訳はないとかれは考える。しかしながら、ルソーはモンテスキューが「画一化の精神」と呼んだものの対極にいる。ルソーが最重視するのは法律、習俗、マナーの「適合性」だからである。近代の状況でスパルタやローマの古代都市の再建を望んでもむだであり、ここからルソーは国民に「統一性の

(45) *Ibid.*, p. 92〔『ダランベールへの手紙』、一八四ページ〕。

(46) *Ibid.*, p. 96〔『演劇に関するダランベール氏への手紙』、一二七ページ〕。

(47) *Julie ou La Nouvelle Héloïse*, liv. II, lettre XVIII, p. 259 :「フランス人は自由な人たちの国ではないとしても嘘のない人たちの国で、この自由は賢い人の眼から見ればもう一つの自由に匹敵します」〔『新エロイーズ』、二九八ページ（II－一八）〕。

(48) *Lettre à d'Alembert, op. cit.*, p. 102〔『ダランベールへの手紙』、二〇一ページ〕。

(49) *Ibid.*, p. 100〔同上、二〇一ページ〕。

モデル」を見いだすにいたる。なぜなら「国民のみが、公民的な個人主義と政治の一般性を一つにまとめることが可能[50]」だからである。よってルソーはいかなる場であれ同形態の統治を敷きうるとの考えは退ける。このように「事物の本性」に譲歩するものの、とはいえ各人民がそれぞれに適合的な統治様式を採用することで満足すべきとも言わない。立法者は「体制維持」のために「人民を形成」し、そうして統治の悪化を予防し、少なくとも遅らせることができるし、またそうすべきであるからだ。

世の賢者たちは、こういう場合も、両者の適合関係を考えて、被統治体たる国民に合わせて統治のかたちを決めようとする。しかし、それよりもずっと良いやり方がある。それは、統治にふさわしいように国民をかたちづくる、ということである。第一のやり方をすれば、国民はもとどおりのままでいるから、政府が衰退するにつれて、両者の調和は失われる。第二のやり方をすれば、政府と国民は同一歩調で変化し、国民はその力で政府を引っ張るから、国民が変わらなければ政府も変わらず、国民が衰退するときには政府も衰退させられる。こうすれば、両者はいつでも互いに調和している。[51]

『社会契約論』の中心にあったのは、「いかなる法律が国民に適合的であるかを見極め、国民に法律を適合させる[52]」という古典的な問いだった。だが、『社会契約論』では論及したにとどまった引用中の問いこそ、「コルシカ国制案」と「ポーランド統治論」での中心課題となった。この問題が重きを増していった背景には、一方には祖国の変化を前にしたルソーの失望があり、他方には、殊に持論を実践にうつしたさいの成果を示し、同時代の思想家らとの差別化を図る必要があったからだと推察できる。とはいえ、『社会契約論』においてこの問題が不在だったのではない。本作品には、啓蒙思想家たちが直面した重大な諸問題に対してルソーが自らの立場を表明した箇所、すなわちピョートル大帝の改革についての有名な一節がある。一見、ルソーはヴォルテールに反対で(53)、法律によるロシアの習俗およびマナーの改変を無益と見るモンテスキューの側に立つようにみえるが、『法の精神』の著者への賛同は表層的なものでしかない。ピョートル大帝の失敗は、ロシア人のなかにすでに存在するヨーロッパ的なるものへの無理解ではない。それ以上に、ルソーの目には堅牢な体制を構築するための土台となるロシア国民をまずつくろうとしなかった点だと映った。

　ピョートル大帝は、［…］真の天才ではなかった。創造する天分、無からすべてをつくり出す天分を持ってはいなかった。かれが成し遂げたもののうち、いくつかはすぐれていたが、大部分は状況にふさわしくなかった。かれにはロシアの人民が未開であることはわかっていたが、人民が政治

---

(50) F. Guénard, *Rousseau et le travail de la convenance*, *op. cit.*, p. 510.
(51) Jean-Jacques Rousseau, *Projet de constitution pour la Corse*, in *Œuvres complètes*, *op. cit.*, t. III, p. 901〔「コルシカ憲法草案」遅塚忠躬訳、『ルソー全集　五』、白水社、一九七九、二八六ページ〕。
(52) F. Guénard, *Rousseau et le travail de la convenance*, *op. cit.*, p. 512.
(53) ルソーによるピョートル大帝批判に対し、ヴォルテールは非常に激しい反応を示した。ヴォルテールの『哲学辞典』の項目「ピョートル大帝」を参照。

組織（ポリス）の成員となりうるほどには成熟していないことがわかっていなかった。人民を労苦に慣らすことだけが必要であったときに、かれは人民を開化しようとしたのである。まずロシア人をつくることから始めなければならなかったときに、かれはいきなりドイツ人やイギリス人をつくろうとした。かれは自分の臣民がまだそうなっていないものに、すでにそうなっているのだとかれらに思いこませることによって、かれらがなりうるものになることを永久に妨げてしまった。これとおなじやり方で、フランスの教師は生徒を教育する結果、生徒は幼年期には一瞬光彩を放つが、あとはなんのとりえもなしに終わってしまう。ロシア帝国は、ヨーロッパを征服しようとするだろうが、かえって自分が征服されるだろうロシアの属国あるいは隣国であるタタール人が、ロシアの主人となり、われわれの主人ともなるであろう。この革命は、わたしには必至と見える。ヨーロッパの全国王が、この革命の遂行に協力している[54]。

立法の要諦とは、国民的習俗およびマナーを形成する法律の力量である。一国の立法者であるならば、政府の解体をふくむ一切の不測の政治的事態に耐えうる確たる性格を法律に備えること、これを第一義とすべきである。リュクルゴス〔古代スパルタ〕やヌマ〔ヌマ・ポンピリウス 王政ローマ期の王〕にも優る立法者の鏡といえばモーセだが、かれの法律はユダヤ人のあらゆる厄災をも生き延び、「民族の形がすでに存続していないのに今日でもなおそのすべての力のままにつづく[55]」ほどであった。ポーランドで創設すべき制度とは、この種のものである。そのためには、まずあらゆる階級の貴族を対象とする共通の「国民教育」を創設する必要がある。「一人のフランス人、一人のイギリス人、一人のスペイン人、一人のイタリア人、一人のロシア人、かれらは皆ほとんどおなじ人間」[56]である。だが、ポーランド人をつくるための教育がもとめられるのである。無論、ポーランド人同士の距離を縮めるための祭りも必要である。また「ヨーロッパはフランス式の趣味や習俗を身につけようとする傾向がある」が、これに逆らい、古きよき慣習を再建すべきで、それが無理でもせめて「ポーランド人に固有の慣習の導入」が必要である。「ポーランド人を自国に結びつけ」、「外国と区別がつかなくなることに自然な嫌悪の念をあたえる」に適した慣習はとりわけ貴重である。いかにピョートル大帝が道をあやまったかがよくわかるからだ。「私はかれらが特別な服装を持つことを幸運なことだと考えている。心してこの利点を保持するがよい。あれほど褒めそやされたあの皇帝《ツァーリ》と正反対のことをするがよい。王も元老《セナトゥール》も、いかなる公人も、国民とおなじ服以外は着ないように、そしてポーランド人は誰もフランス風の服装で宮廷にあらわれないようにすべきである」[57]。

(54) *Du contrat social*, liv. II, chap. VIII, *Œuvres complètes*, *op. cit.*, t. III, p. 386〔『社会契約論』、五一—五二ページ〕。
(55) *Considérations sur le gouvernement de Pologne*, in *Œuvres complètes*, *op. cit.*, t. III, p. 956〔「ポーランド統治論」永見文雄訳、『ルソー全集　五』、白水社、一九七九、三六五ページ〕。ルソーがユダヤ人に強い共感を示しことはかれの人望を高めるのに一役買い、そうではなかったヴォルテールやドルバックなどの「フィロゾーフ」と対比されることがままある。だが時代錯誤は慎むべきである。ルソーにとって重要なのは人権の普遍性や旧約聖書の遺産ではなく、文明化による均質化に抗い、それに成功している点である。
(56) *Ibid.*, p. 966〔同上、三七六ページ〕。
(57) *Ibid.*, p. 962〔同上、三七二ページ〕。

つまり、問題は人民あるいは自由な国民を形成し、その習俗を保持することである。これがあきらかになった今、ヨーロッパ文明の全般的進歩を体現するフランスの礼節は、「立法者」や改革者であれ、単なる保守主義者であれ、統治者の目指すべきモデルの真逆ということになる。昨今は、不平等で連帯とは異質な相互依存関係を強いられたヨーロッパ人が増える一方である。他方でジュネーヴ、コルシカ、ポーランドでは個々の国家に愛着をもつ市民の形成が問題とされており、このことはかれらがフランス式礼節を拒んだことと無関係ではない。非暴力的振る舞いに、ある種のがさつさがともなうことはある。だが、そのがさつさは、より真正でより自由でさえある生のための――ほんのわずかな――代償である。そうした振る舞いは、実際の自分以外のフリをするよう強制しないからだ。となると、近代的技巧が勝利した以上、この文明の変化を受諾し、さらに加速化させるほかはないのだろうか。ルソーの全生涯および全作品は、こうした結論に対する異議申し立てである。革命的な解決策をつねに退けつつも、ルソーは近代的主体が自己の魂の分離を克服し、自己との和解を可能にする道を模索しつづけてきたのである。さしあたって我われの問題にかかわる点として、もっとも印象的なのは『エミール』において披露された試みである。ここでルソーは意図的に「ブルジョワ」の台頭によって不可避的に衰退した市民という人物像から出発する。そうすることで「人間」の教育がいかようになりうるかを考察するためである。「自然か社会制度か、そのどちらかと闘うことを余儀なくされ、人間をつくるか、市民をつくるか、そのいずれかを選択せねばならない。この双方を同時につくることはできないからである」[58]。近代ヨーロッパにおいて市民の「公」教育がますます理解されにくくなっているため、ルソーは、人間の「家内」教育が取りうるモデルを提案することにした。そのさいに〔『エミール』において〕空想上の状況を仮定したが、それは君主政フランスにかなり近い状況であったことから、ルソーはふたたび礼節の問題を問うことになる。

コレージュや社交界で行われていたようなフランス貴族の教育は、[59] 真の「公的制度」とはいえない。市民を育成しないからである。人間の育成にも適さない。「つねにすべてを他の人間とのかかわりで考えているように見えて、実は自分自身とのかかわりでしか考えないところの、二重の人間を作るのにしか適していない[60]」からだ。つまりルソーはダランベール[61]、そして同時代の大半の良識ある人びとと同意見で、コレージュ教育よりも私的ないし家内教育が好ましいと考えていた。しかし教育とはいかにあるべきかという基本的見解については、当然ながらルソーのそれは大いに異なる。「フィロゾーフ」が教育を合理化し、近代化し、もっとも優秀な人びとをできる限り優遇しつつ、学識ある子どもたちを育てようと考えたのに対し、ルソーは特別に優秀である必要はなく、ほどほどでよいとした。代わりにでき

(58) *Émile, op. cit.*, p. 248〔『エミール・上』、一三ページ〕。この表現の正確な意味については『ルソー全集』におけるピエール・ビュルジュランの長い注を参照（*Œuvres complètes*, t. iv, p. 1296-1298）。
(59) たとえルソーの評価が異なっていたとしても、この点についておそらくかれはフランス貴族の真の教育は「社交界」にあるべきというモンテスキューの主張を覚えているだろう。
(60) *Émile, op. cit.*, p. 250〔『エミール・上』、一六ページ〕。
(61) 『百科全書』の項目「コレージュ」を参照。

る限り自然に忠実で、現状の世界で、つまり公共精神は弱まったが人びとが近隣者および同胞への個々の義務と人間性に対するより一般的義務を負う世界で生きる術を身につける人物の育成である。したがって、エミールは時代の悪徳から保護されねばならないだろう。つまり、フランス式礼節の技巧は一切学ぶ必要などないということだ。だが社会における立場や地位を維持する術を心得るべきで、ということは愛想がよく、社交的な人物と認められねばならない。社交界入りをする時期は、結婚・性愛への準備の時期でもある。おそらくは単なる「自己への愛」以上のなにかを当然含むことになる。それはルソーが認めるように「愛されたいという欲求」であり、いい換えれば「選ばれたいという欲求」である。エミールが愛されねばならないとしたら、エミールは愛想がよくなければならない（かならずしもそうと認められないとしても）。エミールは「世間」の振る舞いのルールを把握すべきで、慣習に逆うこと、野蛮な人間や田舎者のように振る舞うことなど論外である。ただし、かれの行動は世論の支配に屈した人間たちとは別の動機と別の動因に基づかねばならない。

　他者を支配するかに見える者も含め、だれもが他者とライバル関係にあり、かつ個々人が隷属状態にある。礼節の基調となるモデルはこの両者の結合からなる。宮廷人に対するモラリストの批判の伝統すべてが物語るように、礼節の実践者はあちらでは卑屈に、こちらでは厚顔にをくり返す。かれらにとっての制裁は、笑いものにすることである[62]。だが、エミールは「嘲笑とは愚者の理屈」であることを学んだ。「世評を超えた」かれは事実上「嘲笑に動じなくなる[63]」ようにさえなり、また虚しい栄光も汚辱もかれには無縁である。かれの社交界デビューは「簡素で、華々しさはない」だろう。だからといって「不作法で、横柄で、誰にも敬意を払わない」のではない。「かれは礼節の決まり文句を知らないが、人間愛からの配慮を尽くすことは知っている」。よって席をゆずるような所作も、皆が「気取り(64)」からするところを、エミールは善意からおこなうだろう。

エミールの例が示すのは、社交界の教育はそもそも道徳的には悪だが、慣習やマナーを知るうえでも有益ですらないということである。というのも、エミールのように自由な人間は周囲のマナーをたちどころに理解し、「世評の奴隷にはできないほど自然に慣習を理解する(65)」のだから。つまるところ、エミールはまったく礼節を欠くわけではない。デュクロが言うところの「慣例的な礼節」、すなわち「徳性を模倣し、それなしで済ませる技を教える(66)」礼節には目もくれず、エミールは「真の礼節」を心得てい

---

(62) Voir *Lettre à d'Alembert, op. cit.*, p. 24-25 :「笑いものにするのは、はんたいに不徳が好んでもちいる武器です。そういう武器によって、不徳は人の心の底にある美徳に払うべき尊敬の念を攻撃し、やがては美徳への愛を消し去ることになるのです」〔『ダランベールへの手紙』、五七―五八ページ〕。

(63) *Émile, op. cit.*, p. 660〔『エミール・下』、二二一ページ〕。

(64) *Ibid.*, p. 665-666〔同上、三〇ページ〕。

(65) ルソーの楽観主義はとどまるところを知らないようである。エミールが良い教育を授けられたため、「女性に対する慇懃さ《ギャラントリ》」の「からかい半分の隠語」を口にする輩よりも女性からの評判がよい。女性たちは「品行方正」な男性たちが「女性を追いかけまわす輩」であることをよく知っているからだ（*Émile, op. cit.*, p. 665-666）〔同上、三一ページ〕。

(66) Duclos, *Considérations sur les mœurs de ce siècle*, cité in *Émile, op. cit.*, p. 669〔同上、三四ページ。ルソーの引用した原文は以下。「慣例的な礼節のもっとも不幸な影響とは、礼節が徳の真似をし、徳なしで済ませる技を教え込んでしまうことである。大切なのは教育によって人間愛と愛徳を心に喚起することだ。そうすれば、われわれは礼節を知るだろ

るのである。この優れた礼節は、実際のところ特別な練習も教訓やらルールやらの「ひけらかし」も必要ない。きちんと振る舞うという教育の自然の産物なのだから「真の礼節は、人びとに対して好意を示すことである。それは、好意を抱いていればそれを示すのはたやすい。好意を抱いていない者のためにこそ、そのように見せることを技術に還元せねばならないのである」[67]。

エミールの歩みを全体として見ると、すでに堕落した近世ヨーロッパにおいても、「市民」ではないが「人間」の形成は可能であることを示している。ストア派の伝統に「近代的」、共感的、人間的な感性を組み合わせたモラルによれば、真の世界市民主義とでも呼びうる「人間」である。人間性の公正な見方に基づく以上、エミールの家庭教師が取り組んだのは決して不可能な任務ではない。ただ、それが実際に成功するための諸条件は、公正な都市国家や善き統治の成立と同様に不確実で、脆い。よって教育改革は近世の政治体改革と同様に困難であると考えられる。ルソーの政治改革の野望は実際にきわめて限定的だったではないか。礼節の位置づけは、ルソーの教育論の曖昧さを浮き彫りにする。きちんと教育を受けた者なら、「真の礼節」にいたる道を自然と見つけるだろう。だがコレージュや社交界で教育を受けた者たちはどうだろう。かれらは自己愛の支配する社交界で自らの役割を演じることを学んだが、自己との適切な距離をとることはできないままだ。慣例的な「礼節」、つまり習俗を穏やかにし、暴力の阻止に不可欠な好意を模倣する技が発明されたのは、かれらのためなのである。

エミールは孤独を運命づけられてはおらず、若い女性（「ソフィー」）と結婚する。彼女もまた近代社会によって堕落せず、そのなかで生きるよう教育された女性である。ところがルソーによれば、自然は両性のあいだに実に大きな差異を生じさせたようである。女性は男性よりたやすく「洗練」され、女性の礼節はより「もの柔らか」であると同時により「自然」で、男性のそれよりも「慣例的な礼節」の外観をそなえている。女性は「男性よりも先に、たやすく、心地よい仕方ではなす」。なぜなら、女性は自然と、つまり正当に「心地よい」ものをもとめるからだ。反対に男性は「有用なものを目指さねばならず」、そのことが男児と女児の教育を違える主たる理由となる。「だから、人は少女のおしゃべりを、男の子の場合とおなじような『そんなことを言ってなんになるの』という手厳しい質問によって抑えるべきではなく、これとは別の、とはいっても答えるのがずっと容易だとはいえない質問、『そんなことを言ったら人にどんな印象をあたえるでしょう』という質問で抑えねばならない[68]」。このように、女性においては本性と礼節の技がひとつづきであり、それは道徳的な非難の対象とはならない。気に入られることの効果がもたらす利害とそうなろうとする配慮が結果として女性にもたらすものが男性にとってのそれとは異なる以上、当然である。男性は誠実であるためには自由で自立していなければならず、よって気に入られようとする配慮にはつねに不誠実を疑わせるなにかがのこる。対して、女性は最初から本性的に気に入られようとし、それは男性のそれとは意味合いが異なるのである。

う。あるいはもはや、礼節を必要としなくなるだろう」〔シャルル・デュクロ『当世習俗論』森村敏己訳、『習俗――生き方の探求　第二巻』、国書刊行会、二〇〇一、三五ページ〕。

（67）*Ibid.*, p. 669〔同上、三四ページ〕。

（68）*Ibid.*, p. 719〔同上、九八ページ〕。

一般的にいって世間での社交においては、男性の礼節はずっと親切にするもの、女性の礼節はずっと好意を示すものである。この相違は制度によるものではなく、自然によるものである。男性ができるだけあなたの役に立とうとしているように、女性はあなたがたを喜ばそうとしているように見える。したがって、女性の性格がどのようなものであろうと、その礼節はわたしたち男性のそれより偽りが少ないことになる。それは女性の第一の本能の延長にほかならない。しかし、ある男性が自分自身の利益よりもわたしの利益を優先するふりをする場合には、かれがこの嘘をどんな誇示によって色づけをしようと、嘘をついていることがわたしには確信できる。だから、女性にとって礼儀正しくするのはつらいことではなく、したがって、少女にとって礼儀正しくなることを学ぶのはつらいことではない。最初の教えは自然によってあたえられ、人為はこれをまもるだけでよく、わたしたちの習慣にしたがってそれがどんな形式のものであらわされるべきかを決めるだけでいい。(69)

つまり、「よい」礼節には二つの形態があるということだ。男性の礼節は技ではなく、真正道徳、人間性に対する好意、「世評」からの自立の延長線上にある。女性の礼節とは技であり、女性固有の本性の延長にある。生まれたときから本性的に女性はその「効果」を追いもとめ、ものごと自体よりも人間関係に関心をむけ、その結果、世評にもかなりの程度でしたがうことになる。男性には自身の本性に反する「慣例的な礼節」の習得は困難だが、「真の礼節」は難なく習得する。他者の視線を気にしながら振る舞いを調整するのではなく、まずは有用性から、ついで省察から徳を学びさえすればよいのだから。女性はほとんど自然に礼節を身につける。女性の虚栄心が道徳の形成に利するのはそのためである。(70)

『エミール』の見立てでは、慣例的な礼節は前向きな役割すなわち愛および男女間の関係性についての問題と密接にかかわる役割を果たす。

『不平等起源論』においてルソーが「野蛮」な人間を描写するさいに次のような指摘をしている。野蛮人の幸福の一部は、かれらが愛情の「身体性」、つまり純然たる性的欲望しか知らないことに起因すると。「容易にわかることだが、恋愛における精神的なものは社会の慣習から生まれる人為的な感情である。女性たちは極めて巧みに念を入れてこの感情を褒めたたえては、本来ならしたがう側になるはずの性を優先させて、自分たちの支配を打ち立てる[71]」。

エミールは「野蛮な」人間ではないので、社会のなかで生きねばならない。そしてかれの教育の目的のひとつは、自身の自由を損なわずに愛情が幸福の源泉となるようにすることとなろう。したがって、最小限の自己愛なしには愛を広げることができないなかで、愛情の「道徳」面でのよき用法を見いださなければならない。なぜなら自他の比較なくして自己愛は存在せず、そして自己愛は、ある意味において自分以上に「社交的」であり、かつ社会状態においてライバル心と虚栄心を刺激するものすべてによ

(69) *Ibid.*〔同上、九七ページ〕。
(70) 『エミール』第五篇についてのピエール・ビュルジュランの注を参照。「虚栄心と他者への評価から道徳を学ぶことができるという点に、我われはやはり驚いてしまう。だが虚栄心は、女性の役に立つようでもある」(*ibid.*, note 1 de la page 720)。
(71) *Discours sur l'origine et les fondements de l'inégalité*, première partie, in *Œuvres complètes*, *op. cit.*, t. III, p. 158〔『人間不平等起源論』、八六ページ〕。

り敏感な人びとと結びつけるからである。女性が礼節をたやすく習得するのは両性の根源的な差異の重要なしるしのひとつだが、その差異はかならずしも脅威ではない。愛情がエミールの社会化をうながすのであり、男女の関係は最終的には幸福な経験の契機となるだろう。なぜなら、ただ男女間の関係が抑圧のない不平等と競争のない平等が同時に出現する唯一の非公民的状況であるからだ。おそらく同時代人たちにはすべてがルソーの「女性差別主義」を、もっと言えば女性嫌悪《ミソジニー》を示すものと受けとめられた。ルソーが上下関係においてしか両性の平和的関係を考えなかったことはまちがいない。だが、この上下関係は支配と一体化しない。この関係から生じるのは両性の相互依存であり、いずれにも自己放棄を強要しないからだ。「両性の社会的関係は驚くべきものだ。その交わりから一つの道徳的人格が生まれ、女性はその眼、男性はその腕となるのだが、両者は相互に依存しあっていて、女性はなにを見るべきかを男性から学び、男性はなにをすべきかを女性から学ぶ。もし女性が男性と同様に原則に立ち返ることを知り、男性が女性と同様に細部を把握できるとすれば、つねに相互に独立を保つことになって、永遠の不和のうちに生き、その交わりは存続しえないであろう。しかし、両者の間に調和が支配することによって、すべては共通の目的に向かい、どちらが他方より多く、自分を役立てているかわからない。それぞれに相手の推進力にしたがい、それぞれに服従し、両者ともに主人なのである[72]」。

◇

ルソーにとっては人間の存在圏といったもの、ヒュームのような礼節擁護論者の主張にも一定の真実があるような場がある。それは恋愛関係である。誰もが幸福で持続的な関係構築を期待してしまうような関係である。カップルは自然の親近感のうえに成立するが、その親近感は如何ともしがたいほど不完全で偏っている。二人のあいだでは会話が重要な位置を占め、それによって従属しているかに見える女性が実は主導的な役割を果たす。快と美は有用性と同様に評価され、男性の女性に対する礼節によって男女間に相互依存関係が築かれ、これが男女の不平等の一種の埋め合わせとなる。とはいえ、これらすべてもルソーの哲学的原則を崩すことにはならない。秀逸かつ本質に迫る著書においてクロード・アビブは先に言及した「女性差別的な」表象をはるかに超え、ルソーには近代的観念やある種の平等主義的でさえある兆しがあると指摘する。エミールとソフィーとの絆である「同意」とは契約でも主従関係でもなく、双方の個性を高めあってゆく関係の出発点である。[73] ルソーはこのつづきを書き始めたものの未完におわった。[74] だが、これを読むと『エミール』で提案された人間の問題に対する解決策は、『社会契約論』で示された解決策よりも現実的に有効ではないかと考えさせられる。エミールとソフィーは幸せな結婚によって一緒になった。なぜなら、ともに独特な教育の恩恵を受けた者同士だからだ。だがソフィーの不倫によってかれらの関係が破綻する。これはあまりに完璧なエミールの道徳に対するひとつの回答なのかもしれず、エミールは再び「孤独」になる。よって、ルソー自身の孤独はかれの終局的な

(72) *Émile, op. cit.*, liv. V, p. 720. 101〔『エミール・下』、一〇〇ページ〕。
(73) Claude Habib, *Le Consentement amoureux*, Paris, Hachette Littératures, 1998.
(74) *Émile et Sophie*, in *Œuvres complètes, op. cit.*, t. V, p. 881-926〔「エミールとソフィー」戸部松実訳、『ルソー全集 八』、白水社、一九七九、四六九―五二八ページ〕。

回答ではないのではないか、との疑問が浮かんでくる。だが反対に「孤独者ルソー」は最終的には我われが考えるほどには頑迷でもなかった。というのも、『告白』における自伝的叙述は「慣例的な礼節」の徹底的批判への単純な回帰ではないからである。かつて自身を礼節批判に駆りたてていた根拠を振りかえり、それらを自身の弱さの兆候として提示するほどである。自分で打ち勝つことのできない愚かで陰気な臆病のもとはといえば、礼儀作法にはずれるのが心配なのだから、わたしは大胆になるために、そんな礼儀作法は踏みにじってやろうと決心した。わたしは羞恥心から、皮肉で辛辣になった。自分がおこないえない礼儀は、軽蔑するふりをした(75)。

自論に執着するが、しかし自論は論理的に破綻している。こうした作品の性格からルソー作品は多種多様な読解を許し、それが後世における対立に反映される。一方に、ルソーの「急進的」継承者がいる。おそらくかれらはルソーの根源的な方向性に忠実ではないが、ルソーの近代的慣例に対する批判をその論拠とする。かれらはフランス革命において公民精神の名のもとに行儀作法を糾弾したり、急進派ロシア人から近代教育学の諸潮流まで誠実さの名のもとに礼節を否定する伝統的態度を示す人びとのなかにみいだされる。もう一方には、「共和主義的」後継者らがいる。かれらは合理主義的かつ自由主義的で、ルソーの学問技芸の進歩に対する反論を真に受け、これら批判を啓蒙時代の企図を再定義するなかに位置づけようと試みる人びとだ。この試みは、「道徳世界のニュートン」〔ルソー〕との不断の対話のなかに構築されるカント作品において中心的な役割を果たす。

（75）*Les Confessions*, liv. VIII, in *Œuvres complètes*, *op. cit.*, t. I, p. 368〔『告白』小林善彦訳、『ルソー選集 二』、白水社、一九八一、一七三ページ〕。単なる「前言撤回」とも言えないこの「補足」については以下を参照。C. Habib, « Ma sotte et maussade timidité », art. cité.

第六章　礼節と道徳性――カント流の総括

カント哲学において、礼節の問題は中心的役割を果たしてはいないかに見える。歴史哲学についての代表的諸作品のそこかしこで登場するものの、進歩についての全般的な問題の一側面でしかなく、『人倫の形而上学』のなかでも「優美さ」と「徳」の関係を明示するために言及される。反対に、とりわけ礼節が重要な位置を占めるのは、『実用的見地における人間学』〔以下『人間学』〕のなかで国民的性格を比較する箇所である。予想にたがわず、ヨーロッパ諸国民の長所と短所についての啓蒙期フィロゾーフたちの主要なトポスが列挙され、その筆頭にあがるのはフランス人とイギリス人である。

しかしながら、さほど意味のない問題だと考えるのは性急であろう。実は、これは批判哲学の三つのもっとも重要な問いの結節点に位置する問題なのだから。第一の問いは批判哲学と啓蒙時代の遺産との関係、そして奇妙にも、ルソー思想との関係である。後者について、カントは見事にもつぎの点を看破した。すなわち、ルソーの思想は啓蒙期のものの見方の急進化であると同時に、「フィロゾーフ」らの大半が共有していた人間本性と「社会」の見方に対する根源的批判でもあるという点である。啓蒙期の哲学の主流にとって、礼節は社交性という人間本性の発展形とも習俗の腐敗に通じるマナーの「洗練」

とも見えるのだが、ルソーはまさにこの二点を突いた。人間の社交的本性を問いなおすとともに、より大きな枠組み、つまり学問技芸の発展の効用に対する一般的批判、ここに礼節に対する批判を組み込んだのである。[1] したがって啓蒙の進歩と道徳性の対立は見せかけにすぎず、よって克服可能であること、しかしマナーの洗練との関係はより道徳に固有の次元の問題（カント流の意味では「実践的」問題）でもあることをカントの歴史哲学は示すことになろう。礼節が道徳的にも善であるためには、それがわたしたちの文明化に貢献するというだけでは不十分である。礼節はやはり我われの義務の体系の一翼を担いうるし、そうであれば、当然、礼節そのものが我われに道徳的法を犯すよう仕むけないことが前提となる。ルソーが誠実さの要請に立脚して立てたこの問いは、真実性を絶対的かつ「完全な」義務とする哲学の視点においてはきわめて重大である。つまり、なんらかの意味で礼節が嘘であるとすれば、礼節が徳になることはできないのである。最後に、いかにしてマナーの洗練が文明化に寄与し、それを通じて道徳性の進歩に寄与するのか。歴史哲学によってこのことの理解が可能になるならば、人間の習俗および慣習の研究は、以下の二つの限界をあきらかにできるだろう。自由を人間の特性とし、その人間になし得ることを検討する「実用的な」観点から習俗・慣習を分析したときでさえ、統一の振る舞いのルールの制定は不可能だろうと感じさせる、そのような限界である。そのひとつは「性別の性格」である。もう一方は「諸国民の性格」である。政治体制の多様性あるいは気候風土の差異によっては説明できない不変の特性としての「性格」である。したがって、カント流の文明と真正さの総括を理解するためには、歴史哲学・道徳・人間学の三つの道をたどらねばならないだろう。だが、かれの批判主義が明確なかたちをとる以前、最初の開花期におけるカントの考察をまずは理解する必要があろう。

ルソーとヒュームのあいだで

カントの道徳学の最初期の諸作品は、イングランド・スコットランドのモラリスト（シャフツベリ、ハチソン、ヒューム）とジャン＝ジャック・ルソーの影響によって補完されている。こうした指摘は、ヴィクトール・デルボスの古典的研究以来、歴史哲学の定石となっている。[2] カント自身の発言を信じるなら、おそらくルソーからの借用がもっとも大きい。たしかに道徳感覚や共感を説く哲学者らの功績をカントは認める。だが、ルソーへの賛辞とおなじくらい長々と、感嘆の声を漏らしながらかれらについて語ったことはない。ルソーに対する賛辞は、『美と崇高の感情にかんする観察』〔以下『美と崇高』〕への二つの覚え書きにある。最初の、そしてもっとも有名なものは告解のような調子で語られる。そこで示されるのは、ルソーを読むことが改宗の端緒となったことである。古典哲学の伝統的立場に特有の傲

(1) 後に見るように『判断力批判』（第八三節）は「芸術」の進歩と礼節および社会の「洗練」を明示的に関連づけている。かならずしも人間をより道徳的にしないものの、人間を「文明化〔「上品な教養あるものに」〕」し、「理性だけが権力を持つべき支配権へと人間を準備する」。カントはルソーが進歩の問題を提起する方法を支持するが、この問いへのかれの回答は『学問芸術論』よりも、ダランベールの回答に近い〔『判断力批判』下、『カント全集　九』牧野英二訳、岩波書店、二〇〇〇年、一一三ページ〕。

(2) Victor Delbos, *La Philosophie pratique de Kant* [1926], Paris, PUF, 1969, p. 63-76.

慢さと袂を分かち、そうして若きカントは万人が有する尊厳を発見し、かれらの権利の論理的擁護のために身をささげるよう導かれたのである。「わたしは傾向性からしても探求者である。わたしは認識への全き渇望と、認識においてさらに進みたいという落ち着きのない好奇心と、またあらゆる認識の獲得に対して満足を感じている。これだけが人間の栄誉をなしうるのだと私が信じ、なにも知らない俗衆を軽蔑していた時代があった。ルソーがわたしを正道に戻してくれた。この優越の欺きは消え、わたしは人間を尊敬することを学ぶ、そして、もしこの考察だけが他のすべての考察に、人間性の権利を作り出すという価値を与えることができるのだとわたしが信じなかったならば、わたしは自分を俗な労働者よりもっと役立たずだと見なすことだろう」[3]。第二の覚え書きは、ニュートンの諸発見が天文学にもたらした進歩と比較しつつ、ルソー作品の哲学固有の影響を明確にしている。

ニュートンは、かれ以前には無秩序とひどい組み合わせの多様性が見られたところに、初めて、大きな単純さと結びついた秩序と規則正しさを見た。そして、それ以来、彗星は幾何学的な軌道を走っている。

ルソーは初めて、人間のとる形態の多様性のもとに深く秘匿された人間の本性と隠れた法則を発見した。彼の観察により、この法則にしたがって摂理は正当とされる。以前はアルフォンソとマネス（マニ）の反駁がまだ妥当した[4]。［…］ニュートンとルソーの後では神は正当とされ、今やポープの命題が真実となった[5]。

ルソーはまず、あらゆる「楽観論者」のフィロゾーフの努力に報い、悪の存在に対して神を免責する者のように見えた。かれ以前のシャフツベリやポープのように、ルソーは万物の調和を強調し、人間に襲いかかる諸悪を相対化するストア派の潮流に与する。ただし、かれらと一線を画するのは、ルソーが人間の本性的な善良さを決然と主張し、悪の真の起源を歴史のなかに位置づける点にある。神は無実で、たとえ人間が原罪によって堕落していたとしても人間本性に悪の根源があるとはいえない、と。ところが『美と崇高の覚え書き』の〔仏語版〕翻訳者が指摘するように、カントはルソー流のこの「解決法」を早々に放棄し[6]、最終的には文明化の過程にはるかに前向きな解釈をあたえることにした[7]。『美と崇高』

（3） Kant, *Remarques touchant les Observations sur le sentiment du beau et du sublime*, trad. fr. Brigitte Geonget, Paris, J. Vrin, 1994, p. 127-128〔『美と崇高の感情にかんする観察』への覚え書き」久保光志ほか訳、『カント全集 十八』、岩波書店、二〇〇二、一八六ページ〕。

（4） アルフォンススとはカスティーリャ王のアルフォンソ。神が「世界を作るときに、自分に助言をもとめてきたら」良い意見を」述べてあげられたのにと言った人物（ライプニッツ『弁神論』一九三）。マネースはマニ教の創始者で、世界は善と悪という対立関係にある二つの原理から生まれたと説いた〔ゴットフリート・ヴィルヘルム・ライプニッツ『宗教哲学――弁神論 上』佐々木能章訳、『ライプニッツ著作集 六』、工作舎、一九九〇、三〇〇ページ〕。

（5） *Remarques*..., *op. cit.*, p. 140-141〔「覚え書き」、一九五ページ〔著者の引用版と邦訳で定本が異なる。邦訳版にない箇所は著者によるフランス語引用の拙訳〕。

（6） *Ibid*., p. 140-141, note 3.

（7） たとえば「人類の歴史の憶測的な起源」〔『永遠平和のために／啓蒙とは何か』中山元訳、光文社古典新訳文庫、二〇〇六に所収〕および下記作品のわたしの指摘を参考。l'Introduction des *Opuscules sur l'histoire*, Paris, GF- Flammarion,

および『美と崇高の覚え書き』においては、カントはおそらくルソーの議論により忠実に則したが、だがこの時すでに『不平等起源論』の著者よりも近代社会に対するより好意的な評価に傾いていたのである。主要な対立軸は、自然な無垢状態（*Einfalt der Natur*）と近代社会の贅沢の状態（*Üppigkeit*）とのあいだにある。後者から前者の状態への回帰を目標にはできない。後者の状態を機に富の増大（と不平等の拡大）がこの世を蝕むが、にもかかわらず目指すべきは、真に「道徳的」人間が誕生するまで可能性に満ちた潜在能力を伸ばすことである。したがって、善良な人間には二種類いる。「よい素質の人間」と「洗練された人間〔道徳性によってよい人間〕」であり、両者は「慎重に区別されなければならない。そして、自然と道徳性を媒介するのが、とりわけ宗教の段階的な合理化によって顕現する文明化である。つまり、統治社会が要請する諸規則に単にしたがうだけのときには人間はただ「未開状態を脱した〔文明化された〕（*gesittet*）」のみだが、ついでこれら諸規則が十全に習俗の内部に同化されると「洗練された〔道徳性に優れた〕（*wohlgesittet*）」存在となる[8]。この文明化の過程が可能にするのは、贅沢の状態において自然的調和を取り戻すことのみではない。人間は決して真に自然的存在にはならず、だからこそ贅沢のために分裂した条件下で生きるとしても、最終的に道徳的進歩をともなうならば贅沢の状態は解放への道を拓き、自然状態の限界を越えることができるのである。「未開人は自然に満たない状態にとどまる。贅沢の状態の人間は自然の限界の外部をさまよう。道徳的鍛錬を重ねた人間は、自然を超えた高みにまでゆく[9]」。したがって、カントが一七六五～一七六六年冬学期の講義の『公告』で述べることになるように、目指すべきは「粗野な単純さの段階」から「賢明な単純さの段階[10]」への移行である。技芸、学問、さらにはマナー、礼節など原初状態では無用で有害であったあらゆるものが「賢明な単純さの段階」では「贅沢の状態で最高度に有用となる」。贅沢の状態は「たった一つの完成された技芸が人為を超克する」[11]のである。

カントは、ルソーに人権と人間の偉大さを高らかに謳う力強い観念を見出し、それはイギリスの道徳感覚を超えるものになると感じた。だが同時に、近代世界に対するルソー流の批判にも敏感に反応し、文明生活の必要性と道徳的要請の両立の道を早々に探ることになる。こうしたカントの基本姿勢は、かれが習俗やマナーの描写に多くを割いたことにも示されている。『美と崇高』、『美と崇高の覚え書き』でのような説教くさい論調は避け、文学、小話、当時の「諸国民の性格」の描写をふんだんにもちいる。「ルソー。彼は総合的に論じ、自然人から出発する。わたしは分析的に論じ、文明人から始める」[12]。まさに「分析的」手法の選択こそが、ルソーに近い道徳哲学の枠組みを踏襲しつつもヒュームから多くを学

1990, p. 29-34.

（8）*Remarques*..., *op. cit.*, p. 104〔「覚え書き」、一六八ページ〕。このテクストではカントが「アリストテレス的」な倫理にかなり忠実である点に留意されたい。別言すれば、ヘーゲルが「客観的人倫（la *Sittligkeit*）」と呼ぶことになるものの重要性をカントは認識している。

（9）*Ibid.*, p. 142.

（10）*Annonce des leçons pour le semestre d'hiver 1765-1766*, in Kant, *Œuvres philosophiques*, Paris, Gallimard, « Bibliothèque de la Pléiade », t. I, 1980, p. 521〔「一七六五－一七六六年冬学期講義計画公告」田山玲司訳、『カント全集 三』、岩波書店、二〇〇一、三三三ページ〕。

（11）Brigitte Geonget, in *Remarques*..., *op. cit.*, Présentation, p. 29.

（12）*Remarques*..., *op. cit.*, p. 99〔「覚え書き」、一六三ページ〕。

び、とくに『エッセイ』に近い文体で綴られた考察に重きをおかせることになる。[13] この点にかんして、ヒューム作品に最初に言及したのが『美と崇高』の最終章、すなわち「崇高と美の相異なる感情にもとづく限りでの国民の性格について」[14] であることには重大な意味がある。ヒュームは「ネグロたち」が偉大なことをほとんどしないのは「人種」の劣等性に起因すると結論づけ、これを引用したカントもヒュームに賛同するようにみえる。[15] 無論、現代のわたしたちは肯首しえないが、とはいえカント（とヒューム）の議論の「人種差別的」な面のみに注目すれば見誤ることになろう。かれらはヨーロッパ人の分析において採用した一般原理を人類全体に適用することを知らなかったに過ぎないのだから。ヒュームにとって多種多様な国民性を説明するのは、政体の本性や諸改革、国家の貧富の状態などによって規定される「精神的要因」である。国民であれ個人であれ、性格を形成するのはそうした諸状況だからだ。[16] 一方カントはというと、かれは「要因」を探そうとはしなかった。のちの『人間学』でのように、国民的性格は固定的で、外的状況や物理的要因の影響は受けないとすでに判断していたのかもしれない。だがここで重要なのは、カントがヨーロッパ主要国の国民的性格を振る舞いのうちに見いだしたことである。すくなくとも「繊細な感情」を持つと主張する人びとにおいて、人間本性にたえず突きつけられる諸問題を解決し、[17] 近代社会においてあたらしい次元を獲得するその多様なやり方に国民性が宿るのだという。

『美と崇高』が論じた崇高と美は、繊細で洗練されたひとつの感情の二つの系統に相当する。そうした感性は直近の満足を超越し、人間的、道徳的資質を呼び起こす一定の魂の能力があってこそである。この二つの感情は、人間の魂に恒常的に存在する二つの極の表出であり、この二極が多様な道徳的および美的領界において変容する。

崇高は心を打ち、美は心を奪う。〔…〕崇高はいつも大きくなければならないが、美は小さいこともある。崇高は単純でなければならないが、美は装われ、飾られていることもある。〔…〕

〔…〕悟性は崇高で、機知は美しい。大胆は崇高で大きく、手管は卑小だが、美しい〔…〕。真実

(13) V. Delbos, *La Philosophie pratique de Kant*, *op. cit.*, p. 88.「この時点で、ヒュームがかれの関心を引いた可能性はある。自由なエッセイにおいて習俗の差異や類似性を生む要因を説明するさいのヒュームの哲学する仕方、社会生活に拡散する倫理のニュアンスを解きほぐすその巧みさでカントの興味を引いたのだろう」。

(14) *Observations sur le sentiment du beau et du sublime*, section IV, trad. fr. Luc Ferry, in *Œuvres philosophiques*, *op. cit.*, t. I, p. 521〔「美と崇高の感情に関する考察」久保光志訳、『カント全集　二』、岩波書店、二〇〇〇年、三六八ページ〕

(15) ヒューム「国民性について」に付された注についてである（« Des caractères nationaux », in Hume, *Essais*, *op. cit.*, p. 418）〔『ヒューム　道徳・政治・文学論集』、一八三ページ（注十四）〕。〔仏語版〕翻訳者の下記の指摘が興味深い。ラバ師〔ドミニコ会修道士。植民地経営、布教の活動を『仏領アンティル諸島滞在記』（一七二二）に記す〕に女性らへの「高慢な振る舞い」を非難されたアフリカ人の回答にも、カントは一理あると思ったようである（「あなたたち白人はほんとに馬鹿げた考えをする。女性たちにあらゆる種類のことを許したあとで、彼女たちにはほとほと手を焼くと不満を漏らすのだから」）。*Observations...*, *op. cit.*, p. 107〔「美と崇高の感情に関する考察」、三八一ページ〕。

(16) モンテスキューとは見解を異にし、「物理的諸原因それ自体」つまり「大気の質と気候」にヒュームは重きを置かず、それを「人種」と関連づけない。

(17)「全諸国民は人間一般の実例をあたえることができる」（*Remarques...*, *op. cit.*, p. 107）〔「覚え書き」、一六九ページ〕。

と謹厳実直は単純で高貴であり、諧謔と快い世辞は繊細で美しい。愛想は徳の美である［…］。崇高な諸性質は尊敬の念を、しかし美しい諸性質は愛を注ぎ込む[18]。

崇高の側に気高さ、魂の偉大さ、情念の制御のような徳、深み、観念をとらえる知性（「悟性」）があるとすれば、愛嬌、礼節、行儀作法、エスプリはあきらかに美の側にある。「友愛」と「性愛」[19]にとりわけ体現される二極にしたがえばこのように分類されるし、またこの二極がほぼ全面的に男性性と女性性の二極に対応すると容易に理解できる[20]。こうしたカントの男女関係の見方は当時としては月並みで、ルソーが『エミール』で男女の教育の差異を説明するさいにもちいた議論にかなり近い。さらに言えば、この見方はルソーの結婚観に類似する結婚の哲学として『美と崇高』で表明されることになる。そこでは男女の平等は厳密な対等性ではなく、男女それぞれの美質が対称をなすことで保証される。

友情は従属関係を含まない「一致」(*Einigkeit*)を生むが、愛情と結婚から生まれるのは「統一」(*Einheit*)であらねばならない。ある種の平等を基盤としつつも相互従属となる関係で、強者（男性）による弱者（女性）の支配にいたる可能性もある。「力をもつ者は、魅力しかもたない者より自立していなければならない。そうでなければ平等はなく、隷属状態になるからだ」[21]。崇高は美よりも強い感情を呼び覚ますが、この感情は「美が呼び覚ます感情と交互におこったり、その感情を伴わなければ苦痛に感じさせる」。だからこそ、崇高の感情をわれわれは長きにわたって享受することはできない。できるとすれば、単なる美のなかで持続するときである。同様に、貴族と男性的な強さは女性的な優しさと愛嬌の助けを借りずして持続しえない。さまざまな社交空間は男性的徳性、女性的徳性をそれぞれ発展させ、〔強さ、崇高、男性性と結びつく〕貴族的資質と〔魅力、美、女性性と結びつく〕美的情念との均整の関係によってその性格の違いが生じる。

この分析にはなかなか興味深い「野生人」と「東方人」の考察があるが、それ以外で問題の中核をなすのは、ヨーロッパ諸民族の習俗とマナーの比較である。よって当然のごとく、本章までに確認したモンテスキュー、ヒューム、ルソーらによる啓蒙の地誌の構成要素がふたたびカントにも見いだされる。イタリア人とフランス人は美の感情が異なり、ドイツ人においてもっとも重要なのは崇高さで、イギリス人、スペイン人、オランダ人らは趣味の洗練という点ではまだ論外とされていた[22]。肝心なのはやはり

---

(18) *Observations*..., *op. cit.*, p. 453-456〔「美と崇高の感情にかんする観察」、三二五―三二八ページ〕。

(19) 「友愛はおもに崇高の特徴を帯びているが、性愛は美の特徴を帯びている」(*ibid*., p. 456)〔同上、三二八ページ〕。

(20) 第三章「両性の相互関係における崇高と美の差異について」の冒頭を参照。「美しい性〔女性〕は男性と同様、悟性を持っているが、ただそれは美しい悟性である。我われ男性のものは、深い悟性であるべきであり、これは崇高と同一のことを意味する表現である」(*Observations*, *op. cit*., p. 476-478 ; voir p. 478)〔同上、三四九―三五〇ページ〕。

(21) *Remarques*..., *op. cit.*, p. 266〔「覚え書き」、二〇一ページ。原著者は « union » (*Einheit*)、« unité » (*Einigkeit*) としているが、参照元のカントの仏訳、また邦訳を見ても « union » (*Einigkeit*)、« unité » (*Einheit*) なので、ドイツ語の補いは原著者の誤りと推測し、修正した。以下を参照。Immanuel Kant, *Bemerkungen in den "Beobachtungen über das Gefühl des Schönen und Erhabenen"*, neu herausgegeben und kommentiert von Marie Rischmüller, Hamburg: F. Meiner, 1991, p. 57 [B40]〕。

(22) *Observations*..., *op. cit.*, p. 494〔「美と崇高の感情にかんする観察」、三六八ページ〕。「覚え書き」のロシアについての指摘も参照。ピョートル大帝の政治に対するルソーの批判に呼応したのかもしれない。「北方の偉大なある君主は、かれの国民を文明化したと言われている。神がかれに国民に人倫をもたらすことを望んだのだとしても、しかし、かれの

フランス人とイギリス人の比較であり、ドイツはその中間を占めるといったところである[23]。

イギリス人は完全に贅沢の道を突きすすんでいるにもかかわらず、礼節に反しないまでも、かれらの振る舞いには幾分がさつなところがのこる。自由と徳に対する崇高な愛着のせいでフランス的洗練にはなかなか馴染めず、代わりに圧倒的な道徳的強さを有する。「イギリス人、カナダの野生人におけるように、大きな逸脱が同時に徳とひとつになっていないところでは、ひとは決して偉大な徳を見いださない。フランス人が見栄えはよいが、またあらゆる崇高な徳を欠いている理由はなにか[24]」。

裕福な君主政体の国で、大半の人びとの関心が個人的利益にかかわる私的な活動に集中し、国家の公益には見向きもしない。かような国では社会を生き抜く器用さがものをいう。そこから礼節が生まれる。他方、イギリスには富裕な人びとがいるが、かれらは国家の事業に密にかかわるし、オランダでも富裕な人びとは個人的利害の駆けひきを厳に謹む[25]。

「力を源泉とする徳は戦闘的国家においてでなければ持続しえない。ヨーロッパのあらゆる国民のなかでは、イギリス人がもっとも徳をよく保持している。かれら過酷な労働によって奢侈を獲得し、狂ったように貪り尽くす[26]」。

「いずれの国でも、女性たちによって社交が華やぐようになった途端、男たちはアルコールの習慣をやめた。ギリシア人は呑んでいた。かつてのドイツ人も、プルシア人も、イギリス人もまだ呑んでいる。なぜなら女性たちは別室に隠れているからだ。〔古代ギリシアの〕女性専用部屋でならよいのだが[27]」。

カントの描くイギリス人は、ヒューム（とルソー）のイギリス人に似ている。かれらは共和国民の一定の特徴を備え、奢侈の虜にはなっていない。だが振る舞いはかなりがさつで、そのことが社会における女性の地位の向上に歯止めをかけている。つまり真に洗練されたというよりは、ただ律儀に作法をまもる人びとである。そう考えれば、フランス人がかれらの心も社会も女性に支配させていること、それが高じて「国民的性格」も「女性的な性格」に近づいたことも驚くに値しない。かれらには強大な宮廷があり、不平等の産物であると同時にその不平等を甘受させる手段でもある礼節が中心的な役割を担う、そのような絶対君主政体に生きているのだから。

なぜよい教育を受けたことの証に、フランス語をはなさねばならないのだろうか。ご婦人たち、紳士たち、寝取られ夫たち、寝取られ妻たち。〈艶っぽい女性《コケット》〉は最高の愛人だが、妻には向かない。だが、フランス人にとっては違う。フランス人男性は、女性とほとんど同様に許しを乞う。(28)

したことのすべては、政治的安寧と道徳的堕落であった」(*Remarques...*, *op. cit.*, p. 120)〔「覚え書き」、一七九ページ〕。

(23) *Observations...*, *op. cit.*, p. 499-500〔「美と崇高の感情にかんする観察」、三七三ページ〕。

(24) *Remarques...*, *op. cit.*, p. 107-108〔「覚え書き」、一六九ページ〕。

(25) *Ibid.*, p. 160.

(26) *Ibid.*, p. 183.

(27) *Ibid.*, p. 230.

(28) *Ibid.*, respectivement p. 152, 154 et 222.

ルソーを念頭に置きつつカントを読めば、『ダランベールへの手紙』や『新エロイーズ』の「パリについての手紙」の中心テーマが容易に見いだされるだろう。[29]フランス社会とは不平等から生まれた礼節が浸透し、[30]その礼節が女性の「媚態《コケットリ》」と男性の「女性に対する慇懃さ《ギャラントリ》」をともなう社会である。自己愛の支配がすべてに影響をおよぼす場であり、これが徳を崩壊させ女性の魅力の前で男性を屈服をさせる[31]〔「女性に対する慇懃さ」は男性から女性への服従のしるし、反対に「媚態〔コケットリ〕」は女性から男性への服従のしるし。異性間の支配－被支配の関係を体現する〕。カントはドイツ人紳士がフランス流の礼節を模倣する様を描写し、その悪影響を糾弾する。パリの習俗によるジュネーブの感染を危惧するルソーを思わせる調子でこう述べるのである。「フランス人の交際はつねに女性をともない、それはかれらの気質にはあっている。だが、ドイツ人にとってはそうではない。この国の女性たちは、フランス人女性がするようないきいきとした媚態《コケットリ》をしないどころではない。そのせいで、交際のスタイルはつねにどこか味気なさがある。つまり、ここの女性たちは誇り高いのである[32]」。カントのフランス人に対する賛辞は真に評価しているというより、ルソー自身が認めたように、礼節（と女性）の支配は堕落した社会ではもっとも害悪の小さな悪だという事実を前にしたあきらめでしかないように見えるときがある[33]。

このような読解は、啓蒙の進展を過小評価することになるかもしれない。その進展は「ますますひどくなる人間たちの目にあまる行為がともなう諸悪」を埋め合わせるに十分であるにもかかわらず、である。「習俗〔人倫〕における弱さ、怠惰と虚栄が学問をもたらす。学問は全体にあたらしい装飾をあたえ、多くの悪から遠ざけるが、それがある高さにまで達すると、それ自身がもたらした災いを改善する[34]」。だが、カントはマンデヴィルではない。マンデヴィルのように、「私悪」がそのまま「公益」になるとは考えないのである。文明化の過程についてのカントの見方では、文明化の原動力は本質的に反道徳的ではないと証明したいし、すくなくとも「私悪」は人間を贅沢のその先の「賢明な単純な状態」に導きうると期待をしたい。だが、贅沢の世界はその定義からして人為的な世界であり、そこでは礼節であれ、女性に対する慇懃さ《ギャラントリ》や媚態《コケットリ》、あるいは恥じらいさえ、外見が内実以上の価値を持つようである。この世界に道徳性が存立しうるためには、外見と真実とが（外見上！）乖離するとしても外見がつねに虚偽とは限らない、とする必要がある。かれが「許される外面性」と呼ぶものをカントがきわめて重視するのはそのためである。かれにとってそれは「一種の不真実であり、かといって完全な虚偽でもない」ので

（29）　たとえば以下を参照。*Remarques...*, *op. cit.*, p. 210 et 253〔「覚え書き」、二五一ページ（p. 210 の邦訳はなし）〕。

（30）　たとえば *Remarques...*, *op. cit.*, p. 177 を参照。ここでカントは『ムッシュ！』(mein Herr) という社交辞令について」というメモ書きをのこしている〔「覚え書き」、二一三ページ〕。

（31）　たとえば同上 p. 183 を参照。「当世は礼儀正しさと美と行儀作法の時代である。ここにこそ、特徴的な傾向がある。男性性の時代は終わりであり、すべてが〔外面的〕装飾の問題となって以来、男性の貴族的美質は終わったのである。そして p. 187 を参照。「男性が幸福な単純に戻ることができない最大の障害は女性である」〔「覚え書き」、二一六ページ〕。

（32）　*Ibid.*, p. 179〔邦訳はなし。「覚え書き」、二〇六ページ（A 84）を参照〕。同 p. 206 も参照。「わたしはあるがままのフランス人が好きだが、フランス人の真似をするドイツ人は好きではない」。

（33）　たとえば以下を参照。*Observations...*, *op. cit.*, p. 497-499. フランス人はカントにとって「道徳的美に対して特別に敏感であり」、そのせいで「愛嬌があり、上品で、感じがよい」(p. 497)。ただ、代わりにある種の道徳的な軽薄さがある。「フランス人は「イギリス人より」見栄えはよいが、またあらゆる崇高な徳を欠いている理由は何か」(*Remarques...*, p. 108)〔「覚え書き」、一六九ページ〕。

（34）　たとえば以下を参照。*Remarques...*, p. 126〔「覚え書き」、一八五ページ〕。

ある。[35] このように社会調和の秘訣は、「見せる術」を適切にもちいることにある。この技術は「第一に男性と女性の関係」にかかわり、単なる「不真実」から詐欺まで幅広いことがわかる。

「見せる術」は男性の場合は詰めが甘く、女性においては考え抜かれている。美が持続するとき、その主な理由は外見である。つまり白粉である。真実よりも愛すべき一種の不真実。

結婚にどの程度不満であるかを問わず、長期にわたって夫婦の営みがなく、そのことに自分が傷ついているとあっさり打ち明ける女性はいないだろう。女性はいつでも許可をあたえる側にあり、決して自分がもとめる側にいるとは思われたくないからだ。すでに女性は他のあらゆる領域において男性に対してもとめる側にいるのだが、おなじようにこの領域においても女性がもとめを請うように見えたら、そのときは不平等が浮き彫りになるだろう。

この告白を彼女が拒むことは、一種のうつくしい不真実なのである。[36]

見せる術は危険もともなう。あまりに熟達すれば確実に不幸と堕落にいたるからだ。「(男性の)〈女性に対する慇懃さ《ギャラントリ》〉は恋に落ちたかのように見せる術である。女性の〈媚態《コケットリ》〉は征服されたい欲望のあるふりをする術である。[…]。有徳であるように見せる技術は礼儀正しさであり、とりわけ貞節であると見せる技術は恥じらいである。繊細かつ厳格な趣味の持ち主であると見せる技術は過剰な慎みであり、鷹揚に見せる技術は礼節で、よきマナーである。このような技術を互いにもっともよく心得合っている人物同士はもっともひどい夫婦関係をなす」[37]。とはいえ、この技術は必要である。理論的な次元では真実を洗いざらい言わねば嘘つきと見なされるが、人間の営みにおいて我われが中立であることはなく、つねに利害関係のどちらか一方に立つ。もしわたしたちに嘘をつく権利がないとすれば、真実を無闇に暴露することの影響に無関心ではいられないだろう。したがって「美しい不真実」の公正な使用は、我われの自己中心的な利害関心を超えて、他者に対するその影響を熟慮することからはじまる。たとえば「女性が夫に愛される手段として用いる見かけは妄想ではないが、この条件を外れれば、たしかに妄想である」[38]ように。また、そのためには本人が自分の嘘に騙されないことも前提となる。「妄想」に惑わされ、妄想を「それそのものだ」と見紛ってはならない。自己に対するこの嘘は近代という時代の最悪の特徴だからである。この時代の「堕落」は「いかなる人間も自分で満足することや、また善くあることを望まず、そう見えることを望むことに帰せられる」[39]。反対に、真実の名のもとに、仮にわたしたちが完全に外見に頼らず生きることを望んでもものごとがより明晰にはならず、ただ不幸が生まれるだけであろう。我われ自身がなんらかの恩恵を受けることもない。

(35) *Ibid.*, p. 210.
(36) *Ibid.*, respectivement p. 85, 153 et 216〔邦訳が存在するのは p.153 のみ。「覚え書き」、二〇〇ページ〕。
(37) *Ibid.*, p. 253〔「覚え書き」、二五一ページ〕。
(38) *Ibid.*, p. 260〔「覚え書き」、二五三ページ〕。
(39) *Ibid.*, p. 166〔「覚え書き」、二〇六ページ〕。

人が恋するのは見かけにおいてだけであるが、しかしひとは真実を愛する。大部分の人間の見かけをあばくならば、彼らはつぎのように言われる花嫁のように見えよう。すなわち彼女は美しい絹の眉、二、三の象牙製の歯、胸を支えたいくらかの布、見事な巻き毛を外し、白粉を拭ったとき、彼女の恋人を当惑させたのだった。(40)

カントのこの考察において、礼節はこれらの「見せる術」の一環とされ、「許される外面性」の枠内にとどまる限り善良で有益である。美は人間の道徳形成に資するが、習俗とマナーにおける礼節はそのもっとも明白な視覚的形態である。よって、礼節は道徳の原理にしたがわねばならないものの、つねに崇高の感情に動かされるのではない生き物にとって礼節はやはり不可欠である。「愛嬌は徳の美である。非利己的な奉仕欲は高貴であり、礼節と行儀作法は美しい(41)」。礼節と「見せる術」に対するこのような考え方は、カントがルソーから学んだ誠実と真正さの理想と矛盾はしない。そうではなく、社会における駆け引きのルールをある程度受け入れ、それを前提としたより含みのある解釈を試みるのである。外見のよさに乗じて身勝手な自己利益に他者を不当に巻きこまない、とりわけ演技に没入し、ただ演じているだけの役割を自分自身だと思い込まない、そう見えることよりもそうであることの方が重要であることを忘れない。この条件を満たすかぎり、たとえ外見が偽りに見えるとしても、それは善良なのである。反対に、社会的協約というヴェールを破り、感情の真正さの名のもとに礼節を拒んでも人間関係をギスギスさせるばかりで、人間がより有徳になることもないだろう。ともかくも人間は「粗野な単純さ」から脱しており、人間が善良でないなら完全な率直さはかなり危険だろうと考えるに足る理由にこと欠かないのだから。

これが、カントが数年後に展開することになる独自の見解である。たしかに『倫理学講話』において、社会的関係においておける誠実さの根源的な重要性も強調してはいるが[42]、同時に公の場での感情表明を制限するルールの必要性も認めているのである。

人間は、己の弱点と過失に関しては留保し、己を偽装して見かけを装うかもしれない。己を留保し隠蔽する傾向性は、人間には多くの欠陥があるからこれを全く明からさまにはしないように、摂理が発したことに基づく。

〔…〕もし万人が善であれば、何人も留保の必要はないだろう。〔…〕同様に、我われは己の欠陥を隠蔽して、外観を飾ろうとし、たとえ他方を信頼していなくても礼儀正しく振る舞ってみせる。しかし、そうすることによって、我われは次第に礼節に慣れ、ついには、その礼節が己に固有なものとなり、さらにそれによって、他人によい手本を示すことになる。こういうことがなければ、各

(40) *Ibid.*, p. 259〔「覚え書き」、二五三ページ〕。ここでの諸問題についてブリジット・ジョンジェの「前書き」p. 43-45 および p. 258-259 の脚注を参照。

(41) *Observations..., op. cit.*, p. 456〔「美と崇高の感情にかんする観察」、三二八ページ〕。

(42) Emmanuel Kant, *Leçons d'éthique [1775-1780]*, Paris, Le Livre de Poche, p. 372 :「心情の伝達は、人間社会の重要事であり、したがって各人が己の思想に関して誠実であることが重要である」〔『カントの倫理学講義』、二八七ページ〕。

人は己より優れた人を見いださないために、己をゆるがせにすることになろう。したがって、他人によく見られようとする努力が、やがて実際にその人間を善くならしめるのである。もし万人が善であれば、腹蔵なしにいられようが、現在はそうはゆかない(43)。

歴史のなかのマナー

カントの最初の道徳的探求はのは、次の二つの立場の対話を基盤とする。おもにイングランド・スコットランド啓蒙によって展開されてきた社交性向の学説と、はやくも『学問芸術論』以来ルソーが専心した近代社会および文明に対する徹底的批判とをいかに接合するかという問いに立脚するのである。『倫理学講話』では、この対話は一種の歴史横断的な論争の近代版として提示される。古典的モデルは、古代哲学におけるディオゲネスの「反世間的な」見解と「享楽的な」理想とのあいだの論争であろう。前者は、最高善は「無垢」、「より正確には単純さ」に存するとし、対する後者は「幸福」を最高善とする。

「慧眼のディオゲネス」であるルソーはあきらかにセネカ派の継承者である。人間はますます自然に対してその力を行使し、それによって人間の必要はますます増大するが魂の不安を鎮められない、魂は自然な質朴さに回帰することによってしか平穏を見いだすことができない。すでにセネカ派の思想家たちは、このように考えていた。「慧眼のディオゲネスであるルソー自身がこう主張する。本来、我われの意思は善良だが、我われは堕落してしまった。自然はすべてを満たしてくれるが、わたしたちは自ら必要をうみ出し、必要はますます増大する一方である（子供たちは〔必要を〕減らすための教育のみを受けてほしいとかれが願うのはそのためである）[44]」。ルソーに反対するヒュームは、「最高善は自然ではなく、技芸から生まれる」と考えていた。この点でヒュームの議論は「エピクロス派」の学説の再来であり、人間の自然な善良さを主張する「ルソー派」の主張を、その発表以前から反論していたことになる。「エピクロスはこう述べていた。本来、わたしたちは悪ではない。これが真実だとしても、すくなくともわたしたちは悪を好むようできており、よって無垢と繊細さを技芸の助けなしにまもることはできない[45]」。

周知のように、この後カント哲学はエピクロス主義とそれを否定するストア派の双方を批判し、最高善の問題を完全に再定式化することになる。自由意志の自立の発見、実践理性の優位の表明とともに、こうした道徳哲学の再構築は義務の「定言的」命令に対して幸福の「実然的」至上命令の価値を相対的に低下させることになる。だが、だからといって幸福の追求や人間の条件の改善手段を模索することを禁じるわけではない。

幸福の追求は、正当な目的である。それは人間の「自然な」終極目標であり、「実然的」命令の対象としうる。だが「定言的」命令とすることはできない。それは、理性の絶対的要請から生じる必要かつ「無条件の」義務であることを前提とするからである。

（43）*Ibid.*, p. 371-372〔『カントの倫理学講義』、二八七―二八八ページ〕。
（44）*Ibid.*, p. 78-79〔同上、一〇ページ〕。
（45）*Ibid.*, p. 79.〔同上〕。

つまり最高善は、エピクロス（とアリストテレス）が考えたように幸福のなかにあるのではないし、徳に融合されるものでもない。たしかに徳は最上善である。だが、最高善は徳と幸福の結合に宿るのである。(46)

『人倫の形而上学の基礎づけ』において、カントはルソーの第一論文にはっきりと傾倒するように見える。「技芸」の幸福への寄与に疑義を呈し、長じて理性自体の効用にすら異議を申し立てる「慧眼のディオゲネス」のルソーである。

陶冶された理性が生活と幸福を享受することをめざして手を出せばだすほど、人間は真の満足から遠ざかってしまうものであり、そのために多くの人びと、しかも理性の使用を一番求めていた人びとが、かれらが正直に心境を認めてくれさえすればだが、ある程度のミゾロギー、すなわち理性嫌悪になってしまっているのである。なぜかといえば私が話しているのは、なんであれ、普通に贅沢をするための技法の発明による利益ではなく、学術（かれらは学術についても、結局は悟性の贅沢だと思っているらしいが）による利益のことなのだが、かれらはすべての利益を見積もった結果、実際のところ自分たちが、幸福をえるよりもより多くの苦労を背負いこんだに過ぎないことに気づき、挙句の果てには、ただの自然本能に導かれがちで自分の行動や行状に理性を影響させない平俗な人びとのことを、軽蔑するというより、むしろ羨ましく思うようになるからである。(47)

他方で、人間たちの幸福に対して理性はどれほど貢献できるのかと問うことは、とりわけ以下のことを意味する。自然はむだになにかをすることはない以上、理性は幸福ではなく、より高次の目的のために人間にあたえられたのだ、と考えることである。幸福にいたるには、おそらく本能のほうがより適した道具だからだ。[48]「理性の真の定め」は人間の幸福ではない。そうではなく、「善い意志を、何か他の意図をもたらすための手段としてではなく、それ自体として善い意志を生みだす[49]」ことで、人間の道徳的進歩の一助となることである。学問技芸の進歩によって生まれた偽の必要に対する批判が理性の断罪にいたることはない。それどころか、理性は道徳性の源泉なのだから。

実際、とりわけ「歴史理論」についての諸論考に見られるように、理性と道徳性の関係についてのカントとルソーの相違は、人類の歴史のなかで悪の現出はいかにして可能になったかという問いについての根源的な差異に起因する。ルソーにとって人間は本性的に善良で、つまり「人間の本性的性向（自己愛、憐憫）は道徳的に中立で、自己愛が利己愛に変貌した瞬間にはじめて腐敗が生じる。よって自他を比較しはじめたとき、人間関係の増大から悪は（理性とともに）生まれるのである。だが、「自己中心

（46） この点については以下を参照。*Critique de la raison pratique*, Ire partie, *Dialectique*, in *Œuvres philosophiques*, *op. cit.*, t. II, 1984, p. 742〔『実践理性批判』坂部恵、伊古田理訳、『カント全集　七』、岩波書店、二〇〇〇、二八四ページ〕。

（47） Kant, *Fondements de la métaphysique des mœurs*, première section, in *ibid.*, t. II, p. 253-254〔『道徳形而上学の基礎づけ』大橋容一郎訳、岩波文庫、二〇二四、二五―二六ページ〕。

（48） *Ibid.*, p. 252-253〔同上、二四―二五ページ〕。

（49） *Ibid.*, p. 254〔同上、二七ページ〕。

的な」安楽の追求それ自体は「完全に正当化される」[50]。ルソーにとって、悪の増大は人間の社交性の発展と切り離すことができない。社交性そのものが人間の本性＝自然ではないからだ。反対に、カントによれば人間は本性的に善ではない。悪の根源はまさに人間が自己を優先してしまう利己的偏向にあり、この偏向は「文明社会」の台頭によってのみ正すことができる。たとえ文明社会そのものも不道徳で反道徳的でさえある性質に基づくとしても、文明社会は道徳性の第一の条件となるのである。

この主題についてカントのもっとも本質を突く論考は「世界市民という視点から見た普遍史の理念」である。その解釈をめぐってはてしない議論が繰り広げられているのは、批判哲学のエコノミーにおける本質的問題を提起しているように思われるからである。たしかにカント哲学とは自由の哲学であり、自然の因果関係を超越する人間の能力を明確に示している。ところがこのエッセイのなかで、カントは人類史になんらかの意義をあたえるために、人類の歴史は「自然の意図」にしたがうという仮説から出発する。一見、人間の諸行為からなるカオスのようだが、人類の歴史はあたかも人間たちに課されたある計画に沿うかのようにすすむ。人間たちは計画の存在を自覚せず、よって一見その自由意志を道具として、そして人間の行為あるいは意思の道徳性とは無関係に歴史が展開するのである。「個々の人間も、国民全体も、それぞれが自分の意思にしたがいながら、そしてしばしば他者と対立しながら、自分の意図を実現しようと努力しているのであるが、それでも自らは認識することのできない〈自然の意図〉にいつのまにかしたがっている。それでいて自分が〈自然の意図〉を促進しているということには、あまり気づかないものなのだ。それに〈自然の意図〉に気づいたとしても、人間はそれをあまり重要なものとは考えていないようである」[51]。議論を蒸しかえすつもりはないが[52]、カントのテーゼを行儀作法と文明化をめぐる十八世紀の論争の文脈にあらためて据えると、すくなくともこの議論がより明白になると考えてよさそうである。つまり「世界市民という視点から見た普遍史の理念」は『カントの倫理学講義』で提起された問い、幸福の追求と道徳性の進歩における技芸と自然の役割についてのルソーとそれに反論するヒュームとの激論の解を導いてくれる、と。

「世界市民という視点から見た普遍史の理念」の第四命題では、人間の自然な素質の十全な開花を可能にする「自然の意図」がいかにして達成されるか、それを特定するための原則が示されている。「人間が自然のすべての素質を完全に発達させるために利用した手段は、社会においてこれらの素質を互いに対立させることだった。やがてこの対立関係こそが、最終的には法則にかなった秩序を作りだす原因となるのである。対立関係《アンタゴニスム》ということばはここでは人間の非社交的な社交性という意味で理解していただきたい。これは、人間が一方では社会を構築しようとする傾向をもつが、他方では絶えず社会を分裂させようと一貫して抵抗を示すということである」(53)。人類の進歩の究極的原動力を「非社交的な社交性向」とするこのテーゼは、ルソー哲学にもヒューム哲学にも異を唱えるものである。

(50) Philippe Raynaud, « Introduction » de Kant, *Opuscules sur l'histoire, op. cit.*, 1990, p. 22.

(51) *Opuscules…, ibid.*, p. 70〔「世界市民という視点から見た普遍史の理念」、『永遠平和のために／啓蒙とは何か』、三三ページ〕。

(52) フランス哲学にかかわる点については、とくにつぎを参照。Alexis Philonenko, *La Théorie kantienne de l'histoire*, Paris, Vrin, 2002.

(53) *Opuscules…, op. cit.*, p. 74〔「世界市民という視点から見た普遍史の理念」、四〇ページ〕。

仮に人間が本性的に「社交的」であるならば、本性的に孤独にならない。だが仮に人間が社交的であると同時に非社交的であるなら、人間は本性的に善人でも悪人でもないことになり、人間は歴史の産物であるどころか、むしろ歴史の起源ではないか。逆に言えば、歴史はもはや原罪の結果ではなく、少しのちのテクストでカントが指摘するように、カントによればルソー思想の中核をなす課題を解決するための手段になる。すなわち「個々人が自らの生存をまっとうすべき自然的種としての人間には、文明化と人間本性の対立が不可避である」。「人間の生活を圧迫するすべての悪と、人間の生を汚れたものにするすべての悪徳は、この対立から〔…〕生まれる」が、「文明化の過程」によって人間存在はこれを乗り越えることができる。「技芸〔文化〕が完成の域に達し、そうすることで技芸〔文化〕がふたたび自然となること、これこそ、人類の道徳的規定の最終目的に他ならない(54)」。「粗野な単純さ」を脱したところは、わたしたちの不幸の起源に他ならない。「慧眼のディオゲネス」が見たとおりである。だが、もし「賢明な単純さ」がわたしたちの自然＝本性に回帰させてくれるなら、ヒュームが哲学の原理としたようにそれは技芸や人為を介してのみ可能になる。

したがって、『エミール』の著者との断絶は根深い。「非社交的な社交性」という皮肉めいてはいるが真剣な賛辞をカントがルソーに贈ったことによくあらわれている。無論、「非社交的な社交性」は決定的批判の響きをもつのだが、それはルソーの主張である以上に、『エミール』が生んだ感性に対する批判である。

この〔他者に対する〕抵抗こそが、人間にそなわるすべての力を覚醒させ、怠惰に陥ろうとする傾向を克服させ、名誉欲や支配欲や所有欲などにかられて、仲間のうちでひとかどの地位を獲得するようにさせるのである。人間は仲間のことをがまんならないと感じながらも、一方でこの仲間から離れることもできない。人間が野鄙な状態から文化の状態へとすすむための真の一歩が、ここに始まる。文化とはそもそも人間の社会的な価値を本質とするものだからだ。こうしてあらゆる才能がしだいに伸ばされ、趣味が豊かになり、啓蒙がつづけられることによって、ある種の思考が鍛えられるようになる。この思考によって、当初は自然の粗暴な資質によって善悪の倫理的な判断をしていた人が、時とともに明確な実践的［道徳的］な原則に基づいて判断するようになる。そして当初は情念に基づいた強制のもとで社会を形成していたとしても、やがては道徳に基づいて全体的な社会を構築するようになるのである。こうした非社交的な特性はたしかにあまり好ましいものではないし、利己心にかられて思い上がった振る舞いをする人は、こうした特性のために抵抗に直面せざるをえないものである。しかしこうした非社交的な特性がなければ、人びとはいつまでも牧歌的な牧羊生活をすごしていたことだろう。そして仲間のうちで完全な協調と満足と相互の愛のうちに暮らすことはできても、すべての才能はその萌芽のままに永遠に埋没してしまっただろう。人間は自分たちが飼う羊とおなじくらいの価値しかないと考えるようになるだろう。そして創造という営みが、人間のために理性を行使する大きな空白部分をのこしておいてくれたというのに、理性的な本

（54） « Conjectures sur les débuts de l'histoire humaine » [1786], in *Opuscules…, op. cit.*, p. 154-157［「人類の歴史の憶測的な起源」、八五―八六ページ］。

性を持つ人間が、その満たすべき目的を実現することはなかっただろう。[55]

ここからは、カントが人類の進歩の源である技芸に完全な正当性を承認する一方で、かれの「非社交的な社交性」の観念はヒュームの正義の議論とも同様に隔絶することがわかる。カントが「エゴイズム」、さらには「よく見極められた利害関心」の厳密な理論に回帰し、これを公平さの哲学の基盤とするのに対し、ヒュームにおいては正義の発達は共感、偏愛、想像力の洗練された弁証法にもとづくからである。ヒューム曰く、人間行動のあらゆる動因を自己中心的な利害計算に還元しようと試みても、人間が共感を有するという事実がこれをうち消す。だからこそ政治的秩序、すなわち正義は自然的秩序の抑圧を誘発するどころか、情念と共感を人為的に継続させることになるのである。[56] 代わりに、人為は共感や寛大の輪を拡大できるが、いかなる「自然の意図」にも組み込まれないこの進歩によって世界市民的な展望が拓かれることはない。ある意味では、カントはラ・ロシュフコーやマンデヴィルの悲観的人間観に回帰したといえる。たとえ意思の自立性が人間の尊厳の基盤をなすとしても、また人間の尊厳が我われが自由になりうることを教えてくれるとしても、実際には我われは確たる自信を持ちえない。義務にかなう行動をしても、義務の意識からそうしていると確証をえることは決してできないのである。だからこそ、主要な政治問題は権利の実現であるが、それは外面的行動の規制のみを対象としてなされる。代わりに、公正さの枠内における利害関心の自由な駆けひきは自然の意図のなかに組み込まれ、まさにそのことによって、その普遍的狙いは否が応にも世界市民的になる。ヒュームにとって、正義はなしうるものであった。なぜなら人間には共感の素質があり、それが純然たるエゴイズムを乗り越える一助となるからである。だがこの「寛大さ」は、将来的に拡大する可能性をあらかじめ否定できないまでも、特定の個別の共同体の内部に「限定」されたままであった。他方、カントにとって正義はあらゆる道徳的素質とは無関係に実現されうる。(57) たとえ世界の状態が望ましくも、まずまずの状態ですらなくとも、あらゆる国家が共和主義的憲法を採用した暁には、「交際の精神」に依拠して諸国家を団結させる「連邦的な結合」のなかで正義は実現できるのである。(58)

以上をふまえても、もし正義が一切の道徳の助けなしに確立されうるのなら、自然の意図はやはりそこで終わらないだろう。先に見たように、人間に理性を付与することで自然がもとめた「真の到達点」とは、法の支配さえも超えた道徳的進歩の可能性以外にはなりえなかったのだから。したがって、道徳的進歩を不可避とせず（そうであれば、人間の自由とは両立しえないだろう）、文明の発展がなんらかの方法で道徳性を可能にする、そのことに寄与しなければならない。まさにそれこそが、ルソーにとって自己愛と野心の囚われの身となった近代的人間を特徴づけるものの価値の一切を決するものである。

（55） *Ibid.*, p. 74-75〔「世界市民という視点から見た普遍史の理念」、四一―四二ページ〕。

（56） 本書第四章、一三八―一四五ページを参照。

（57） 『永遠平和のために』第一追加条項を参照。「国家樹立の問題は、〔…〕悪魔たちであっても、知性さえ備えていれば解決できる問題である」（*Œuvres philosophiques, op. cit.*, t. III, 1986, p. 360）〔『永遠平和のために』、二〇五ページ〕。

（58） *Ibid.*, p. 361-362. カントはここで「世界市民という視点から見た普遍史の理念」の第九命題において立てた問い、すなわち「人類において完全な市民的連合を作りだす」に対する回答をあたえている（*Opuscules*..., *op. cit.*, p. 86）〔「世界市民という視点から見た普遍史の理念」、六〇ページ〕。

反対に、カントにとっては我われが最終的に「自然そのものが提示するよりも高次の目的に対して、より慧敏感度の高い」存在になることに貢献するものなのである。

美術と諸学は、普遍的に伝達されうる快によって、また礼節と洗練によって、人間を人倫的に改善することはなくても、それでも人間を上品な教養ある〔文明化された〕ものにする。このような美術と諸学は、感性的性癖の圧政からくるきわめて多くのものを勝ち取り、このことによって理性だけが権力を持つべき支配権へと人間を準備する。その間に、一部は自然が、一部は人間の頑迷な我欲がわれわれに降りかかる禍悪は、同時に心の諸力を奮起させ高め鍛えて、この禍悪に屈しないようにさせるのであり、こうしてわれわれのうちに隠れているいっそう高次の諸目的に対する有能性をわれわれに感知させるのである。(59)

行儀作法の習得は当然ながら人間を道徳的にするには不十分で、だからこそこの習得は「文化」以上に、「文明化」に寄与する。「われわれは芸術と科学の力のおかげで高度の文化を所有している。あらゆる種類の都会的洗練と社交の礼儀にかけては繁雑なほどに文明化されている。しかしわれわれが道徳化されているかどうかを考えてみれば、まだ欠けているところは大きい。というのは、道徳性の理念は、本来は文化に属するものであるが、われわれはこの理念を名誉欲や外的な上品さというみかけだけの道徳的な意味で使っているのであり、これでは道徳性はまだ文明に属するに過ぎないのである」(60)。とはいえ、礼節およびマナーが一致協力するのは、振る舞いという外面性を規律化するためのみではない。ノルベルト・エリアスが述べたように「自己規制」を高めることで、礼節およびマナーは道徳性をも可能にするのである。だが、やはりそれらが強いるルールが反道徳的であってはならない。『人倫の形而上学』が構築を試みたのはこの点である。カントは同書で礼節〔という嘘〕と真実性の正負を天秤にかけ、また道徳的「徳」と礼節の「優美」の相互補完性の論証に専心したのである。

よく知られているように、カントにとって真実性とは、その遵守が他者におよぼす一切の影響を斟酌しない絶対的かつ無条件の義務である。(61) よって自身の気持ちをごまかす「善きマナー」や「礼節」をそれおいて適用するさいに生じる「決議論的問題〔カトリックの用語：教義を現実社会の問題においていかに適用すべき自体として偽りとみなすべきならば、こうしたごまかしが我われの道徳的義務といかにすれば折り合うのか理解にくるしむ。だが問題は、厳密な意味での倫理ではなく、むしろマナーや礼節を社会生活にかを問う〕」なのである。礼節がその定義からして我われが思うことと振る舞いによって表現するものとを違わせるとしても、礼節は嘘そのものではない。形式主義的な単なる礼節であっても、真に誰かをだますことはできないだろうからだ。「たんなる礼節に基づく真実（たとえば、手紙のむすびの

(59) *Critique de la faculté de juger*, *op. cit.*, § 83〔『判断力批判』下、一一三ページ〕。

(60) « L'idée d'une histoire universelle », 7e proposition, in *Opuscules…*, *op. cit.*, p. 82〔「世界市民という視点から見た普遍史の理念」、五四ページ〕。

(61) とりわけ下記を参照。*Doctrine de la vertu*, I, IIe partie, 2e section, § 9 (*Œuvres philosophiques*, *op. cit.*, t. III, 1986, p. 715-719)〔『人倫の形而上学 第二部 徳論の形而上学的原理』I－第一部第二篇第九節「虚言について」宮村悠介訳、岩波文庫、二〇二四、一二四―一三〇ページ〕。バンジャマン・コンスタンの批判への応答である以下も参照。« Sur un prétendu droit de mentir humanité » (*ibid.*, p. 433-441)〔「人間愛から嘘をつく権利と称されるものについて」谷田信一訳、『カント全集 十三』、二五一―二六〇ページ〕。

『きわめて従順なしもべ』）は、虚言とみなしうるのか。誰もそんなことで、欺かれはしない[62]」。思ったことすべてを口にしなくてもよいし、適切なかたちではなすだろうが、それで誰かを騙したりはしない。その一方で、この権利をどこまで拡大できるのかについては、よくわかっていない。〔モリエールの〕『人間嫌い』のアルセストとオロントの会話を否が応でも思いださせるこの「決議論的問題」がこのことをよく示している。「ある著者が自分の読者に、『わたしの作品はあなたのお気に召しましたか』と問う。そのような問いが油断のならぬものであることを、人は軽く見るであろうから、答えをぼやかしておくこともできる。とはいえだれがそのような機知をいつでも準備しているというのか。答えにちょっとでもためらえば、すでに著者への侮辱である。読者はそれゆえ著者と口裏を合わせて語ってよいのか？[63]」

なかなか微妙な上記の「決疑論的問題」を超えて、より一般的な問いに対しても答えを提示すべきである。つまり礼節のルール、そしてより一般的に人間関係の潤滑油となる形式的所作にはそれ自体が内包する道徳的価値が存在するかという問いに答えねばならない。『美と崇高』の時期の「愛嬌は徳の美貌」という考え、さらに『美と崇高の覚え書き』での「許される外面性」、すなわち「嘘とは言い切れない一種の不真実」についての緻密な分析は、まさにこの問いに対する回答であった。これらは類似の言い回しで『人倫の形而上学』のなかにも見いだされる。善きマナーは「外面ないしは小道具」にすぎないが、しかし「徳に美しい外見」をあたえる。それは「欺くための外見ではない。なぜならいかなる場面でそうすべきかを各自が心得ているからだ」。そして、つぎのようにまとめる。「したがって、善きマナーはすくなくとも徳を好ましいものにすることで、それでも徳の心根を引き起こす[64]」。しかしながら、善きマナーはここであたらしい重要性を帯びてゆく。というのも、それは理性的目的のために自然が利用する手段であるばかりか、個人にとっては「自らを自分の原則の不動の中心(65)」としつつも、「世界市民的な心根」のこの進歩に手を貸す間接的な手段ともなるからだ。人類の友として振る舞い、〔人間嫌いな〕アルセストの陰気な原則を拒むようもとめる「社会の義務」は、まちがいなく真の義務である。「徳に優美さをともなわせ(66)」なければならない。それそのものが「徳の義務」なのだから。

安楽と徳

カントが習俗とマナーの問題を重視することは、『人間学』にはっきりと看取される。カント自らが監修した最後の作品であり、またかれのキャリアにおいて幾度ももちいられた教育上の題材をあつかった作品でもある。本作品には、わたしたちがこれまで見た多数のテーマが再びあらわれ、『美と崇高』の時期以来、人間にかかわる事象に対するかれの見解が見事に一貫することが示されている。だが『人間学』は、カントのこれまでの考察・指摘の単なる要約ではない。しばしば過小評価され、現代では軽

(62) *Ibid.*, § 9, p. 718〔同上、第九節、一二九ページ〕。
(63) *Ibid.*〔同上〕。
(64) *Doctrine de la vertu*, I, IIe partie, 2e section, § 48, « Des vertus de société », (*Œuvres philosophiques*, *op. cit.*, t. III, 1986, p. 773)〔同上、第四八節「社交の徳について」、二一五ページ〕。
(65) *Ibid.*, p. 772〔同上、二一四ページ〕。
(66) *Ibid.*, p. 773〔同上〕。

視もされる本作品については逆説的に思われるかもしれない。しかしながら『人間学』は古典主義時代の形而上学の幻想を排除したこの時代に、ようやく「人間とはなにか」との問いを直視し、また人間性の真の知の可能性の基盤をつくろうとした作品でもある。その点において、カントの目にはこの作品は、批判哲学のひとつの到達点と映っていたのである。

半可通〔中途半端な知者。特にパスカルの用語として知られる〕は「男女の性格」[67]の分析でカントが援用する「紋切り型」や「男尊女卑」を公然とからかう。政治体制のみならず、それぞれの人民の長期にわたる性格に起因する[68]とカントが考えるヨーロッパ諸国民の「ステレオタイプ」を信じていることに、かれらは憤りさえ示すだろう。反対に、思想史家たちは偉大な世紀のモラリストたちや、十八世紀「フィロゾーフ」たちのトポスをまとめるカントの能力を鋭く指摘することになるだろう。哲学者たちであれば、人文科学に問われつづけてきた問題に対する最初の定式のひとつを見いだすことになろう。すなわち、先験的問題系の経験主義的相関の問題である。[69]他方、我われの関心に照らせば、ここにはカントの二つの考察がみとめられる。ひとつは、カントはマナーの道徳的意義についての考察を定式化したのであり、これが近代的社交性の秀逸な分析に結実する。もう一つは、両性の関係および啓蒙期ヨーロッパの地誌をめぐって十八世紀にさまざまな議論がなされたが、カントはそれらを踏襲しつつも、一見する以上に独自の議論を展開している。

礼節の問題は『人間学』第一部「人間学的教訓論」の「認識能力」の分析における「自分自身を意識すること［統覚］について」で取りあげられる。全体を通底するのは、実に見事な「感性の弁護」である。知性に対しては普遍的敬意が払われているが、対する感性はなぜ「ひどい評価」に甘んじるのか。[70]この問いに答えたのち、カントは許容しうる道徳的仮象［外見］のタイプの分析をはじめる。[71]青年期の諸作品にもその最初の諸要素は認められるが、一方の道徳的「厳格主義」と真実性の要求に対して、こちらはカントの現実主義的で、軽妙な魅力に溢れる分析として読むべきである。

「申し分のない外見」とは自然の策略の産物であり、徳を「人を惹きつける」ものにするのに役立つ。これによって自然の欲望を道徳性に反さない範囲に留め、反対に欲望などないと言い張る必要もなくなる。たとえば、女性の魅力が自由にしかし品性を保ちつつ発される、女性がモノとしてぞんざいにあつかわれることなく魅了する。こうした状況で生じ、またこの状態を可能にするものが「申し分のない外見」である。「男性が女性たちの魅力にあまり関心を示さないふりをすると、たしかに女性たちにとっては面白くないであろう。しかし控えめであること（*pudicitas*）、つまり自制し、情念を隠すことは、異

(67)『実用的見地における人間学』第二部「人間学的な性格論」、B「男女の性格」（『人間学』渋谷治美、高橋克也訳、『カント全集　十五』、岩波書店、二〇〇三）。
(68) 同上、C「国民の性格」。
(69) この点については、近年『人間学』の翻訳とともに出版されたミシェル・フーコーの補論（一九六一）を再読のこと（Kant et Foucault, *Anthropologie du point de vue pragmatique. Introduction à l'Anthropologie*, Paris, J. Vrin, 2009 [2008]）（『カントの人間学』王寺賢太訳、新潮社、二〇一〇）。あわせて下記の翻訳者アラン・ルノーの序文を参照のこと。*L'Anthropologie du point de vue pragmatique*, traduction, présentation, bibliographie, et chronologie par Alain Renaut, Paris, GF-Flammarion, 1993.
(70)『人間学』第一部「人間学的教訓論」、§8「感性の弁護」。
(71) *Ibid.*, §14.

性をただ享楽の道具と見ないために必要な距離を確保する。この意味では、たいへん効果がある幻想である」。一般的に、あらゆる礼儀の形式は「申し分のない外見」および礼節から生じる。ここでは「礼節」を、おそらくその最上の表現方法である「フランス的」な意味で理解すべきである。「申し分のない外見」や礼節とは一種の偽りの嘘だが、さまざまな感情を生みだすことができる。最初はそのふりをしているだけにしか見えないのだが。

宮廷式の恭しさ（礼節）(72)とは、相手のレベルに自分を合わせることで相手を友好的にするみせかけの振る舞いである。誰にでも平身低頭し（世辞を振りまき）、ご婦人方には慇懃に接する宮廷人のあらゆる仕草は、変わらぬ友好を誓うこの上もなく熱いことばともども、必ずしも真実でないことは確かであるが（アリストテレス「私の愛する友人諸君よ、友人なんてこの世に一人もいないのだ！」）、しかしこれらはだからといって欺いている訳ではなく、というのも、誰もがそれをどう受け取ればいいのか承知の上なのだし、何といってもこうした親切や尊敬も、はじめは空々しいお義理にすぎなくても時の経過とともに本当にそうした真情に導くからである。(73)

ここでカントは、すでにルイ十四世治世から繰りかえされてきたフランスの礼節への批判に明確に異を唱えている。礼節とは強者が下位者を対等にあつかうかに見せ（〔貴族の〕ドン・ジュアンが〔商人の〕ディマンシュ氏に対してするように〔ここでのドン・ジュアンはモリエールによるフランス版『ドン・ジュアン』（一六六五）の主人公を指す〕）、それによって支配を強化する手段だという批判、あるいはアルセストのように、それは内実をともなわない偽りの博愛の無意味な表現にすぎないのだといった批判である。これに対しカントは、文明化された君主政における慣例とは位階制における不平等の埋め合わせであり、またそこから他者への真の好意が生まれると述べ、ヒュームの側に立つばかりか、この発想の逆転が世界に（世界市民的に）影響をおよぼす可能性を示唆し、ヒューム以上の主張をする。[74]このようにカントは礼節の汚名をすすぎ、そうすることで礼節を社会的欺瞞の最たる例であり、自己愛あるいは不誠実の幻影にすぎないとする道徳論も拒否することになる。おそらく行儀作法や礼節は、偉大な徳ではない。だがいかなる場合であれ、偽の徳ではない。「人間関係における交際上の徳は、すべて補助貨幣である。補助貨幣を本物の金貨と思いこむのはこどもだけだ。――とはいってもこうした手段をまったく欠くよりも、補助貨幣を通貨の流通過程に導入するほうが好都合であり、相当程度の減価をともなうとしても、最後には補助貨幣は純金と交換できるのである[75]」。

行儀作法は単なる仮面ではない。悲観的人間学における善きマナーに対する決定的な批判は、ややもすればスウィフトのように単なる人間嫌いの表明にもなりうるし、宗教と原罪の教義に根づいた批判かもしれない。それら批判は実のところ「人間性に対してなされた重大な裏切り」に等しい。「申し分のな

(72) このテクストでは「politesse 礼節」はフランス語で表記されている。このことは、カントがフランス的礼節を行儀作法の堕落形態ととらえず、それどころか行儀作法と礼節を等価に見ていたことを示唆する。
(73) *Anthropologie*..., *op. cit.*, I, § 14, p. 85〔『人間学』、六一ページ〕。
(74) *Doctrine de la vertu*..., *op. cit.*, § 48〔『人倫の形而上学（徳論）』、第四八節「社交の徳について」〕。
(75) *Anthropologie*..., I, § 14, GF, p. 85-86〔『人間学』、六一ページ〕。

い外見」によって強いられた礼儀作法は、誠実さの要請と矛盾しない。誠実さは自分自身との関係においてもとめられるが、かといって他者に対する義務を免除するのでもないからだ。自己愛に対する不信を理由に社交性の徳の価値を過小評価するのではなく、むしろ、自分との関係に自己満足する我われ自身に警戒するべきである。自身の誠実さを盾に同胞の欺瞞を声高に非難するときほど、我われが悦に入るときはないのだから。

他人に対して善人ぶることさえもが価値のあることに違いないのは、本当はたぶん人からの尊敬に値しないだろうに、このように戯れにそれをせしめるようなごまかしをしているうちに、最後には本気が生じることも十分可能だからである。――ただし、われわれ自身のうちにある善人のふりは容赦なく一掃せねばならず、つまり利己心がわれわれの道徳的な軟弱さを隠すのにもちいるヴェールは剝ぎ取らなければならない。なぜかといえば、道徳的な内実がひとかけらも含まれていないものによって自分の罪が消えたかのように思い込んだり、あまつさえまさに道徳的な内実を放棄することによって、自分には何の科もないのだと納得しようとするといった場合、そこではふりは自分を欺くからであるが、たとえば臨終の間際に過去の悪行を懺悔することが本物の改悛だと自分にいいきかせたり、故意に悪いことをしておいて、これが人間の弱さなのだと自分で得心するといった場合がそれに当たる。[76]

無論、カントはルソーとの対話をつづける。そこでカントは「社交性の徳」も誠実さの要請も同時に擁護する。だが晩年に出版されたこのテキストでは、かれがあれほど憧れた「慧眼のディオゲネス」からこれまでになく距離をおくように見える。実際、この告発文のなかに「われわれ自身のうちにある善人のふり」が生む幻想を、つまり『告白』の企図そのものを根本から問題視する姿勢を見すごすことはできないからだ。『告白』は「人生の終焉」にルソーが著した作品で、自身の過ちについての語りのなかで、誠実さを自己の道徳的卓越を示すこの上ない論拠としている。おそらくルソーの友人たちなら、カントの批判はやや不公平だと言うであろう。ルソーがフランスの礼節に対する批判を含みのあるものに変えるのは『告白』においてであり、結局のところ、自身の過ちについての語り（たとえばマリオンのリボンの話〔『告白』第二巻、ルソーが自身のリボンの窃盗の濡れ衣をマリオンに着せる挿話〕は一聞したところ、カントが言うほどルソーの好印象を伝えるものではないようだからだ。とはいえ、カントの批判がルソー作品の総体とその一貫性の深い理解にもとづくことにはちがいない[77]。

ルソーとは反対に、『人間学』のカントは社交性の徳を最大限に重視する。礼儀正しさ、行儀作法、礼節はいずれも人間性のための予行演習のような役割を果たす。予行演習そのものが「安楽」と「他者との人間関係の徳」のあいだの不可欠の媒介となり、そうして両者が結合するとある種の「自然的かつ

（76） *Ibid.*, p. 86〔『人間学』、六一―六二ページ〕。

（77） 誠実さと社交性の徳の関係についての分析は、『人倫の形而上学（徳論）』の公理と完全に一致することに気づくだろう。そこでは、「自分自身を完成すること」と「他者の幸福」の希求を、第一の「徳の義務」と位置づけていたからである。

道徳的な最高善」となる。ところが、社会的安楽と徳がひとつとなるのは「安楽への性向」が「徳への性向の法によって規制される」場合に限られる。もし行儀作法がここで必要となるとすれば、それは行儀作法がこの類まれなる結合を生むのに十二分に役立つときのみであるようだ。活気があり、しかも礼儀を疎かにしない会話の条件が整ったときほど、この両者の結合が期待できるときはないからだ。この観点からすれば音楽、ダンス、賭けなどはコミュニケーションにはあまり好ましくない。仲間はできるが互いにことばを（ほとんど）交わさないからである。「そこで交わされる必要最低限のことばは、お互いの思想を交わすさいに必要とされる対話といったものでは全然ないからである」[78]。勝利や利益をもとめる場合、賭けは「食事後、会話が途切れたときの埋め合わせにしかならないといわれるが」、実のところ幸福と道徳性をもたらさない活動の代表格である。たしかに、賭けは「完全なるエゴイズム」からなり、そこに熱中する人びとは「お互い相手の懐《ふところ》からこのうえなく優雅に金を巻き上げる」。

勝負の最中に交わされる上品な物言いの会話によって、ときおり実現されることもある。洗練〔文化〕がどんなものであろうと、その会話によって徳と社交的な安楽との一致が、つまり真のヒューマニズムが本当に促進されるなどと期待することはほとんど無理なはなしであろう[79]。

だが「安楽」がヒューマニズムと調和し、実現可能な最高善のイメージをあたえうる活動も存在する。「善良な（それと、できればそのつど違った顔ぶれの）交際仲間によるおいしい食事の集いであって、これについては、チェスターフィールドが『美の女神たちの数より少なからず、かつ芸術の女神たちの数よりも多からずあるべし』と述べている」[80]。カントが美食術に割いた箇所は、おそらくドイツ人むけのフランス行儀作法書からの借用のようだが[81]、これは哲学書の読者たちに真剣に受け止められることはまずない。読者がここに『純粋理性批判』の著者の面影を見いだすのはむずかしいからだ。だが、たしかにここでフランス行儀作法についての啓蒙期文学ではなじみのテーマをカントが踏襲しているとしても、「善き交際仲間との善き食事」やこうした食事こそがもたらす類《たぐい》の会話の描写は、カント哲学の要となる諸問題に我われを立ち返らせてくれる。いや、単に立ち返らせるばかりか、食の描写はカントの三批判書から抽出された諸原則の「応用」には還元されないあたらしいアプローチを提案するのである。

このくだりにおいてフランスは言及されないが、カントが参照するのはたしかに行儀作法のフランス流モデルである。ここで引用されるのが、チェスターフィールド卿の『息子への手紙』だからである。同書ではホストを招待客の僕《しもべ》とするフランス式の考えに則り、招待客の人数についての忠告を基礎とするフランス流の生き方術をイギリスの青年ジェントルマンに教える体で解説されている[82]。とりわけカン

(78) *Anthropologie..., op. cit.*, I, § 88, p. 252〔『人間学』、二四五ページ〕。
(79) *Ibid.*, p. 252〔同上〕。
(80) *Ibid.*, p. 253〔同上〕。
(81) この表現は友人のエルヴェ・フラデから借用した。
(82) Lord Chesterfield, *Lettres à son fils*, Préface de Marc Fumaroli, Paris, Rivages, 1993. カントは原注をつけて以下のような指摘をしている：招待客の人数が美の女神たちと同数である場合、「〔最大限〕十人ということ。なぜなら、客をもてなす

トの同時代人の目には、テクスト全体がまさにフランスが啓蒙期ヨーロッパにもたらした会話の観念を志向するように映った。無論、安楽と徳を両立させるこの理想は、カントのその他の代表作での教えと矛盾はしない。なぜなら、道徳の法と趣味のルールの両方に同時にしたがうのだから。しかしながら、このテクストは〔公共性の対極にある〕個別性の権利の断固たる表明をする点でかれのその他のテクストと一線を画する。この表明は、カント哲学の予期せぬイメージをもたらす。「善き仲間とかこむ善き食事」という性格を有する場は「公的」な場ではない。「社会」を規定する議論の公開性の原則もここには適用されず、それによって良心が咎めることも一切ない。「どんな饗席であれ特別にそれ用に当てた協定などなくても、食卓仲間にとってのちのち外で迷惑になりかねないことに関しては、仲間内で伏せて秘密をまもるというある種の神聖な義務が存するからであるが、それはまたこうした信用がないとすると、仲間が集っていろいろと楽しみ、しかもその集いそのものを楽しむという道徳的な洗練にさえも大きく貢献する喜びが、無に帰してしまいかねないからである[83]」。会話のなかで、論理のでる幕はほとんどない。おいしい食事は、論証が要請する努力をいつでも辛いものにしてしまう。「ごく自然に会話はたわいのない機知の戯れに移るのであるが、この機知の一部がまたそこにいるご婦人方にもお気に召して、[…]、このようにして饗宴も笑いのうちにおひらきとなるのである」。つまり、会話は議論とは別物であるということだ。会話とは「単なる戯れ」であり、それでは「〔わたしが〕正しいという主張」などはお門違いで、深刻な口調になりすぎないように戯れ言を散りばめるよう誘《いざな》われる[84]。会話は、論争や意見対立によって活気づけられ、またあきらかに心よりも機知を重視するのだから、直接的なコミュニケーションでもない。つまり、カント流の善き食事は、ルソー的「祝祭」とは正反対なのである。

安楽と徳を両立させるにあたり、カントは公的空間に理想を求めない。だが、かれがとりわけ敵視するのは孤独である。「一人で食事をすることは、哲学することを専門とする学者にとっては不健康である」。というのも、「孤独な食事のあいだ中、思索に耽って自分を食い減らすという風に飲み食いを楽しんでいる人間はしだいに快活さを失っていく」[85]。カントはこの時代の支配的考え方をかたく守っている。つまり、カントは社交性を選んだのである。

洗練された人間性にかんするこうした諸法則が、とりわけ純粋道徳の唯一の法則と比較するとどんなに下らないものに思えようとも、また仮に、社交性が促進してくれるものの本質が人によい感じをあたえる格率や礼儀にだけ存するのだとしても、社交性が促進してくれるものはすべて徳を心地よく着せてくれる衣装であって、この衣装は慎重に試着を重ねた末にも〔徳の召し物として〕推薦できるものである。――共同生活による安楽を避ける犬儒派の潔癖主義とか〔初期キリスト教時代の〕独居の聖人による肉欲の断絶は、徳の歪曲された形態であって、徳の方からいってお呼びでなく、

招待主はこの数の中に入っていないから〔よって、最小限は四人〕」(*Anthropologie*..., *op. cit.*, I, § 88, p. 253, note)〔『人間学』、二四五ページ〕。
(83) *Ibid.*, p. 254〔『人間学』、二四六ページ〕。
(84) *Ibid.*, p. 256〔『人間学』、二四九ページ〕。
(85) *Ibid.*, p. 255〔『人間学』、二四八ページ〕。

かといって美の女神たちにも見捨てられてしまったので、これら両者ともヒューマニズムを名乗る権利を主張することはできない。(86)

ルソーは近代におけるセネカの継承者である。社交性および近代の行儀作法に対する一方的な批判では、安楽と徳の両立は不可能であり、またかれの批判には、伝統的禁欲主義者がそうだったように人間性というものもまったくない。カントは「慧眼のディオゲネス」にこのように最後のことばを送ったのである。

人類の多様性をいかに考えるか？

『人間学』の第二部は「人間学的特性」を、すなわち「人間の内面を外見から認識する方法」を論じている。カントのアプローチが本書での問題関心にもっとも近く、またもっとも遠いように思われるのはおそらくここであろう。一方では、たしかに「外見から人間の内面性を知ろうとする」ことを必要とする考えは、人間科学の計画全体がここを基盤とする以上、この時代の人びとには重大な意味をもっていた。おまけに人文科学が十八世紀の「人間学」から多くを継承したことを我われは熟知しているのだから。(87)だが他方では、上述のように人類の多様性そのものが「性格」の概念に基づいて考察されていること、この概念によって殊に男女およびヨーロッパ諸国民の「自然な」、すくなくとも恒常的な諸特徴が論じられていることが、われわれの感性をじかに逆撫でする。カントにおける「性格」は二側面を見せ、それぞれが『超越論的弁証法』で検討された純粋理性の第三の矛盾において対立する二つのテーゼを展開する。『超越論的弁証法』において、定立は、自然法による因果関係からのみ現象が生まれるのではないと主張する。自由の因果性によっても、主体が完全に自身の行為の行為者となると認めることは可能であり、また必要だということである。反対に、反定立は自然法の普遍性の名のもとに自由の可能性はないと否定する。きわめて問題含みの「解決策」は二律背反の二つの名辞のいずれも正しいとし、定立は「ヌーメノン〔本体〕」は仮想界に、反定立は「フェノメノン〔現象〕」の感性界に適用されると仮定することである。「仮想的性格」と「感性的性格」の区別は、二律背反の二つの名辞の別に対応する。「仮想的性格」は、主体のあらゆる行為に通底する超越的自由に根づく。反対に「現象」とみなされると、これらのおなじ行為は、他の現象との諸関係によっても恒常的法によっても規定される。つまり人物固有の、とくに「性別」や「人民」によってその人物固有の「気質」(88)が決まるのだが、「経験によって培われた性格」とは不変の特質であり、それぞれの「気質」に応じてある人が特定の仕方で特定の行動をとったことを説明するのがこれである。

(86) *Ibid.*, p. 252〔『人間学』、二五一ページ〕。

(87) 一例として、今となってはやや古くなったが以下を参照。Michèle Duchet, *Anthropologie et histoire au siècle des Lumières : Buffon, Voltaire, Rousseau, Helvétius, Diderot*, Paris, François Maspero, 1971 ; 2e éd., Flammarion, 1978.

(88) *Anthropologie…, op. cit.*, IIe partie, A, II, « Le tempérament », p. 262-270 (p. 224-228)〔『人間学』第二部、A、II「気質について」、二五七—二五九ページ〕。カントは気質の伝統的な「医学的分類」、すなわち「多血質」「気鬱質」「胆汁質」「粘液質」をとりあげている。

以上のように、『人間学』におけるカントは一見するとこの時代のもっとも「保守的」潮流にのるように見える。男女間の差異は「自然の」基盤に由来する、社会的決定論から諸国民の性格は永続的であるなど、別の政治的著作で示す「世界市民的」な展望とはまず相容れないような主張をするからだ。だが、現象界において作動する決定論から派生したかれの保守主義は表面的なものにすぎない。これがカントの最終結論ではないのである。かれにとって、人類の自由の概念もまたひとつの意味を有するからだ。「人間学的性格」が「人類の性格」の分析で締めくくられているのはそのためである。「人類の性格」では「人間性にあまねく、備わった叡智的な性格[89]」を援用し、教育上の決定論を含めて、人間が完全に決定論では説明できないことの理由が提示されている。まさにそのために、たとえ人間に内なる「悪への傾向」があったとしても人間が別の意味で自由ではないとは言えず、それゆえ真の道徳的進歩が可能な存在であることには変わりがない。かれの「性別の性格」と「国民の性格」の分析を理解しようとするならば、自由の進歩の問題が論じられるカントの政治および歴史についての代表作品を念頭におきつつ読むべきである。そうすることで、カントが先達らの成果をいかに自らのものとし、それを礎に男女の関係を考察し、さまざまな政治体制や国民的性格の諸関係の問題を解決しようとしたのか、さらにそこから啓蒙期の地誌の現在と未来を描こうとしたのかをはじめて適切に評価することができるだろう。

男女の関係の「自然の」基盤については、カントは『エミール』のテーゼに本質においては忠実である。自然は力の点で両性が不平等であることを望み、だがその不平等を埋め合わせるために「より上位の力」を付与した「男性よりも、人類の半分を占める女性により多くの技芸をあたえた」。よって両性のあいだには上下関係があり、それによって喧嘩を制限するという望ましい効果がある。しかしながら、男性の「優位性」はそのまま単に男性による女性の支配を意味するのでもない。

一組の伴侶が仲睦まじくずっと別れないでいるには、二人の男女が出会って互いに惹かれあうというだけでは十分でない。相手を支配ないし統握することが可能となるためには、一方が他方に服従しつつも、逆に何らかの意味で相手に対して優位に立っていたに違いなかった。というのは、互いに相手なしでは暮らしていけない二人が、それぞれの自愛に基づいて対等に我を張りあったら、仲違いが生じるにきまっているからである。(90)

つまり非対称な関係とはげしい性的情念のために両性の結合関係は完全な平等にはならないが、しかしこの関係は、双方が相手の秀でる部分を認めることで成立する。一夫一婦制の結婚制度の基盤はここにあり、これが持続的でかりそめではない結合関係をつくる。だが依然としてルソーとカントの理解には重大な相違点が一点あり、ここに両者の埋まらぬ哲学的な相違がふたたび見いだされる。ルソーにとって両性の差異は意思疎通の仕方や愛情面での本能的なものの差異をうみ、それが二人のあいだでは価値あるものとなる。他方で、自然になされている限りにおいてそれはプラスに作用するが、社会にお

(89) *Ibid.*, deuxième partie, E, « Le caractère de l'espèce », p. 313〔同第二部、E「人類の性格」、三一六ページ〕。
(90) *Ibid.*, deuxième partie, B, « Le caractère du sexe », p. 285〔『人間学』第二部、B「男女の性格」、二八二―二八三ページ〕。

いては危険になりうる。なぜなら、それらは自己愛の暴走を招きかねないからである。だからこそ、たとえ男女の結合が両者の不平等を埋め合わせる礼節の関係を前提としても、カップルは「社会」の不健全な影響から互いに守り合わねばならない。実際、外部世界の影響から守られるためには、女性は本質的に男性の世界でありつづける市民的・政治的世界からできるかぎり距離をおくことである。ソフィーはエミールにとってかるい女《コケットな》かもしれないし、エミールはソフィーに対して「女性の扱いに長けた男《ギャラントリを知る》」であったかもしれない。だが、嬌態と女性に対する慇懃さを区別もせず広めれば、愛の崩壊と徳と名誉の崩壊を招きかねない。反対にカントにおいては両性の調和にはたしかに自然の基盤があり、歴史的過程がなければその調和は現実に可能なものにはならない。その歴史的過程が、ここでも「自然の意図」の実現の条件となる。

文明〔文化〕が進歩するにしたがってその形は男女のあいだで分化してきたに違いなく、男は身体的な能力と勇気とによって女に対して優位を保ち、反対に女は、自分たちに惚れやすいという男の傾向性を手玉に取るという女性特有の天性によって男に対して優位に立つのである。反対に、文明の進歩にふさわしくない状態では、つねに男性が優位に立つ[91]。

この過程は婚姻関係の進展というかたちであらわれる。婚姻の義務は法の厳正さをもって課されるが[92]、粗野な単純さから遠ざかり「奢侈」へと近づくにつれて男性の女性に対する制御はゆるむ。我われの時代の人間が「男性の支配」と呼ぶものがこのように弱体化した原因は男性の妬みにますます深くかかわるばかげたことにあり、その兆候は女性の〈媚態《コケットリ》〉と〈女性に対する慇懃さ《ギャラントリ》〉が同時に発展する点に見てとれる[93](カントによるその正当化は、社会的慣習の、あるいは女性の軽視と受けとられるかもしれないが、単に当時の女性のおかれた状況についての現実的な見解に基づくものかもしれない[94])。

したがって、女性性の性格は「我われ自身が目的と掲げるものではなく、女性性を設定することで自然が目的と定めたもの」を原則とすることではじめて理解可能となる。この目的は、それ自身が二つの「狙い」に区分される。ひとつは「種の保存」で、こちらはただヒトという動物の次元にかかわる。だ

---

(91) *Ibid.*, p. 285〔同上、二八三ページ。底本の違いから、引用邦訳の最後の一文は邦訳書にはない。ここのみはフランス語からの邦訳とする〕。

(92) 婚姻についての分析を参照。*Métaphysique des mœurs*, traduit par Alain Renaut, Flammarion, 1994, t. II, p. 77-81〔『人倫の形而上学　第一部　法論の形而上学的原理』第一部第二篇三章「婚姻法」熊野純彦訳、岩波文庫、二〇二四、一七二―一七九ページ〕。

(93) 女性に対する慇懃さ《ギャラントリ》の飛躍的発展、女性の自由、嫉妬と「寝取られ夫」の強迫観念の薄れとの関係については、下記のクロード・アビブの指摘を参照。Claude Habib in *Galanterie française*, *op. cit.*, p. 58-61.

(94) *Anthropologie...*, *op. cit.*, p. 287.「こうした傾向性は、たとえ世間では尻軽女という名で呼ばれて評判が芳しくないとしても、正当化される現実的な理由がないではない。というのは、人妻といっても、まだうら若い女性の場合、〔夫とは親子ほどの年齢差があるので〕いつでも未亡人になる危険に曝されており、それで彼女としてはお金や地位からいって再婚相手にふさわしいと思われる男性には片端から自分の魅力を振りまくのであって、それは近い将来本当に未亡人になったとき次の夫の候補者に不足することのないように、という計算があるからである」〔同上、二八四ページ〕。

が、二つ目の「女性性の恩恵による社会の育成および社会の洗練」は文明が道徳性の進歩を可能にするかぎりにおいて、文明化の諸条件の問題におよぶ。つまり男女間の「宮廷式の慇懃」の関係は礼節の発展における本質的な側面であり、まさにそれによって礼節は単なる生活の彩りであるどころか、道徳性の条件となる。

また自然は人類に、文化状態に適したいっそう繊細な感覚を、つまり社交性と礼儀の感覚をもたらしたいと望んだので、女性を男性の支配者としたのであるが、そのさいものを言うのが女性の淑《しと》やかさと会話や顔の表情による能弁であり、また自然は女性を早いうちから小利口に仕立てて男どもに対して彼女らを優しく丁重にあつかうようもとめたのであるが、その結果男性は気がついたら、男に元々備わった寛大な心を逆手にとられて、子供の頃から目に見えない鎖でがんじがらめにされてしまっており、それによってかならずしも道徳性そのものに導かれた訳ではないにしても、道徳性を〔外側に〕纏っているといえる程度には行儀のよい振る舞いを女性から躾けられてしまっているのであって、これが道徳性に近づく地ならしとなり通行手形となってくれるのである。(95)

こうして「性別の性格」の分析は、男女間の関係と女性についてのあたらしい――控えめではあるが改良され、だがいささかも反動的ではない――見解を示すにいたる。カントは「フランス的」行儀作法の遺産（および社交界において行儀作法が女性に委ねた地位）をふたたび取り上げ、そこにフランス革命によってうまれた権利を大幅に加える。夫と完全に同等ではないものの、「受動的市民」としての権利を女性にあたえるのである。[96]「国民の性格」の分析において、カントは一見保守的に、殊にこれまでの議論の動向を無視しているかに見える。政治体制の多様性によって人民の性格の多様性を説明しようとする政治哲学の古典的テーゼも、気候風土にもっとも強い影響を認めるモンテスキューのテーゼもともに拒否し、国民的性格を不変の所与として提示するからだ。主要な西ヨーロッパの人びと（フランス人、イギリス人、スペイン人、イタリア人ドイツ人）の精神性を巧みに描きだし、啓蒙の地誌になじみのテーマに我われを誘うのである。カントはそれぞれ異なる理由でロシア人、トルコ人、ポーランド人を除外しており、かれにとってこれはそのままヨーロッパの地誌ともなる。

この描写において、二つの主要な陣営、つまりフランス人とイギリス人が当然トップに立つ。「地球上でもっとも文明化された人民は対照的な性格できわだった違いをみせている。おそらく何よりもそのせいで、かれらは始終ぶつかり合っている」[97]。ここには啓蒙時代のいくつかの主要なトポスが認められるが、これらはフランス人に非常に好意的で、反対にイギリス人はたいそう厳しい。

「フランス国民は何といっても、その会話への嗜好に特徴がある」。典型的なフランス人は誰に言われるでもなく「宮廷風に慇懃」であり、そのことが「華麗なる社交界のご婦人方」との交際によって磨かれた「女性的な言語」がフランス社会で不可欠である理由を説明してくれる。この愛すべき性格は、実

（95） *Ibid.*, p. 289〔同上、二八七ページ〕。
（96） この点については以下を参照。Philippe Raynaud, *Le Juge et le philosophe*, liv. I, chap. 2, « Kant et le droit révolutionnaire », Paris, Armand Colin, 2008, p. 32-45.
（97） *Ibid.*, p. 296.

際に他国民にとって「模倣すべきモデル」となるが、これはもはや宮廷式のマナーに由来するとは言えず、利害計算の賜物であるとはそれ以上に言えない。そうではなく、これはフランス人に「他者と交流しよう」という気にさせる「切迫した嗜好」のなせる技である。この嗜好は当然のことながら「諸原則に沿ってさらに広がる普遍的人間愛」へと拡大する傾向にある(98)。しかしこの喜ばしい性格には代償があり、それが衝動性と軽薄さである。「鋭い理性に対し、その軽薄さのせいで何につけてもおなじ状態で長らく留まることができない」ばかりか、「その自由な精神は伝染し、理性までもを巻き込むことがある。人民と国家の関係においては、その本性からしてすべてを揺るがせ、極限をも越えさせてしまう(99)」。

イギリス人の起源は複合的で、かれらに特定の性格があるとすれば、それは「自らで鍛え上げた性格である。本来、かれらはいかなる特性ももっていないのだ(100)」。イギリス人に社交性はほとんどなく、それだけに自国の制度に対していっそう傲慢である〔誇り高い〕。「こうした性格は傲慢な野鄙さに起因し、またたく間になれなれしくなる社交的慇懃さの対極にある。これは、自主性を口実にした高慢な態度である。自主性を理由に他者など必要ないと考え、だから他者に愛想よくする義務から免除されているというのである(101)」。かれらの共同的エゴイズムは「フランス人の愛想のよさ」と「人間関係におけるフランス人のもっともきわだった美点」の対極にある。イギリス人は愛想よくなろうとせず、「それぞれが自分のファンタジーに沿ってしか生きようとしかしないのに、ただ敬意を払われたいのだと言い張る(102)」。

対極的な習俗とマナーは、このようなフランス人とイギリス人の対極的な性格に起因する。イギリス人の野鄙さとフランスの人の上品さは非常に対照的で、とりわけ激しい憎悪が生まれもするが、それぞれの人民の異なるありように由来するものである。「一般に、フランス人はイギリス人が好きで、イギリス人のことを敬意をもってはなす」のに対し、イギリス人は「〔フランス人に対して〕一般に、憎しみと軽蔑」を感じる。フランス人のイギリス人に対する警戒心は、この憎悪を前にした際の「懸念」からくる。「相手を圧倒しよう、さもなくば敵を破滅させようともくろむ」イギリス人から、フランス人は「単に身を守りたいだけなのだ」[103]。

カントがフランスとイギリスを比較すると、イギリス国民には手厳しく、フランスにはその軽さや「熱狂」しやすさをわずかに咎めるくらいで、かれらを大々的に持ち上げ（イギリス人に社交性はほとんどなく、）それだけに自国の諸制度に対していっそう傲慢である〔誇り高い〕。がちのようだ。一見、カントは親フランス派のようである。だが、習俗、マナー、道徳性の関係性のかれの解釈にしたがうなら、かれがフランスばかりに加担するのは、たとえばモンテスキューがしたようにフランスの「礼節」とイギリスの「謹厳実直さ」を対比させるべき理由などないと考えるからである。礼節は人間愛と世界市民への素質が芽生える一助となる一方で、たとえ他国を征服する代わりに商業関係の締結が法の進歩に貢献するとしても、「一般的に、商人気質は貴族気質と同様にそもそも人付き合いが悪い」。モンテス

(98) *Ibid.*, p. 298-299.
(99) *Ibid.*, p. 299.
(100) *Ibid.*, p. 300.
(101) *Ibid.*, p. 296.
(102) *Ibid.*, p. 300.
(103) *Ibid.*, p. 301.

キューにとって重要なイギリス対フランスの構図（「マナー」によるフランス式の〔文明化への〕道と「商業」によるイギリス式の道）は、こうして二重の本性、すなわち「非社交的な社交性」の議論へと導かれるのである。フランス的礼節は人びとがつながるよう駆り立て、イギリスの商業精神は反対に各々の利益と「邸宅」(104)の利益のなかに閉じこもるよう仕むける。政治秩序を揺るがせうる「熱狂」へとたやすく転じるフランス人の人間愛的社交性と、あまり知られていないが領主的精神と折り合いがよく、支配と戦争へと駆りたてるイギリスの商業精神。だが革命以降、この両者の対立関係は特別な意味を持つ。フランス革命期以降、カントは改革の道を歩むべしとの姿勢をつらぬき、また恐怖政治を拒むが、それでも革命の真っ只中にあったフランスに共感し、戦争責任は反フランス革命を掲げる国家にあるとしていた。他方、イギリスはといえば、その政治体制は一見するほどには自由でも共和主義的でもないのだが(105)、いまとなっては旧体制側の陣営に確実に与していた。非常に暴力的な結末となったとはいえ、一七八九年のフランス大革命による「熱狂」は「人類の道徳的素質」(106)の証左であるというのに。『人間学』おけるその他のヨーロッパ諸国民の「性格」についての指摘は笑いを誘ったり苛立ちを掻きたてるかもしれないが、これらもカントの歴史および哲学についての著作の光に照らしながら理解されるべきである。

　カントはヨーロッパ諸国民について、このように列記していく。素朴な無垢さからスペイン人は「勿体ぶり」と「体面」を、感性の鋭さからイタリア人は芸術の趣味を授かり、フランス人が「私的な」生活での喜びをより好むのに対し、イタリア人は「公共的な」娯楽を好む。道徳的美質がドイツ人に真面目さ、忠誠心、従順の価値をもたらし、これらがドイツ人を博識と考察に適した人民とした。だが「機知と芸術的趣味の部門は別で」、「フランス人、イギリス人、イタリア人と張りあうことはおそらく無理であろう[107]」。

だが、ヨーロッパの「国民的性格」の多様性は「世界市民的な」永久平和の台頭とその条件となる「共和主義的憲法」の普及という観点からも考える必要がある。現代人の多くは、確たる「国民的アイデンティティ」は国民の閉鎖性、国家間の憎悪を高めやすく、それ自体が諍いの原因となると考える。だが、カントはちがう。かれがヨーロッパの勢力均衡の不安定なシステムの克服を願うのは、それ以上に「世界君主政」の回避が念頭にあるからである。かれにとって世界国家は専制的で、世界平和になんら貢献しないだろうからである。『永遠平和のために』で、かれはこう述べる。この悪を避けるために、自然は「諸国民の融合を阻むために、二つの手段を活用する。言語の多様性と宗教の多様性の二つであ

---

(104) *Ibid.*, p. 301, note.「邸宅（商人は店のカウンターをこう呼ぶ）と居住スペースであるもう一つの邸宅は仕事道具によって隔てられている。ちょうど領主の土地が跳ね橋によって仕切られているのとおなじである。そして、儀礼を欠くすべての社交儀礼上の関係は、そこから排除される。というのも、こうした人間関係は家のお気に入りのみとの関係であり、そうなるとかれらは家のメンバーと見なされることになる」。

(105) « Le conflit des facultés », IIe section, § 8 ; *Œuvres philosophiques, op. cit.*, t. III, p. 900-901 ; *Opuscules…, op. cit.*, p. 216-218.〔『諸学部の争い』第二部―八、角忍ほか訳、『カント全集　十八』、岩波書店、二〇〇二、一二二―一二四ページ〕。

(106) *Ibid.*, § 6 ; *Œuvres philosophiques*, t. III, 894-897 ; *Opuscules…*, p. 210-213〔同上、第二部―六、一一六―一一九ページ〕。

(107) *Anthropologie…, op. cit.*, p. 302-305〔『人間学』、三〇四―三〇六ページ〕。

(108) *Projet de paix perpétuelle*, 1er supplément, in *Œuvres philosophiques, op. cit.*, t. III, p. 361〔『永遠平和のために』、二〇八ページ〕。

る[108]」。ヨーロッパにおける国民的性格の多様性はおそらくこの自然の意図に協力するのだろう。国家間平和が帝国の創設の、さらには世界君主政の引き金とならぬよう、あらかじめこれを阻止するのである。

啓蒙はどこで終わるのか、ヨーロッパはどこまで広がるのか。啓蒙の境界線の問題についての分析は、カントにとって自由と「国民的性格」の存在とが関連することを示している。カントが述べるように、ロシア人はいまだ「国民的性格」の発露に至らず、トルコ人は「特定の国民性を確立する条件が整ったことは一度もなかったし、またこれからも決してないだろう」。だがロシアと「ヨーロッパのトルコ」の共通点はキリスト教的ヨーロッパ（トルコ人の言う「フランケスタン」）の外側に位置する点にあり、このことは結局のところ、以下の共通性に由来する〔「フランケスタン」はトルコ人が呼ぶだろうキリスト教圏ヨーロッパの呼称。カントはこのように仮定し、非ヨーロッパ人によるヨーロッパ諸国民の国民性の分析を続ける〕。「両者はかつて他の国民がこれまでに支配したよりもずっと広い地域のヨーロッパに支配権を拡大したことがあったのだが、やがて自由を認めない政治体制の状態に、したがって、国家市民というものが一人も存在しない状態に陥ってしまった[109]」。つまり、ヨーロッパの境界線は自由の境界線なのである。だが、だからといってヨーロッパに多様な国民的性格がないことにはならない。ある人民の政治体制によってその国民性が十分に説明できないとしても、純然たる力の支配へとむかうような政治体制において、支配側の民族の気質の形成は阻まれ、被支配側の民族のあらゆる気質が抑圧される（ギリシア人やアルメニア人）、さらには破壊されてしまう（ポーランド人のケースがこれに該当するように思われる[110]）危険があることも変わらないだろう。

◇

カントにすれば、ヨーロッパには使命がある。政治的改良にむけた着実な進展によって「ヨーロッパの法を他の国々にあたえられるだろう」。とはいえ、それは世界支配の使命ではない。ヨーロッパは単に自由と法の規制を重んじる連合の観念が生まれた地であり、いい換えれば、法的にこの考えを受け入れるすべての国は潜在的な「ヨーロッパ[111]」であることを意味する。他方で、この世界市民的な使命の達成には国民的性格の発展も必要となる。国民的性格はこの感性界において決定的意味をもち、カントはそこに自然的、民族的、さらには「人種的」原因があることも排除しない。『人間学』における分析は、これら二つの問題系の交錯点に位置する。これをヨーロッパ国民国家の表明とともに展開される国民性のステレオタイプの単なる焼き直しに還元してよい理由はどこにもない。

カントにとって、本質は啓蒙の進歩と人類の道徳的使命との関係を理解することにある。そのことに変わりはない。そしてこの問いこそがマナーの道徳的意義、両性の関係性、あるいは習俗の多様性にかれの関心をむけさせてきたのである。ところが、フランス革命はこれらの問いがなされてきた語句の意

(109) *Anthropologie…, op. cit.*, p. 298, note〔『人間学』、二九七―二九八ページ〕。
(110) *Ibid.*, p. 306-307〔『人間学』、三〇九ページ〕。
(111) 下記を参照。Bernard Bourgeois, « La philosophie allemande de l'Europe (de Kant à Hegel) », *Philosophie politique*, n° 1, Paris, PUF, 1991, p. 83-106, « L'Europe », et Philippe Raynaud, « De l'humanité européenne à l'Europe politique », *Études philosophiques*, juillet-septembre 1999, p. 375- 381.

味を突然あらたに再定義してしまった。だからこそ、モンテスキュー、ヒューム、ルソーによって十八世紀になされた対話をつづけようとする人びとの思索の中心にフランス革命がくる。たとえば、スタール夫人のように。

第七章　啓蒙の地誌——スタール夫人の場合

　モンテスキューからカントにいたる行儀作法をめぐる議論には、明白な一貫性がある。議論の主要な参加者が共有していたいくつかの前提があったからだ。かれらの哲学、政治的理想のいかんにかかわらず、個々のヨーロッパ諸国が固有の特性を有すること、とくにフランス、イギリス、イタリア、ロシアにその傾向が強いことについては見解が一致していた（ロシアについては、そのヨーロッパ性自体が問題となるのだが）。ヨーロッパ全体が文明化の途上にあり、そうして人間の社交性にあたらしい可能性があたえられつつあったとすれば、そのなかで礼節のもつ重要性からフランスが特別な位置を占めていたこと、（重要なのは行儀作法ではなく礼節であったが）礼節の輝きは一定の道徳的堕落をともない、さらにこれが政治的隷属性と身分の不平等と表裏一体であること。これらは、誰もが認める前提であった。自身の生きる時代に対して裁判を起こしたのはルソーだが、そのルソーもある意味では、啓蒙思想の責任を問うためにこれら諸前提の輪郭線をくっきりとさせたにすぎない。習俗の堕落の産物である会話とサロンに集結する「哲学」を、フランス的文明のもっとも洗練された形式で紹介したのはかれだったのだから。ヴォルテールと同様にモンテスキューおよびヒュームにとって、近代フランスにおける礼節のめざましい発展はその政治体制と結びつき、よってフランス式マナーの命運は文明化された君主政体の運命に左右される。モンテスキューは穏健な君主政に迫る脅威を感じとったが、対照的にヴォルテールとヒュームはこの点についてやや過剰なほど楽観的であった。ヴォルテールは、すでにピョートル大帝とエカテリーナ二世治世下のロシアがそうであったように、フランス式モデルの輸出がヨーロッパののこりの未開な地域をすこしずつ文明化していくだろうと期待していた。ヒュームはというと、世界的普及が約束されているとまではいわずとも、ほぼ共和国のイギリスと同程度には「文明化された君主政」にも改革の機会がのこされており、よって生きのこる可能性があると見ていた。ルイ十五世崩御以降のフランスの展開は、もちろんかれの予測を裏切った。フランスにおける絶対君主政は高等法院の要求の前にさえ後退を余儀なくされ、そしてルイ十六世の改革の試みが「アンシアン・レジーム」を終焉に導いた。いくつかの前提に基づく啓蒙思想家らの意見の対立があったが、あらゆる前提がこうして突然フランス革命によって改めて問いなおされることになった。フランス革命が、英仏間の諍いにあたらしい意味をあたえたのである。すくなくとも当初は、「礼節」の遺産はアンシアン・レジーム側の遺物として革命によって完全に放棄されるかにみえた。「礼節」は、啓蒙思想が約束した輝かしい未来の証であるかにみえたまさにその時に、である。ところが王国の終焉後も、フランスの行儀作法は延命した。このことはマナーの政治的意義の問題について、あらたな課題を課すことになる。

一七八九年以降のヨーロッパの不安定な情勢を理解するためには、フランス革命に対するイギリスの反応を思い起こす必要がある。エドモンド・バークとかれの旧友ジェームス・フォックス、牧師リチャード・プライス、アメリカ人トマス・ペインらとの論争が示すように、革命をめぐってウィッグの継承者たちがはげしく対立していた。一七八九年、フォックスの見解は、おそらくイギリスの自由主義的エリートの大半の見解と多分に重なる。つまり、かれは憲法制定議会の行動が英仏の政治体制の歩み寄りを約束するものと理解した。それはイギリス的思想の勝利だが、それを可能にしたのはヨーロッパの二大大国の啓蒙的ヨーロッパへの統合であった。他方で、リチャード・プライスとトマス・ペインにとっては、フランス革命によってフランスがイギリスを一歩リードしたことを意味した。なぜなら、フランスは一六八八年の名誉革命が攻撃をためらった諸制度や社会的諸勢力を徹底的に問題視したからである。すなわち、フランス革命は政治的正統性の根拠を明示的に民衆の合意にもとめ、とりわけ世襲制の原理を明確に拒否した。たとえイギリス貴族がきわめて「開放的」であったとしても、イギリスにおいて社会階層間の関係に負の影響をおよぼしつづけていた世襲制に対してである。バークは反対に「フランスでの革命」を批判することになる。バークにとってフランス革命は完全にイギリスの伝統に反し、そうした事例は「イギリス政治体制」を定義づけていた微妙なバランスに対する脅威となる。たとえバークがイギリスの保守主義の父のひとりとして名を馳せていても、かれはトーリー党ではなく、コモンローと古来の国制の慣習的形成のモデルに基づく政治的自由というイギリスの伝統の擁護を掲げるウィッグ党の人間にちがいない。その伝統は、バークがフランス式の「抽象論」に対峙させるもので、その由来は絶対君主政にあると当然のごとく考えている。だが、きわめてイギリス的なウィッグ派のこの人物は、同時にスコットランドの大思想家たちの作品の読者であり、友人でさえある。つまり、バークはアダム・スミスと同様にイギリスの自由は近代ヨーロッパ全体の共通の希望であると考え、またヒュームからはフランス式マナーを尊重し、賞賛さえすることを学んだ人物である。初期作品のひとつ『自然的社会の擁護』（一七五六）において、バークは「自然」の過剰な礼賛が啓示宗教への批判さえも超えて、いかに政治的権威の批判へ、同時に技芸、科学、マナーといった文明社会の洗練全般に対する批判へといたるのかを論じた。さらに、『フランス革命についての省察』でも同様の批判を展開した。啓蒙思想は近代的自由と、社会の成立を可能にした教会や「騎士道精神」など伝統的諸制度とを対峙させることで社会を崩壊に導いたが、フランス革命はその啓蒙思想の不吉な解釈の産物であると糾弾したのである。かつてのフランスの礼節やマナーに対するフランス革命家らの攻撃をヨーロッパ全土を脅かす危険の兆候としたのは、この枠組みにおいてである。

バークの目にこの脅威が顕現したのは、革命期一七八九年十月五、六日のことである〔ヴェルサイユ行進。パンを求めた群衆がヴェルサイユ宮に集結し、国王一家はパリに連行された〕。マリー・アントワネットがまだ皇太子妃であった時期に宮廷人の優美を極めた彼女（「暁の明星のように命を光輝と喜びに満ちて光り輝いていた(1)」とバークは表現した）が哀れにも侮辱された日であった。この時に、バークはフランスの女性に対する慇懃《ギャラントリ》さと礼節を感情を昂らせながら褒めたたえている。無論、「文明化された君主国」におけるマナーの支配が身分による不平等の埋め合わせの役を果たすというヒュームの分析からえたものはすくなくない。だが、かれにとって騎士道精神に由来するこれら諸原則はヨーロッパ全体に共通で、よってそのすべてが革命の鼎沸によって危機に瀕したことにも注目すべきである。

現代のヨーロッパの性格をつくり出したのは、まさにこの［騎士道の］制度でした。現在のヨーロッパをアジア諸国と比較してみると、そしておそらく古代のもっとも輝かしい時代に繁栄していた諸国と比較しても、この地を統治形態にかかわらず傑出したもの、きわだったものにしたのはこの制度です。身分の違いを混同することなく高貴な平等をつくり出し、それを社会生活の全階層に伝えたものまさにこの制度でした。国王たちの頭を低くさせて同輩に親しませ、私人を国王の高さにまで引き上げたのも、この見識です。これは実際に力をもちいることなく、力を呼び起こしもせず、それでいて高慢さと権力の苛烈さも弱めました。主権者たちを社会の評判という柔らかい首輪にしたがわせ、厳格な権威を優雅にしたがわせ、法の力で支配するにいたった征服者を、世間の風習にしたがわせるようにしたのです。[2]

バークにとって行儀作法の問題は、革命フランスと古きよきヨーロッパの対立の核心にあり、そもそもフランス革命自体が、最高度に洗練されたフランス式社交の形態に対して啓蒙思想が態度を一変させたことから生まれた。その後の展開も、この偉大なイギリス人議員の見立てを大きく否定することはなかった。モナ・オズフ[3]が述べるように、革命のプロセスは「形式を重んじる訴訟」をつうじてすすみ、

（1） Edmund Burke, *Reflexions sur la Révolution en France*, Paris, Hachette, « Pluriel », 2e éd., 1997, p. 96〔『フランス革命についての省察』二木麻里訳、光文社古典新訳文庫、二〇二〇、一六六ページ〕。
（2） *Ibid.*, p. 97〔同上、一六六―一六七ページ〕。
（3） Mona Ozouf, « Procès des formes et procès de la Révolution », in *Annuaire de l'Institut Michel Villey*, vol. 3, 2011, Paris Dalloz, 2012.

それは国王裁判における最急進派弁士らの主張が示すように一方で司法的形式に、他方で行儀作法や礼節の形式にかかわるものであった（ジロンド党員のマナーと趣味のよさは、かれらと「貴族」との結託を示すに十分であり、反対にマラーやエベールの流儀は露骨に特権階層のそれに対する拒否反応を示す）。フランス革命は、政治と行儀作法を関係づける従来の仕方を揺さぶらずにはいなかった。革命が君主政あるいは貴族政の遺産のすべてに対する異議申し立てとなると、バークが願っていたアンシアン・レジームの連合軍はすぐさまヨーロッパの継承者を自任することができたが、それは故なしとはしないのである。[4]

バンジャマン・コンスタンとスタール夫人のもっとも偉大な功績のひとつは、フランス革命の合理主義に対するバークの批判を直視したことであった。革命の諸原理が必然的に暴力や恐怖政治を生むのではないこと、これら諸原理は「貴族的」世界と同等に習俗と信仰に深く根ざした安定的な政治体制の構築へと導きうること。一七八九年のなにかを救おうとするなら、このことを証明する必要があると、二人ともよく理解したのだった。だが、もしこの穏健な革命および革命の最初期の共和国擁護論が、恐怖政治、暴力、そして司法手続きの軽視に対するするどい批判とともに展開されたなら、単に「卑俗さ」[5]に対する行儀作法や礼節の名誉回復で終わることはできない。

こうして、スタール夫人はこの問いに直面することになった。彼女にとっては、フランス革命と革命によって激動するヨーロッパというあらたな文脈のなかで行儀作法の問題全体を再考する機会となったのである。フランス革命は、政治体制が激変するヨーロッパ諸国民にいかなる変化をもたらしたのか、とりわけフランス流礼節と会話が絶対王政そして貴族政と不可分の関係にあるなら、革命後は礼節と会話のなにがのこったのか。自由な国家にはいかなる文学が必要となるのか、フランスだけがもつ独特の輝きのなにがのこったのか。そして自由と中庸を組みわせた政治体制がイギリスのようになるはずならば、女性にはイギリスと同様に限られた地位しか与えられないのか、栄光への道は女性には閉ざされたままなのだろうか。こうした問いによって、スタール夫人は啓蒙の歴史と地誌を再解釈するよう導かれていく。

共和主義的礼節は可能か？

革命勃発時、若きジェルメーヌ・ド・スタールは両親の主宰するサロンで会話術を磨いた才気煥発な女性であるばかりか、すでに『ルソーの作品と性格についての書簡』を書き上げていた。作品を読むと、

（4） ここでは、フランス革命とアンシアン・レジームの複雑な関係に留意されたい。一方で、ジャコバン主義は、フランス的行儀作法に対するルソー的批判をより激しいかたちで復活させたとみなしうるが（ロベスピエールにおいては、百科全書派の遺産の断罪にまでいたる）、他方でジャコバン派の指導者層たちは（サン＝ジュスト、エロー・ド・セシル、またロベスピエールもかれ自身の観点ではここに含まれる）「貴族的」と言われてもおかしくないほどまったく庶民的ではない振る舞いをしていた。

（5） スタール夫人は「卑俗さ」という新語をつくり『文学について』でもちいたこと、フランス革命下におけるもっとも暴力的な潮流の言動を描写するための新語であることを述べている。

（6） シンポジウム「古典的行儀作法」（二〇一〇年六月十七、十八日、パリ第二大学）で発表した報告に基づく。こ

フランスの行儀作法に問われていたものを彼女が完璧に理解していたことがわかる。(6) この最初の著作は一七八六年に着手され、一七八八年十一月にネケール夫人〔アンシアン・レジーム末期の最も名高いサロンの主宰者であり、スタール夫人の母。夫は財務総監のジャック・ネケール〕のサロンで朗読されたのだが、すでに彼女の作品を貫く中心テーマをスタールはここでつかんでいる。つまり、誕生間もない新世界における女性の地位である。ルソーのもっとも問題含みのテクストのように見える『ダランベールへの手紙』から、まずこのテーマに取り組んだ。我われの予想に反して、ジェルメーヌは共和国におけるあるべき男女の関係についてのルソーの主張に異議を挟むことはせず、しかし君主国における女性の力の好ましい影響をはっきりと強調している。ルソーにとっては、男性の劣化でしかなかったことである。

〔…〕社会において男女が別々の生活圏で過ごすことは両性にとって利点がある。この点についてのかれの見解を打ち出したのは、この作品においてである。おそらく共和国ではこの慣習が好ましいのだろう。祖国愛は実に強烈な動因であるため、男性たちは栄光と呼ばれるものにすら無関心になる。だが、主君の権力から解放するのが世論の力のみである国では、拍手喝采と女性からの支持があればさらに競争心はかき立てられるし、喝采と支持の影響を保つことが重要である。共和国では、男性は自分の欠点までをも変えずに持ちつづけねばならない。かれらの激しさやがさつさによって内なる自由の情念も激しくなる。だが絶対君主国においては、こうした欠点はいくらかの権力を行使する者たちをただ暴君にするだけであろう。(7)

共和国における女性の政治的排除を完全に受け入れつつも、スタール夫人は君主国についてはむしろヒュームのように論を進めることにした。つまり、世論に対する女性の力は自由を強化する、男性が女性を暴力的に支配しないことは絶対君主政も含めた君主国と専制政体を分かつ指標となる、と。専制政体では、統制のきかない支配があらゆる社会的関係に影を落とす。ところで、ルソーは愛情への権利を認め、「女性たちに属するあらゆる権利を永遠に」女性たちに返そうとしたのだから、「女性になじみのない諸権利を〔女性から〕奪おうとした」といってかれを責めることはますますできない[8]。この時点では、スタール夫人は文学における男性と同等の権利を女性に要求せず、ただ女性にも「血のかよった真実に迫る情念を描く」能力があることを認めてほしいともとめる。ルソーが『ダランベールへの手紙』で否定した能力である[9]。だがこうしてみると、フランス革命以降に提起された諸問題を彼女が考察するさいの枠組みがある程度よく見えてくる。彼女の認識では、アンシアン・レジーム期の礼節と部分的に結びつく政治的自由それ自体によって女性の社会的役割が改善されることはほぼない（これが彼女のイギリス社会の分析に通底するテーマのひとつとなるだろう）。しかしながら、こうした形態の行儀作法

れについては下記を参照。Claude Habib et Philippe Raynaud, « Civilité classique », in *Annuaire de l'Institut Michel Villey*, vol. 3, 2011, Paris, Dalloz, 2012.

（7） Mme de Staël, *Lettres sur les écrits et le caractère de Jean-Jacques Rousseau*, in *Œuvres complètes*, série I, *Œuvres critiques*, Paris, Honoré Champion, t. I, 2008, p. 48.

（8） *Ibid.*, p. 49.

（9） *Ibid.*, voir J.-J. Rousseau, *Lettre à d'Alembert*, *op. cit.*, p. 94-95〔『演劇に関するダランベール氏への手紙』、一二六ページ〕。

が支配の影響を制限する積極的な役割を担うことは認め、そうして小説のかたちをつうじて女性が文学的栄光をつかむ可能性を早々に要求するのである。この問題は一七八九年に革命が自由と行儀作法を一旦和解させるかに見えたがために、フランス革命後はいっそう喫緊の課題として立ちあらわれる。だが、一七九三年には、そのいずれもを革命が破壊することになる。

恐怖政治終焉後すぐにスタール夫人の立ち位置は決まり、これを貫き通とおす共和主義の、すくなくとも自由な政治体制の確立を願い、だが同時にそのために恐怖政治の再来をまねくあらゆるリスクの排除を試み、また統領政府の開始直後から軍事的栄光にすがる危険を激しく、くりかえし非難した。

彼女の最初の政治的大著『フランス革命を終結させうる現在の諸状況について』は一九〇六年まで未刊のままだったが、執筆されたのは一七八九年であった。すでに本作から恐怖政治の特徴として彼女が注視したものには、まさに上述の諸問題に直接かかわる点が含まれていた。すなわち、彼女によれば恐怖政治は「野鄙で粗暴な表現」に満ち満ちた言語の氾濫としてあらわれていた。そうした表現は人間から「一切の尊厳と他者と自己の尊重の念」を奪い去り、最低限の品の良い趣味がなければこれに太刀打ちできない。「趣味の悪さを憎むのは、決して軽々しい意見などではない」[10]。民衆のレベルでいえば、恐怖政治はマナーと習俗の急速な質の低下をもたらす。その劣化は歴史的に説明できるとはいえ、それで正当化されるわけではない。マナーの問題がアンシアン・レジームの「生きることの甘美なよろこび」への懐古趣味的なノスタルジーのみに還元し得ないことを端的に示す一節である。同様の問いは『文学について』（一八〇〇）でもくり返される。

行儀作法および礼節と自由との関係におけるあらゆる問題群を巻きこむ気宇壮大な考察である『文学

について』はたいへんな名著であるにもかかわらず、いまだふさわしい評価があたえられていない。[11]我われが文学と呼ぶものについての考察の歴史において、同時代のシャトーブリアンの評価があまりに高く、スタール夫人の作品はそのしわ寄せを受けており、こうした背景からありのままに『文学について』を読むのがむずかしいところがある。本作はヨーロッパ文明の哲学史であり、フランス革命をこの歴史の最重要の転換点とみなす政治哲学を概念的枠組みとする。彼女のライバルの〔反革命派の哲学者〕ボナルドと同様に、スタール夫人の関心は当然のこととして「文学」を「社会」によって説明することにある。我われは忘れがちなのだが、彼女にとって「文学」は詩や小説とおなじ資格で哲学を内包する。また、とりわけ、彼女によれば完成可能性の一般的枠組みがひとたび承認されれば、社会は「諸状況」の枠内で形成されるのだが、実に古典的にもその形を決定づけるのはまさに政治体制であり、「諸状況」は部分的にその影響を修正するのみであることを見落としてしまう。読み応えのある章（第一章十八）の風変わりな論調の背景には、このことがある。彼女が「ヨーロッパ諸国民のなかで、なぜフランス国民はもっとも優美と趣味のよさと陽気さに満ちているのか」を解説した章である。彼女によれば、これら美質は不変の「国民精神」と結びついているのではない。国民の性格とは「諸制度、諸状況の結果」に

（10） Mme de Staël, *Des circonstances qui peuvent terminer la Révolution et des principes qui doivent fonder la République en France*, in *Œuvres complètes*, série III, *Œuvres historiques*, Paris, Honoré Champion, t. I, 2009, p. 446.
（11） この点について、下記の版におけるジェラール・ジャンジャンブルとジャン・ゴルドザンクの指摘を参照のこと。Mme de Staël, *De la littérature*, GF-Flammarion, 1999.

ほかならず、これが「国民の幸福、利害関心、習慣に影響をおよぼす[12]」。それらはアンシアン・レジームにおいて理性が拒絶していたもの（恣意的権力と特権）と密接にかかわり、おそらくは革命がこれを徹底的に弱体化もしくは破壊した。スタール夫人は、ヒュームやヴォルテールといった最良のフランス擁護派がフランス人の気質や我われがフランス文化と呼ぶだろうものに贈った賛辞をあまねく取り上げた。だが、この壮麗な絵図の構図の中心にあるのは、きわめて特殊な政治状況である。すなわち、礼節、優美、趣味が権力を緩和すると同時に、その気まぐれを正当化することで恣意的権力を助長させた政治状況である。

よって、国王の権威が貴族の暗黙の合意によって強化され、君主は事実上は無限の、だが法によって不確かな権力を有していたのはフランスにおいてのみであった。こうした状況から、君主は自身の延臣さえにも気を配らなければならなかった。国王にとって、延臣とは国王の優位を認めつつも、かれらが征服したフランスを国王に約束する征服者の一軍のようだったのである[13]。

フランス君主政が専制的（モンテスキュー）であり、同時に「文明化」（ヒューム）されていること。これ自体が、この国の魅力と威光の源泉である。フランス君主政は、これが国王の栄光に寄与するかぎりにおいて学問技芸を振興し、フランス人作家にきわめて厳しい道徳を課した。悲劇におけるすぐれた趣味を育むと同時に、「エスプリ」が開花するにふさわしい場となった。会話を一技芸にまで高め、それは他のヨーロッパ諸国民が真似できぬほどであった。女性にこれまでにない強力な文明化の牽引力を発揮させた。ところが、それ自体としては栄光に包まれたこれら特徴は密接に恣意的権力とむすびつき、道徳的退廃と歩を一にしていた。フランスは外見の支配のもとに生き、内面的にいかにあるかが問われることはない。「偉大な世紀」を経験しなかった他国では技芸と文芸が国民の道徳を向上させたのに、その名を轟かせたフランスではそうはならなかった。ラ・ロシュフコーとラ・ブリュイエールの慧眼が及んだのは、限られた集団内のみだった。なぜなら、政治的観点は禁じられていたからである。[14] エスプリは「笑いものにされる者」とからかいの種を見つけだすセンサーと化し、ただそれだけで「寛大な心にある栄光と徳に駆り立てる熱望の息の根をとめる」[15]。政治を語る真の雄弁さはないが会話はその隙間を埋め、(無益な)「愉悦」を生んだ。「君主政があらゆる分野での立派な者たちの大半に授けた」のはそれだけだった。さいごに、女性の権力は絶大だったが、その権力は「あらゆることがサロンで起こり」また「あらゆる人びとの個性が語りをつうじてあらわれる」[16] 世界においてその権力が行使されるからでしかない。

そうであったとしても、フランスの優美と礼説は過ぎ去った世界の遺物である。「どれほど磨きをか

(12) Mme de Staël, *De la littérature*, Paris, Classiques Garnier, 1998, p. 255. ここにはスタール夫人のモンテスキューに対する批判が暗に示されている。彼女は「社会学的」というよりは「古典的な」立場を擁護している。
(13) *Ibid.*, p. 257.
(14) *Ibid.*, p. 284.
(15) *Ibid.*, p. 292.
(16) *Ibid.*, p. 262.

けられたものであれ、まったく性質の異なる政府のもとでフランスでは同様のものを目にすることは今後一切ないだろう。そのときには、フランスのエスプリ、フランスの優美と呼んでいたものは、数世紀にわたってフランスに存続していたような君主政の諸制度と習俗の直接的かつ必然的な影響であったことが見事に証明されるだろう(17)」。

革命下で猛威をふるった「野鄙なシステム」と「恥ずべき卑俗さ(18)」が恐怖政治と暴力を助長したが、「君主政のまやかしの観念」は消滅した。ところが消え去る前に、「まやかしの観念」の権威失墜は飛び火し、あらゆるかたちの礼節が否定されてしまった。よって、君主政的な礼節と革命の卑俗な振る舞いとの中道を見つけねばならない。とはいえ、アンシアン・レジームの礼節の再建で満足することはできず、目指すべきは共和国的礼節の創設である。礼節は「ルイ十四世の世紀の女性に対する慇懃《ギャラントリ》な形式」から距離をおき、十八世紀に単に行儀作法と呼んでいたものにふたたび回帰する。「礼節とはちょうど良い人間関係」であり、「互いに見知らぬ人びとのあいだに社会が結ぶ絆」である。共和主義の文脈においては、礼節は「都会風の習俗」とほぼ同義とされるのだが、実は、礼節の最良のかたちには誰も一度も熟達したことがないため、旧社会以上に堅苦しいものになる。

しかしながら、このあたらしい礼節がかつての形式を取らなくとも、あたらしい外観の下で伝統的にフランス式礼節に認められてきた二つの特性が保たれている。第一に、優美さは消えるだろうが、それでもフランス人は愛想よくあらねばならない。第二に、「かつてのフランス人の親切さにあふれた対応の代わりに、冷たく、厳格に」ならないこと。仮にそうなれば「自分などは相手にされていない(19)」と感じさせることになるからだ。より重大な意味をもつのは、共和国における権力者らの礼節が、かれらの権力の重圧を受け入れさせるための義務でありつづけることである。「権威とは、それ自体が被支配者には耐え難い重圧であり」、「よき趣味と一定の気高い魂を持つ者なら誰でも、自身の有する権力について許しを乞いたいと思うものだ[20]」。ヒュームにとっては、「文明化された君主政」の特徴はあたらしい共和国にも継承されるべきであった。さらにあたらしい共和国も、権威ではなく周囲に認められた功績と理性の光にもとづくあたらしい貴族層のようななにかを創設すべきであろう。

スタール夫人は、今後誕生するであろういくつもの共和国の行儀作法と礼節についての独自の提案をする。彼女の考えは、多くの点で第三共和制のジュール・フェリーの正当な先祖を主張するに値し、十八世紀に古きよきフランスの継承者と革命の継承者の共存を可能にしていく妥協と和解を優れた洞察力で先取りしている。同時に、革命後のフランスを文明化するために払うべき代償についてもよく認識している。才能ある女性、とくに著述家の地位は「貴族的」社会のとき以上に下がる危険があるということだ。「君主政では笑いものにされやしないかと恐れ、共和政では憎まれないかと恐れる[21]」。「エスプリ」の輝きは鈍り、文学は貴族趣味から解放されるにちがいないし、喜劇の位置づけもより下がるだろう。

（17） *Ibid.*, p. 263.
（18） 注5で見たように、スタール夫人は「下劣さ（vulgarité）」という新語をつくったことを自負していた。
（19） *Ibid.*, p. 308.
（20） *Ibid.*, p. 305.
（21） *Ibid.*, p. 325.

イギリスとイタリア

スタール夫人はフランスが自由への独自の道を見いだすことを期待するが、議論のロジックからしておのずとイギリスの評価についての考察へと導かれる。絶対主義のフランスに対し、政治的自由の範となる国だからだ。ところが先に見たように、十八世紀の議論ではイギリスの自由は三つの主要な特徴をともなう。いずれも、フランス的社交性に相《あい》対する特徴である。よって、イギリスでは相対的に礼節は洗練されず、社交集団は陽気さを欠き、そして女性が傑出した地位を占めることはない。となれば、イギリスに対するスタール夫人の眼差しは本質的に両義性をともなう。イギリスは政治的自由の国で、法の支配が個々人の独自性を抑圧せずに男性に高い尊厳をあたえる。だがそのすべては、女性を家内の領域に閉じこめるという代償があってのことである。公共の領域での活動を願い、サロンとフランス式礼節の世界で女性が持ちうる権力を誰よりも熟知したひとりの女性にとって、イギリスのこの側面は小さくない難点である。つまり、フランスの問題とは対照的なイギリス問題というものがあるということである。問うべきは、近代イギリスにおける女性のまずまずの、とはいえ従属的な地位をいかに解釈するかである。これが単なるイギリス習俗の現状の反映なのか、あるいはモンテスキュー、ヒューム、ルソーが考えたように、イギリス政治体制の有する共和主義的なものに内包されるのか、である。

『フランス革命についての考察』にも見られるこの問いは、小説『コリンナ、あるいはイタリア』の中核をなす。ここでは小説の形式によって卓抜した才能の、あるいは天才ともいうべき女性がかかえるジレンマが劇的に表現されている。自由がひろがり、公的幸福が政治の中心課題となり栄光への複数の道が拓かれつつも、いかなる女性も自由、幸福、栄光を同時に享受することなどできなかった、そのような時代のことである。小説は、美しき天才詩人コリンナとイギリス貴族オズワルド・ネルヴィル卿の悲劇的な愛の物語である。二人には幾多の障壁が立ちはだかるばかりか、双方のそれぞれの文化への執着によって物語はいっそう悲劇的になる。ネルヴィルはイタリアを愛することはできても尊重はできず、他方のコリンナはイギリス式の生活様式をとにかく受けいれられない。実に、それは十代の頃にさかのぼる。彼女のイタリア人の母の死の数年後、父はイギリス人女性と再婚した。そのせいで、それまでイタリアで幸福に包まれていた彼女は、気むずかしい継母とノーサンバーランドの小さな街で窮屈な生活を十五年も強いられた。コリンナが愛して止まないものの全否定である。当時イギリス病とでも呼ぶべきだったものを描いた原光景だが、ここには我われにとってもなじみあるトポスが見事にあらわれている。イギリス社会では女性は会話から排除され、食事後に男性たちが重大事について喧々諤々するあいだ、女性はお茶の準備のために裏手にさがる。[22] イギリスで男性が享受する自由を女にも拡大することが拒まれ、そのために生じる事態であることがこの不幸をいっそう辛くさせる。さらにはコリンナの活動を断念させようと、継母は女性が才能を伸ばしてもむだだ、妻あるいは母の務めを果たすことにしか女性の幸せはないのだからとコリンナを教え諭す。[23] 詩人と芸術家と演劇と音楽のイタリアはコリンナに

（22） Mme de Staël, *Corinne*, XIV, 1, Paris, Gallimard, « Folio », p. 363-368〔『コリンナ』佐藤夏生訳、国書刊行会、一九九七、第十四部－一、二三九―二四六ページ〕。
（23） *Ibid.*, p. 365〔同上、二四五ページ〕。

とって真の祖国でありつづけるが、ネルヴィル卿にとっての祖国にはなりえなかった。かれにとって「あまりに開放的で芸術と文芸を愛し、国の分裂によって政治的関心をもたないカトリックの人民は理解に苦しむ」(24)からだ。

」

¥「、世界中で女性たちが真にもっとも愛されている国である」(25)。そうして彼女はイギリス小説のふしぎな魅力を解説する。自身の才能とイギリス人男性（とりわけ世評にがんじがらめのオズワルドの）気質とのズレから生じたヒロインの不幸がいかほどであっても、先の評価はコリンナのなかで否定はされない。コリンナ自身が切望する「深く長くつづく感情」(26)をもたらし、またフランス的社交性の負の側面である皮肉と悪口から女性をまもる。このようなイギリス習俗は、ある程度までは女性をまもるのである。さらにいえば、スタール夫人は『ドイツ論』の有名な一節で「イギリス的」観点から一種のメランコリックな真実を認めたものの、女性の権利の擁護が彼女の最後結論であったかは定かではない。「政治や世俗にかんする事柄から女性を締め出すのには一理ある。男性と張り合うことほど女性の生来の適性に反するものはなく、女性にとっては、栄光そのものは失われた幸福の色鮮やかな喪服しかなりえないだろう」(27)。

他方で、イタリアはフランスのような虚栄心が蔓延することなく貴族社会の優美と美が花ひらいた国である。だが、イタリアの独自の役割をもってしても現実の選択肢となるには決め手に欠くだけにいっそうイギリスの長所は重要でありつづける。『コリンナ』全体がイタリアの、イタリア諸都市の、その芸術的遺産の、その血湧き肉おどる音楽性の、その文学までもの讃歌の様相を呈し、コリンナはフランス古典主義の信奉者に対してイタリアの優位について熱弁をふるう。イタリアは愛と名誉が輝きを放つ幸福だが脆い特別な場である。だが、そうであるとしても、イタリアはそれがいつまで続くのか約束することはできない。スタール夫人は啓蒙期の大論争の枠組みをそのままもちいるため、ここにも行儀作法と礼節との類比関係が見いだされる。すなわち、イタリアは安定と国としての統一を欠く。ヴォルテールによれば、そのせいでイタリアではなくフランスがルネサンスの遺産を継承し、フランス自由主義者によれば、それがイギリスでは自由が永続的であることの理由でもある。いずれにせよ、イギリスの遺産の批判において、ある一定の条件下では、いかにイタリアがフランスに代わる候補となりえるのかをスタール夫人は看破したのである。(28)

(24) Michel Winock, *Madame de Staël*, Fayard, 2010, p. 298. スタール夫人の作品における重大な契機については、『コリンナ』についてのモナ・オズフの短いが至極明晰な考察以上のものはない。本著でのわたしの考察は彼女の分析から大いに示唆を受けている(Mona Ozouf, *Les Mots des femmes*, Paris, Librairie Arthème Fayard, coll. « L'Esprit de la cité », 1995, p. 124-128 ; rééd. Gallimard, « Tel », 1999)。
(25) *De la littérature*, première partie, chap. 15, éd. Classiques Garnier, p. 223.
(26) M. Ozouf, *op. cit.*, p. 127.
(27) *De l'Allemagne*, Paris, GF-Flammarion, 1968, 2 vol., t. II, p. 218〔スタール夫人「結婚における愛」、『ドイツ論 三』H・ド・グロートほか訳、一九〇一一九一ページ〕。
(28) モナ・オズフが重要な点でスタール夫人とスタンダールを比較したのは至極妥当である。すなわち、『コリンナ』

フランス・ドイツ——優美と深淵を兼ねそなえることは可能か？

『文学論』と同様、『ドイツ論』もかつては名著として名を馳せていたが、今日では知名度は低迷し、殊に過小評価されている。その理由は、おそらくスタール夫人の描くドイツが分裂状態で、政治的には無力の、その後のビスマルクの華々しい活躍が放つ激しい熱情とはほど遠いためにちがいない。くわえて、おなじく『ドイツ論』と題された、しかしスタール夫人の作品とは反対の路線を狙ったハイネリッヒ・ハイネの作品も関係するだろう。この作品では面白おかしくかつ破天荒なドイツでの旅と出会いが綴られているが、そこではスタール夫人を慎みに欠く、つまりは物知らずのブルーストッキング〔十八世紀ロンドンの女性の文学サロン。慣習に反して青い靴下を履いていたことからこの名がついた〕として描く。彼女はたいして知りもしない著述家たちの思想を短絡的にも好意的に解釈したのだろうとハイネはいうのである。当然、フランス人読者から見たスタール夫人の作品(29)の評判を下げようとするハイネの評価は公正さを欠くが、とはいえ、そこから彼女の作品の弱点と限界を読み解くこともできなくはない。スタール夫人の『ドイツ論』は、暗に論争の火種をふくむ作品である。ドイツの徳を高く評価することで、フランス的文明ばかりか彼女が共和主義的政治の腐敗とみなすナポレオンの政治と征服に対する批判も孕むからである。(30)ハイネは、ナポレオンを旧体制派の一群に対抗し、そうはいっても自由の大義をまもる啓蒙思想の継承者と見るのに対し、スタール夫人によれば敗れたドイツはフランスより平和で、フランスほど表面的でないと見る。彼女は祖国愛に目覚めたドイツ人が政治的自由に到達し、ナポレオンの帝国主義からヨーロッパを解放することを願っているのだった。

スタール夫人のドイツ観は、より広い射程のなかに位置づけられる。すなわち、フランス革命の遺産の継承が、ひとつはヨーロッパにおける政治的自由の定着を、もうひとつは個々の国民的文化の成熟をもたらすにちがいないという理解である（まさにこの展望において、彼女はアレクサンドル一世のロシアへのおそらくは好意的すぎる評価にいたった）[31]。ハイネにとっては、スタール夫人は「ライン河の向こうについて、彼女は見たいものしか見ていなかった。実に有徳だが実体のない男たちが道徳と形而上学に耽りながら雪原をあてもなく歩く。そんな者たちのいる鬱々としたエスプリの国なのに」。彼女は「フランス人の『唯物主義』を貶めるためだけにドイツ人の精神主義」を称えるが[32]、ロマン派文化が基盤とする伝統的権威主義の核心も、「理想主義」哲学がもたらす暴力的革命の可能性も、彼女には見えていない、と。今日、逆説的にもドイツ哲学にもっとも愛着をもつフランス人哲学者がハイネのドイツ評にしばしば言及する。権威ある文学者たちが『文学について』の著者に近代文学の教授資格を認めな

の著者はフランス社会を蝕んでいた虚栄心がイタリアには不在であることを喜んだ点である（*Les Mots des femmes, op. cit.*, p. 127）。この比較を敷衍し、スタール夫人にとってのイギリスが『パルムの僧院』の著者にとってのアメリカの役割を果たしていないかという問いも成り立つだろう。

(29) ハイネが『ドイツ論』という同一のタイトルを採用した理由はここにある。

(30) 『ドイツ論』では、作品を禁書指定にしたナポレオンの敵対的な反応が説明されている。本作品の政治的射程については、下記前掲書のヴィノックの優れた解説を参照（Michel Winock, in *Madame de Staël, op. cit.*）。

(31) この点については、『追放十年』のロシアにかんする記述を参照（rééd. Paris, Fayard, 1996, p. 255-306）。

(32) この見解は、すでにハイネの著作の初版ですでに表明されていた。自身を公平だと盲目的に信じるスタール夫人が「ドイツ人の知的生活や理想主義を賞賛するのは、フランス人の間で広まっていた現実主義、帝国の諸機関がいとも豪勢なつくりである点を批判するためだけである」（*De l'Allemagne, op. cit.*, p. 157）。

いように、フランス人哲学者たちも彼女のカント解釈やフィヒテの解釈がフランス式テクスト解釈の模範解答の基準に達しないとの理由で、彼女を落第とするのだった。これらはすべて、きわめて不当である。彼女の初期作品のひとつである『ドイツ論』はドイツの偉大な文化の一貫した見取り図の全体像を示し、さらにここではカントによる革命の本質の実に的確な総体的解釈と対をなす分析がなされている。実際『ドイツ論』は、フランスとドイツの対話の歴史の重要な足跡を記した作品である。これが文化／文明の対比の形成において重要な役割を果たしたし、またドイツと他のヨーロッパとの差異をドイツ人が理解するさいに、大きな影響をあたえたことを我われはよく知っている。のちにドイツ人思想家らが文化／文明の対立をナショナリズムに利用するが、その予測を怠ったとスタール夫人を責めることはできるかもしれない。だが、フランス文明のきらびやかな外面性とドイツ文化の深淵な内面性の二元性を認めたからといって、彼女は無条件にドイツを賛美したり（ドイツは政治的自由に到達すべきであるし、フランス的マナーから学べることもある）、両国には超えがたい溝があると極端な対立構図を示したこともない。反対に相互に教え高めあうべきで、おそらく両国が互いに自由になった時にはそれが可能になると説いた。この点も我われはきちんと認識すべきである。

『ドイツ論』の大テーマはフランスとドイツの比較であり、『文学について』とは大きく異なる手法がとられている。主軸をなす考えは、「文学」は社会に左右され、社会それ自体も、実に古典的にも政治体制の論理と歴史的諸状況から理解されるということである。社会構造としては一見するほどには違わないが、対極的な道徳的および哲学的原則を体現する二カ国の比較が『ドイツ論』の主題となる。礼節、軽々しさ、陽気さ、女性の社会的役割、会話の重要性などそこに付随するすべてがこれまでになくフランスの中核的特徴となり、それは消え去った政治体制の結果であるばかりか、ひとつの生き方、こう言ってよければひとつの世界との関係性から生じたものである。フランスとは、会話において、より一般的には外見上の関係において振る舞うべき方法を完成の域にまで高めた社交空間である。一国家である前に、世界で唯一の社交空間とさえ言ってよいかもしれない。それに対しドイツは「思想の祖国」である。この地では天賦の才が深遠を究めることがしばしばあるが、かれらのやり方では心地よい世界の創造にはいたらない。理想は、両国間の対話を通じて、実はさほど離れていない二つの存在様式――その後、文化と文明と呼ぶことになるもの――の統合を目指すことであろう。「ドイツ人は書物にしか適さないようなことをしばしば会話に盛り込むという誤りを犯し、フランス人も時として、会話にしか適さないようなことを書物に記すという誤りを犯す。そしてわたしたちは表面的なものを論じ尽くしたのだから、優雅であるためにも、またとりわけ変化をつけるためにも、もう少し奥深いことを試みる必要があるとわたしには感じられる[33]」。

『人倫の形而上学（徳論）』をカントは礼節の（予想外の？）賛辞で締めくくった。曰く、「徳に優美をくわえる」必要があり、それ自体が「徳の義務」であると。他方で、スタール夫人が特別に敬愛するシラーには「優美と威厳」という論考があるが、ここでシラーは優美と威厳という二つの道徳的美質の相互補完性を訴える[34]。スタール夫人のフランスの「優美」とドイツの「深遠」の擁護論では、彼女に

（33） Mme de Staël, *De l'Allemagne*, *op. cit.*, t. I, p. 47［『一般的考察』、『ドイツ論　一』、二六ページ］。
（34） とはいえ、シラーのこの論考でも『美的人間形成』でも、彼女は「形而上学がすぎる」と感じていた（*Ibid.*, t. II, p. 69）。

とってはドイツ精神を構成する代表的なこの二人の思想家に忠実であるように見える。いずれにせよ、ここでの我われの関心事である行儀作法の歴史について、彼女は近代フランス史の主要な諸特徴をくっきりと浮かびあがらせているように思われる。

第一に、第十一章において、実に印象深い「会話の精神」描写をのこしている。彼女にとってはフランスでの経験の中心をなすものである。そこでは、二世紀にわたる考察の総括がなされ、サロンの世界をはるかに超え、フランス人の政治的態度についてのきわめて明晰な分析がある。会話は単なる雑談とは一線を画し、また議論とも異なる。会話は有用であるよりは心地よく、その目的は真実の発見でも、幸福になることでさえなく、それ以上に共にあることの一種の愉悦をもたらすことにある。

活発な会話によって感じる幸福感がどんなものかは、厳密には話題によって左右されるのではない。そこで展開される思想や知識に主たる関心があるのでない。お互いに働きかけ、素早く好感を感じ合い、思ったことを直ちに口にし、その場その場の自分を楽しみ、苦もなく喝采をうけ、言葉の調子や身振りや眼差しを使って、あらゆるニュアンスで自分のエスプリを披露し、つまり、火花を出して、ある人には過剰な活力さえ静め、別の人には苦しい無力感から目覚めさせるような一種の電気を思いのままに起こすようなある種の方法。会話の関心はここにあるのである。(35)

フランスの会話では、発話は「そこに見いだす喜び以外の目的も結果もない、ひとつの自由技芸となる」。会話は、完全に「優美」の側にあるということだ。これだけで会話の術がドイツ人にはかなり縁遠いことの十分な説明となる。他方、ドイツ人は深遠と我われが真正さと呼ぶものの側にある。「ドイツ人は誠実なので、それ〔フランス的会話の精神〕に似たことも決して自分に許さない。かれらは上品さを文字どおりに受け取る。うつくしいことばには相応のよい行動が伴うものと思い、そのため、かれらの心は傷つきやすい」(36)。会話はアンシアン・レジームを生き延び、フランス的社交性の主たる特徴となった。だが、会話の最初の飛躍的発展を支えたのは君主政下でのフランスの政治状況であり、フランスの政治において重要な役割を果たしつづけたことにはかわりがない。「社交の精神」の力をなすのはさまざまな階級間の関係、それから諸階級と政治制度との関係の不安定さである。

あらゆる形式の陰に隠れて行われる専横がフランスの習慣にも、風俗〔習俗〕にも、法律にもあった。そのためフランス人は、こう言ってよければ、つまらないことにもあれほど学識を衒った。主要な基盤が強固でないので、どのような細部にでも確実さをもたせようとしたのである。〔…〕フランスでは模倣の精神が社会の絆のようなもので、この絆が制度の不安定さを補わなければ、すべてが無秩序になる(37)。

(35) *Ibid.*, t. I, p. 101-102〔「会話の精神」、『ドイツ論　一』、一〇六ページ〕。
(36) *Ibid.*, p. 103〔同上、一〇八ページ〕。
(37) *Ibid.*, p. 106〔同上、一一三ページ〕。

イギリスの法の支配(強固な支配があるから、イギリスでは独創性や奇抜さが許される)も、ドイツの厳格なヒエラルキー(宮廷は確固たる世界で、それ以外の社会と遮断される)もフランスにはない。そのことがアンシアン・レジーム下で「社交の精神」を育み、好ましい影響もおよぼしたが[38]、同時にフランス革命においても重要な役割を果たした。「会話の精神」は「率直な性格を歪めてしまう」おそれがあるだけではない。もっとも聖なるものを相対化する作用があり、よってアンシアンレジームの正当性をすこしずつ切り崩す役割を果たした可能性がある[39]。より深刻なことに、フランスの行儀作法はある種独特な慣例主義を拡大させ、これが革命の爆発的推進力のなかでふたたびあらわれたに違いない。

貴族階級の能力である上品さやエレガンスは、気力、奥深さ、感受性、さらにはエスプリよりも良いものとされていた。[…]。選ばれる模範像は貴族的で感じがよく趣味のよいものであるが、誰のものも皆おなじである。この模範像が集合地点である。これを真似ることで仲間と一緒だという実感を持てる。フランス人は自分ひとりだけの意見を持っていると、部屋に一人ぼっちでいるように退屈なのだろう[40]。

ルソーは、個々人の誠実さと人びとの連帯を破壊したフランス的「社交」のマナーを糾弾し、スタール夫人の鋭い分析はこのルソーを反映している。だがアンシアン・レジームに対するこれら批判は、ここではフランス革命にむけられている。革命が闘った体制がそうであったのとまったく同様に、フランス革命は「皆とおなじように考えるという社会的必要」に支配されていた。だからこそ革命期には「戦争への勇気」と「文民としてのキャリアの小心」とが共存していたのである。

軍人の勇気については、ひとつの見方しかない。しかし、政治問題においてはとるべき行動しだいで世論は迷わされることがある。支配的な党派にしたがわなければ、周囲の人びとからの非難、仲間外れ、無視という脅しがある。しかし軍隊では、死または栄光の二者択一しかない。死を恐れず、栄光を熱愛するフランス人にとっては魅力的な状況である。危険を犯せば、流行する、つまり拍手喝采をえられると言ってみなさい。フランス人はあの手この手でこれに挑戦するだろう。フランスには上から下までどの階級にも社交性が存在する。周囲の者から承認の声を聞かなければならない。どんな犠牲を払っても非難の的や笑いものの種にされてはならない。というのもお喋りがこれほど大きな影響力を持つ国では、往々にしてことばの響きが良心の声をかき消すのだから。[41]

(38) 「フランス人がヨーロッパで一番外交に長けている」とすれば、それは「会話の精神が（フランス人の中の）外交的な交渉という、もっと大切な才能を著しく発達させた」からである（*ibid.*, t. I, p. 105）〔同上、一一一—一一二ページ〕。

(39) 「フランス人はこの種の振る舞いに陽気さを持ち込み、それがかれらを愛想よく見せる。しかしそれでも、上品さによって——すくなくとも何者も重要視せず、すべてを滑稽視する上品さによって——、この世でもっとも神聖なものが揺さぶりをかけられたのもまたたしかである」（*ibid.*, t. I, p. 103）〔同上、一〇八ページ〕。

(40) *Ibid.*, p. 106〔同上、一一四ページ〕。

(41) *Ibid.*, p. 107〔同上、一一五—一一六ページ〕。

礼節と会話の遺産はまもらねばならない。だが、革命後のフランスが革命も否定すべきではないならば、フランスにはいまだ改革の必要があるということだ。それは政治以上に文化と呼ぶだろうもの、つまり文学や宗教や哲学の改革となり、そこでドイツは貴重な模範となるかもしれない。

ルイ十四世治世下でフランス文学は比類なき飛躍を遂げたものの、「洗練された」社交の世界の法にしたがったがために、その成功自体の犠牲となった。趣味のよさが必要以上に重視され、創造的精神や天賦の才を抑圧するまでになった。[42] おまけに、フランスの偉大な詩術は古典主義の完成にいたったことで「我が国でもその他のヨーロッパにおいても洗練された精神のあるものすべて」から称賛されることになった。しかしながら、それらは「おなじ街の庶民にもブルジョワにも」無縁のままである。国民的文化から着想や題材をえることをしなかったためだ。[43] だからこそ「芸術家かつ社交人であるフランス人の判断方法とドイツ人の判断方法との」中間での「和解」を提案する必要がある。ドイツ人の判断は、創造的精神を抑圧せず、しきたりの正当性を認め、さらに北方ヨーロッパ文学の影響を広めるにちがいない。そしてそれを範とすることで、フランスの詩人たちは国民的文化のなかから忘れられた伝統に正当性を付与し、それが読者の拡大につながるだろう。[44]

つまり、スタール夫人はドイツのロマン主義の真髄を完全に理解したということである。すなわちドイツ・ロマン主義とは、二つの主張の出会いである。形式の支配に対する個人と天賦の才の諸権利の表明と、政治的統一である以上に文化的統一としての国民の価値の表明との出会いである。[45] 他方で、つぎの点も忘れるべきではない。すなわち、スタール夫人はドイツ・ロマン主義の貢献を認めたが、しかし彼女がロマン主義哲学に傾倒したのではないということである。彼女がドイツ哲学から学んだのは基本的にはカント哲学であり、そのかなり正確な紹介も彼女は手がけた。彼女にとってカント哲学はフランス的啓蒙を部分的に批判するための手段であり、反自由主義的かつ反道徳的である影響、すなわち実利至上主義の影響について同時代人たちに警鐘を鳴らす目的もあった。カント哲学は、かつての形而上学的な幻想に陥ることなく十八世紀の感覚論の乗り越えを可能にした。道徳性が幸福の追求に還元されないことを明示しつつ、自由の諸権利をふたたび表明し、「妥当な利害関心」に対する説得力のある批判への突破口をひらいたのである。さらに不寛容と狂信に対する正当な戦いを超えて、自由と共存可能な宗教を追求する道もひらいた。この点について、たしかにドイツのプロテスタンティズムはいくつかの手本を示しえたが、スタール夫人にとっては、感情的な意味においてカント的合理主義に傾倒せずして真に盤石な基盤はえられないように思われた。[46] ここでもまた、ドイツの貢献はフランス的行儀作法と宮廷社会の遺産に密接に結びついたフランス精神の性向を修正するよう作用する。良心の諸権利を弱体化させると同時に人間行動の本質的原理をエゴイズムとする一部の「フィロゾーフたち」は、政治的自由

(42) *De l'Allemagne, op. cit.*, t. I, chap. 14, « Du goût », p. 247-249〔「趣味について」、『ドイツ論 二』、一〇六―一〇九ページ〕。
(43) *Ibid.*, p. 214〔「古典主義の詩とロマン主義の詩」、同上、六七ページ〕。
(44) *Ibid.*, p. 248-249〔「趣味について」、同上、一〇七―一〇八ページ〕。
(45) つまり、ドイツ人に対するフランス人旅行者の賞賛の眼差しに対してハイネは実に辛辣で、この前代未聞の組み合わせにまつわる危険を察知したからである。
(46) 以上すべての点について下記を参照。Philippe Raynaud, *Trois révolutions de la liberté. Angleterre, Amérique, France*, Paris, PUF, « Léviathan », p. 298-301.

の確立にいたらないままに、道徳性を危険にさらす啓蒙思想の逸脱に道をひらいていたのである。[47]

フランスとイギリス――政治的自由の条件

啓蒙の地誌はイタリアの自由都市、フランス君主政、ほぼ共和国のイギリス、ロシアの専制主義とその文明化の野心など、ルネサンスと古典主義時代の政治的経験をつうじてしだいに姿をあらわした。フランス革命を起点に啓蒙の地誌を再考した彼女は、以下二つの革命の重要な帰結を最初に看取した人物である。すなわち、ヨーロッパ諸国の「アンシアン・レジーム」の決定的崩壊と、「市民」「文化」の二つの次元における国家という形態の浸透である。先に見たように、彼女の作品の中核的問題は二つある。ひとつは、いかに「フランス革命を文明化」するか。もうひとつはフランスについてで、フランス革命は絶対君主政にかかわる遺産の完全放棄には痛みがともなうことを示したが、この遺産をいかに活用するかである。この問いは作品内のそれぞれの段階に繰りかえしあらわれる。ときには挑戦的な仮説（ロシアの「自由の精神」をナポレオンから擁護するなど）がたてられるが、英仏の比較を体系的におこなうのは最後の作品『フランス革命の考察』（死後出版）においてのみである。そのあらゆる考察を通底するのは政治的自由の諸条件である。[48]

ある意味において『考察』があきらかにするのは、スタール夫人が政治哲学および政治体制が人民に及ぼす影響の考察に回帰したこと、代わりに『ドイツ論』や『コリンナ』でのようなヨーロッパ先進諸国の一般的気質の分析における「文化主義的」傾向が薄れたことである。だが、この回帰自体がなににもまして当時のフランスの現実に即したものであった。つまり問題は王政復古の一八一四年憲章によるあたらしい条件下で、フランス人は隷属状態や無政府状態にうち捨てられてはいない、なぜなら代表制の政府の出現は至るところで必要とされ、フランスにおいてもその国民的性格のために代表制の政府が阻まれるなどということは一切ないからだ、と示すことであった。[49] よってフランス人の本質的「軽さ」とイギリス人の「真面目さ」を対比するなど論外である。そうなればイギリス人の政治的自由をフランス人は決して享受できないことになるからだ。「フランス人は軽佻浮薄である。なぜなら、フランス人

（47） スタール夫人は反「急進的啓蒙」を表明したと考えてよい。彼女は「揶揄」も許さず、かといって十八世紀のリベルタン作家に足並みを揃えることもない。こうした「罪深い書物」の作家たちは「物質的なものが精神的なものにあたえる影響をよりどころにし」、「要するに、自由意志と良心とを打ち砕く主張を、あらゆる形式で展開している」（*De l'Allemagne, op. cit.*, t. II, p. 110）〔「フランス哲学」、『ドイツ論　三』、四九ページ〕。

（48） Mme de Staël, *Considérations sur la Révolution française* [1818], Paris, Tallandier, 1983〔『フランス革命文明論』全三巻、井伊玄太郎訳、雄松堂出版、一九九三〕。この作品について、本作品と一七八九年の著書との比較をおこなったゴーシェの下記論考を参照。Marcel Gauchet, « Madame de Staël », in François Furet et Mona Ozouf (dir.), *Dictionnaire critique de la Révolution française*, Paris, Flammarion, 1988.

（49） *Considérations...*, VI, 2.「フランス人は、代議制政治に進出しようと努めているアメリカ人をも考慮に含めるとすれば、（イギリス人をも含めて）、第三の民族である。イギリス人とアメリカ人との先駆者たち（自由における）の例は遂にフランス人を指導し始めている。各国民がどのように考えられているにせよ、各国民にとっては代議制政治体制が可能であるばかりでなく、必要でもあることがつねに見出されるのである」〔『フランス革命文明論　三』、第六編二章十一節「イギリス史概説」、一四一ページ〕。

は軽佻浮薄を奨励することによってのみ支持されうる政治体制に運命づけられているからだった」[50]。さらに、かつて「専制主義」を支えていたものさえ、自由な諸制度のもとでは自由に有利に作用することが期待された。「フランスでは、心地よい気候、社交好きであることなど生活を美しく彩るものすべてが恣意的権力に好都合にできている。生きることの喜びだけで人びとが満ち足りている南欧諸国におけるのと同様である。けれども、ひとたび自由への欲望が人びとの精神を支配することとなると、フランス人が非難される欠点そのもの、かれらの鋭敏な性格や自己愛などは、かれらが決然として克服したがっているものにいっそう結びつくことになる」[51]。

『フランス革命の考察』はフランス政治の行く末に基本的に楽観的な見解を示し、彼女が描いた一七八九年フランスの情景がそれを裏づけているように見える。そこでは、当時の人びとの心をゆさぶる表現を駆使しつつ、フランス革命当初の喩えがたい雰囲気を活き活きと蘇らせている[52]。彼女の思想のすべて、いや彼女の生涯全体を集約したような妙々たるテキストのなかで、スタール夫人は一七八九年を啓蒙の精神が会話の精神と出会った瞬間をとらえた。会話の精神が卑俗さと暴力性のなかで失われてしまう前の特別な瞬間なのだという。

利益において、感情において、思考様式において、あらゆるものが対立していた。けれども断頭台が設置されなかった限り、言論は、まだ二党派間の受理されうる媒体であった。ところで、フランス的精神がそのすべての光輝を放って示されたのが最後であったとは、嗚呼！　これは最後でもあったが、またいくらか最初でもあった。すなわち、そのとき、パリの社会は優秀な諸精神の相互流通の理念を（天性によってあたえられうるもっとも高貴な賜物の享受を）、あたえることができたのである。この時代に生きていた人びとは、これほど多くの生命を、これほど巨大な精神を、他のどこにもみたことはなかったと告白せざるをえなかったであろう。当時の社会の状況によって発展した人材の輩出によって判断されうることはつぎのように思われる。それは「賢明なそして誠実な憲法によってつくられた路において公務にかかるように任命されたフランス人は一体どのように秀れた人物なのであろうか」と。(53)

パリ社会が経験したような一七八九年の事件は完璧な瞬間だった。「貴族身分の特権よりも個人の功績をより誇りに思う」貴族がもっとも開明的な第三身分の人びとと競い合い、また「あらゆる公務が未だ第一身分の手中にあったように、自由のあらゆる活力、かつての礼節のあらゆる優美も第一身分の手中にあった」瞬間だった。だが実際には、「会話の精神」が密接に結びついた貴族的原理から自由になり、政治的自由のために活用された時代である。そのような時代は来ないだろうと思われていたが、そ

(50)　同上、第六編一章七節「自由論（フランス人は自由であるようにつくられているか）」（同上、一二四ページ）。

(51)　同上、第六編二章十一節「イギリス史概説」（同上、一四〇―一四一ページ）。

(52)　『哲学史講義』においてヘーゲルはさらにつぎのように述べることになる。「崇高な感情がこの時代を支配していた［…］これは輝かしい日の出であった」。トクヴィル『アンシアン・レジームと革命』の末尾も参照のこと。

(53)　*Considérations…, op. cit.*, II, 17, « Ce qu'était la société de Paris pendant l'Assemblée constituante » (p. 229)（前掲、『フランス革命文明論　二』、第二編十七章四節「憲法制定議会中のパリ社会の実情」、二六二ページ）。

れが到来した。フランスが自由なイギリス以上に輝きながらもアンシアン・レジームの技巧とごまかしに満ちた交際術と手を切り、男性が市民になろうとしていたその時に女性が君臨しつづけるという前代未聞の状況が生まれたのである。

イギリスでは、社交の楽しみを害するものは、昔から代議制国家の職務と利害である。これに反して、フランス社会をいくらか軽薄にしていたものは、王制下での閑暇であった。けれども一挙にして自由の活力は貴族制の優雅と混合し合うようになった。いかなる国いかなる時代においても、そのあらゆる形式のもとでの話術は、革命初期の数年間ほどに刮目さるべきものは曽てなかったのである。

イギリスの女性たちは、政治が問題になっているときには、男性たちの前では沈黙したままであるのがならわしになっている。フランスの女性たちは自分たちの家では殆どすべての会話を指導したのである。そして彼女たちの精神は、早くからこの才能に必要な如才なさをあらわすように形成されたのである。それ故に政治論は彼女たちによっておだやかにされたし、しばしば愛嬌のある皮肉な冗談をまじえ彩られていた。(54)

自身のサロンで古代派と近代派のあいだを取りもっていたように、この完璧な時代において、スタール夫人はフランス革命に奉仕しつつも反革命派との仲介役も果たしていた。こうして彼女は、私生活での幸福がまた公共の幸福でもあることを願い、栄誉に浴すことができた。だが、この溢れんばかりの幸福は近代の代表制の原理にはそぐわないものに依拠し、そのせいで儚いことも見落としてはならない。かつてフランス貴族社会で「社交の精神」を開花させたのは移ろいやすさと勝手気ままさだったが、一七八九年の主役たちを昂揚させていた輝かしい運動のなかにあって、逆説的にもこれらは保たれていた。わたしたちが会話の精神と政治的自由の出会いという魅力的なイメージに酔いしれる気分になれないのは、おそらくこうしたことが感じられるためであろう。この点をあきらかにするのが、『考察』第六部、イギリス社会と自由主義的政治体制の関係についての長い分析である。

問題は、フランスのような華やかな社会とイギリスの政治体制のメリットを同時に享受することが十分に想定可能かどうかを問うことであり、答えは否となりそうである。スタール夫人はこのことを隠そぶりすら見せない。「イギリスの貴婦人が招待する訪問者名簿は、ときとして二百名に達する。フランスのサロンはきわめてせまい範囲に限られている。サロンをつかさどる貴族的精神は優雅と悦楽とには好都合であったが、自由国家の性格にはまったくそぐわないものであった。そういうわけで、ロンドンでは社交界は自由には振舞われてはいるが、社交界の楽しさはきわめて稀にしかえられないし、また、むつかしいものになっている。そこで、わたしはこの社交界での楽しみがイギリスの社会秩序とうまく調和できるものであるかどうかを検討することにしたいのである。もしこれらの悦楽が社会秩序とうま

(54) *Ibid.*, p. 230〔同上、第二編十七章一、二節、二六〇ページ〕。

(55) *Ibid.*, VI, 6, « De la société en Angleterre et de ses rapports avec l'ordre social »〔前掲、『フランス革命文明論 三』、第六編六章一節「イギリスの社交界とその社会秩序の関係」、一九〇ページ〕。

く調和していないとすれば、社交界での人物の選択がよくないということになる」[55]。さらにイギリス社会の分析からは、政治的自由が公共空間からの女性の排除に基づくこともあきらかにされている。そのもっとも顕著な例が、会話が佳境にはいると女性を退席させるイギリスの社交空間が映し出されたコリンナの悪夢である。こうしたもの悲しい慣習のなかで、彼女は今日の社会科学における「方法論的個人主義」の最良の模範と呼ぶに値する巧みな解説をおこなった。すなわち、イギリスの「国民的性格」に由来するのではなく、イギリス人エリートが一年の大半を有権者から離れぬように、つまり都市部や宮廷ではなく田園部に留まる必要があったためだという。だがイギリスの田舎の「愛国主義」についてほとんど実利至上主義的な再解釈をしたとはいえ、このときにスタール夫人が女性の公務参加に反対する共和主義的主張を退けた訳ではない。それどころかルソーにならい、これを躊躇なく君主政特有の腐敗の影響として描いた。

国益が各人の原動力であるときには、各人にもっとも魅力のある会話は、公務を目的としている会話である。ところで、そのような会話において、重要なことは軽佻浮薄の精神ではなく、事物の実態である。そこでは、普通あまり面白くない人間でもしばしばその理論と才知とによって聴衆を魅了するのである。フランスでは、他人から好まれる秘訣は、主題にこだわらず、女たちに無縁な話題にあまり深入りしないことである。イギリスでは、その秘訣は大声でのやりとりに加わらないことである。そこでは、人びとは一般的な漠然とした会話にはとりつかれないように習慣づけられている。晩餐会から退席した後での会話は、とても活発になり生彩あるものとなるのである。サロンの女主人は、フランスの場合のように、殊に会話がとどこうらせぬようにうまく誘導せねばとは考えない。イギリスの社交界では、この不幸も、我慢強く甘受されている。そして、そこでは、会話をひき立たせることに初めから準備する必要があると言うよりも、どんな会話をも辛抱強く我慢するように習慣づけられているように思われる。この点については、イギリスでは、女たちは極めて臆病である。なぜならば、自由国では、男性がその天性的な威信を堅持していて、女性は、それに服従すべきだと感じているからである。

ところで、かつてのフランスに存在していたような気まま勝手な王制の下では、そのような状態は生じていなかった。当時のフランスではこのような専制的な王制下では、不可能なことも確定的なものも全くなかったのである。したがって、そこでは王から恩恵をむさぼることもできたが、女性は当然のことながらこの種の闘争にうち勝たざるをえなかったのである。けれども、イギリスでは、女性は、どれほど美しくても、民衆的選挙や雄弁の法律の柔軟性に面して、優位を占めて活動することができないのである。[56]

◇

近代イギリスはほぼ共和国であり、社交生活において媚びる女性のでる幕はあまりない。イギリスの

(56) *Considérations...*, VI, 7〔邦訳書では同上、第三巻、第六編七章一節、一九二ページ〕。

社交空間では、会話の才が「その才を持てる者の野心に役立つことはなく」、「家内はあまりに規律正しい」ため妻帯者が愛人をもたず、そのおかげで「さまざまな情報がもっとも公にされる国にあるにもかかわらず、どの国よりも国家機密はきちんと保持される」。女性が会話を主導せず、政治的影響力を持たないということは、女性たちは抑圧され、イギリス社会は礼節を知らないとでも言いたいのだろうか。おそらくそうではない。イギリスの法律と習俗は別の回路によって女性と女性の権利をまもるからだ。それは、ある種の礼節なしには成立しない。[57] これを端的に示すのが、直前に引用した第五章「イギリス人の啓蒙、宗教、道徳について」の本論に入る数ページ前の記述、イギリスの「離婚訴訟」についての出色の分析である。親密圏での論理によって既婚者の不貞は男女の別なく同一の水準ではかられるため、イギリスでは男女間の不愉快きわまりない不平等が存在しないのである。離婚において「女性に過誤があった場合、イギリスの法は夫側にも妻に対する同様の過誤がなかったか検証するために間接的に夫も喚問する。また「スコットランドでさえ、夫の不貞も妻の不貞と同様に婚姻関係の解消の事由となり、自由の国においては、強者も弱者も同レベルの義務の感情をもとめられる」。このように、『ドイツ論』でスタール夫人が「政治や世俗にかんする事柄からの〔女性の〕排除」の代償としてもとめていたものをイギリス社会は女性に提供し、よって女性の「狡猾さ」と「男性の遺恨」を同時になくすことを可能にするのである。[58]

スタール夫人は『文学について』で述べていたことに最後まで忠実でありつづけた。「イギリスは、世界中で女性が真に愛されている唯一の国である」。[59] とはいえ、この幸福も女性たちが「栄光そのものは失われた幸福の色鮮やかな喪服でしかありえないだろう」[60] ことを受け入れねば実現しない。『コリンナ』の著者にとって、幸福とは、名誉の静謐な死とでもいうのだろうか。いずれにしても、彼女にとって近代における女性の解放は彼女が約束したものには及ばず、彼女に不満と不安をのこすことになった。のこされた不満と不安が、のちの自由の実現に必要だったのかもしれないのだが。[61] 近代国家のそして個人と批判精神の和解についてのもっとも偉大な思想家がのちに述べるように、「女性的なるもの」は「共同世界の永遠なる皮肉とも言うべきもの[62]」なのである。

(57) *Ibid.*〔邦訳書では第三巻、第六編六章五節、一九八ページ〕。「ヨーロッパ大陸では、イギリス人は無礼であるとしばしばいわれている。そして、イギリス人の独立の習慣とか束縛嫌いとかが、このような判断のもとになっているらしいのである。けれども、イギリスでは、あらゆる生活状況で、女性に対しては男性はしとやかな慇懃さや保護をあたえているが、このような例は他では見られないのである」。

(58) *De l'Allemagne, op. cit.*, t. II, chap. 19, p. 218〔「結婚における愛」、『ドイツ論　三』、一九〇―一九一ページ〕。

(59) *De la littérature*, I, chap. 15, éd. Garnier, p. 223.

(60) *De l'Allemagne, op. cit.*, t. II, chap. 19, p. 218〔「結婚における愛」、『ドイツ論　三』、一九〇―一九一ページ〕。

(61) 近代的解放はたしかに個々人に自由をあたえるが、しかし個々人と世界とを和解をさせることはできない。スタール夫人はバンジャマン・コンスタンと同様にこの見解を支持していた。だが、女性の問題を強調した点はスタール夫人固有の視点であることはまちがいない。この点については以下を参照。Ph. Raynaud, *Trois révolutions de la liberté, op. cit*, p. 298-301.

(62) Hegel, *Phénoménologie de l'esprit*, VI, A, b-2, Paris, Vrin, 2006, p. 412〔『精神現象学』長谷川宏訳、作品社、一九九八〕、三二二ページ〕。

第八章　アメリカと民主主義

十八世紀における礼節と行儀作法をめぐるフランスでの議論の本質は、以下二点に収斂する。明確に区別されるが、相互に関連する問題である。ひとつはヨーロッパ諸国間の、とりわけフランスとイギリスの関係である。この二カ国は二者択一の政治的進歩の模範であった。もうひとつは、文明化と呼ばれはじめた価値の問題である。ただし、近代世界が争点となっていたにせよ、議論はあくまでも「アンシアン・レジーム」の枠内でなされたのであり、もっとも急進的なルソーの批判もブルジョワ社会の糾弾とさして変わらない。これに対し、十九世紀はこの問題全体の再定義がなされた時代であり、その引きがねを引いたのはフランス革命による断絶、より広い視野で考えれば民主主義の台頭であった。ところでフランス革命は民主主義の台頭の唯一の原因ではなく、アメリカでの経験が大きな役割を演じた。アメリカでのことはタレイランやシャトーブリアンら亡命者の証言のおかげで、すでに革命期にはよく知られていたのである。わたしがここであきらかにしようとするのはこの変化であり、そのために二カ国の比較をおこなってゆく。フランスでは、革命とアンシアン・レジームの双方の遺産の攻防が十九世紀をとおしてつづいていた。このようなフランスと、フランスが喚起した想像をそれぞれ正反対の方法で再構成したスタンダールやトクヴィルの筆致から浮かびあがるアメリカとをつき合わせるのである[1]。

この論争の争点は、外交官ジョン・アダムスとベンジャミン・フランクリンによってすでにアメリカ独立戦争時にあらわれており、論争は誕生まもない二つの共和国間の関係が複雑になりつつあったときにもやまなかった。だが、最終的なかたちになったのは、おそらく亡命者や移住者がアメリカでの生活を開始してからだろう。シャトーブリアンはフランス革命があったにもかかわらず政治的自由をもとめて海を渡った移住者であり、逆説的だがルソーの継承者でもある。かれにとってアメリカはワシントンやシンシナティのように徳にあふれたあたらしい共和国であり、先住の「未開人」が原初的な気高さを体現する国でもある。他方、タレイランは懐疑的で幾分退廃的な啓蒙の継承者である。かれにとってアメリカ合衆国は多数存在したセクト[2]のおかげで宗教問題を解決した穏健な共和国だが（「三十の宗教がたった一枚の大皿に」）、その反面、素朴で有徳な、つまりフランス式礼節の対極にあるマナーのせいでおそろしく退屈な国でもある。こうしたフランスでのステレオタイプ（ここでは侮蔑的な意味ではない）は、結局のところ敵意というよりは曖昧さのあらわれなのだが、これは独立戦争にさかのぼるアメリカのある命題に対応する。イギリス人はアメリカ人になるためにフランス人と同盟を組むべきだったという同様に過激な命題である。

このなかでもっとも偉大な人物は、ベンジャミン・フランクリンである。かれの外交面での成果は、かれの熟達したフランス式社交術を考慮せずに理解することができないからだ。フランクリンは説得すべき聴衆のタイプに応じた働きかけを心得ており、そうしてアメリカ独立へのフランスの支持の取り付けに成功した（貴族、政府、「フィロゾーフ」の高論）。「マナー」と会話の重要性を熟知していたからこその成功である。善良さをあらわす素朴さを自ら演じたフランクリンは、フランス式礼節を悪徳だとはまったく捉えていなかった。反対に、礼節は徳の形成を助けうると考え、アメリカ人にとっての手本として紹介することさえあった。「いたるところで人びとは我われに礼儀を尽くしてくれた。フランス式礼節のつよい印象を受けたのはそうした時である。外国人は敬意をもって接せられるべき、外国人であるというだけでレディー、と同等の礼儀正しさを示されるべきだというのは、世界中で承認されたことであるように思われる。［…］では、なぜ我われはフランス人に対して都会的な洗練された振る舞いで接しないのか？なぜかれらはなににつけても、我われを凌いでしまうのだろうか？」[3]。かれは行儀作法とフランス社会のその他の特徴との関係にことさら敏感だった。とくに利害関心の駆けひきを拒む点との関係である。

［フランスは］とても寛大な国だ。名誉に最大限の敬意を払い、とりわけ虐げられた人びとをまもることに熱心である。あい変わらずここを支配する貴族たちは、さほど商業を評価しない。かれら［フランス人］にこう伝えるとしましょう。我われが成功すれば皆さんの商売もますます繁盛する

（1）ここではシンポジウム「近代的行儀作法」（二〇一一年九月二八日、パリ第三大学）でのいくつかの報告での分析を取り上げている。以下を参照。Claude Habib et Philippe Raynaud, *Malaise dans la civilité*, Paris, Perrin, « Tempus », 2012.

（2）この指摘は、マディソン『フェデラリスト』で展開されている。だが、その出典はフランスの文献、イギリスの繁栄の主要因の一つに宗教的共存をあげたヴォルテール『哲学書簡』があるかもしれない。

（3）Lettre à Mary Stevenson, 14 septembre 1767, in *Writings*, New York, The Library of America, 1987, p. 826（本文のフランス語翻訳は著者による）。

でしょう。わたしたちへの援助は、皆さん利になるのです。だが、反対に次のような物言いが、かれらに対しては効果的にも思われます。「助けてください。しかし、皆さんに借りを返す義理は我われにはないでしょう」。とはいえ、こうした図々しい、不適切な約束をまもった者がわたしたちのなかにはいるが、結果はさんざんであった。[4]

この二点について、幸いにもフランクリンは、パリでの彼の前任者ジョン・アダムスとは異なる態度をとった。アダムスの外交面での成果の乏しさは、かれが絶えずパリ社交界への嫌悪感を示していたことと無関係ではなかろう。フランクリンが一部のアメリカ人が抱くフランスへの好意的態度の典型であるとすれば、アダムスはいわばフランス嫌いのアメリカ人を体現する人物である。実際ジョン・アダムスはフランス人に（つまりサロンと宮廷の社交界に）憤慨している。甘ったるい振る舞いと堕落した習俗に浸りきり、そのために結局フランス人は共和主義国家になれないのだから。この批判の中核はもちろん軽薄な性道徳である。もっとも軽薄な情念のために公益が軽んじられ[5]、とくに女性の徳はズタズタにされる。フランスに強固な共和国的精神が根づくのを阻むのはこれである。フランス人女性はエスプリとか女性に対する慇懃《ギャラントリ》さとか言ってはしなを作り、サロンで彼女らを輝かせるといってはその淫らな仕草で男性を貶め、彼女たち自身も徳高い母になる機会をのがす[6]。アダムスはボルドー上流社会のある女性との会話を述懐する。アダムスは、あまりの驚きに呆然としたようだ。アダムスさん、と女性が話しかける。「お名前のとおり、人類最初の男性と女性を先祖にもつあなたなら家の伝統から答えをご存知かもしれませんが、わたしは疑問に感じたのです。人類最初のカップルはどのようにして性交渉の術を発見したのでしょうか」。かれは軽い、しかし無礼にはならない調子で、「電気」に類するだろう「本能」や「マグネティスム」といった用語を引きあいにだしつつ答えようとした。ところが女性は、それなら「最高にごきげんなショックだったでしょうね！」とくる。哀れなアダムスはひけらかしや「頑迷さ」をあげつらわれると困ると思い、とはいえそのショックは法に適い、適切な距離感で（*in a lawful way, after striking distance*）[7]生まれたのだと言い返すことができなかった。たしかにアダムスは不愉快だったどころか、このやり取りをたのしんでさえいた。とはいえ、いずれにせよ、フランス上流社会にはなじみのこうしたやり方は誕生まもないアメリカから追放すべきである。「淑女のマナーが流行で、フランスでは好評である。だが、決して共和主義的政府を支えることはできず、そのような政府とも折り合いが悪いマナーである。アメリカに導入されることのなきよう十分に留意せねばならない[8]」。

（4） Lettre à Robert. R. Livingston, 4 mars 1782, *Writings*, *op. cit.*, p. 1042. パリでのフランクリンの行動と、かれの成功の理由については、以下を参照。Ran Halévi, « France-Amérique. La scène primitive d'une mésintelligence pacifique», *Le Débat*, n° 129, mars-avril 2004, p. 27-48, et Philippe Raynaud, *Trois révolutions de la liberté*, *op. cit.*, liv. IV, chap. 1er, p. 313-324.
（5） これに関連して、アダムスはあるフランス人将校たちとの会話についてはなしている。かれにはここに重大な意味があると考えたようだ。大使とその秘書それぞれの義務はなにかという問いに対する答えは、秘書は仕事（ビジネス）をすること、大使はとりわけかれに忠実な愛人を見つけることだ、と（John Adams, lettre à Elias Boudinot, 20 janvier 1783, *Writings*, *op. cit.*, 2011, p. 547)。
（6） John Adams, *Autobiography*, in *Writings*, *op. cit.*, p. 665（本文のフランス語翻訳は著者による)。
（7） *Ibid*, p. 635.
（8） *Ibid*.

フランクリンと同じようにアダムスにとって、フランスのマナーの問題はアメリカ政治の問題であったということである。フランス人の道徳性についての評価を超えて、マナーはなによりもアメリカ人エリートにとって望ましい教育のタイプにかかわる問題であった。[9] 反対に、フランス人の恭しい眼差し、あるいはうんざりしたような眼差しも〔教育の問題とみなされたがために〕訳のわからぬフランス的アイデンティティと結びつけられることはなかった。大西洋を境にした仏／米の比較は、政治的文明化の既存の二モデルに代わりうる第三のモデルの性格規定をすることになる。それはフランス人、アメリカ人の双方にとって、互いの眼差しをつうじての自己理解をうながしたのである。アメリカ民主主義が一方ででは、この第三のモデルが十九世紀にどうなったかを見てみよう。アメリカ民主主義が一方でアンシアンシアン・レジームと王政復古の世界の残滓に、他方でフランス革命と革命精神の双方に対抗しうる共和国のあたらしい顔として登場した時代である。

スタンダール、フランス、アメリカ

スタンダールの作品は自己完結したひとつの世界であり、何ごとであれ、これについてあたらしいなにかを述べるのはむずかしい。殊に、我われの主題についてはすでにミシェル・クルーゼのほぼ完璧な研究があるだけになおさらである。[10] わたしとしては、スタンダールが啓蒙の世紀から継承した諸テーマについて、かれが〔十八世紀の議論のルールに則って〕いかなる変更をくわえたかという点に絞って論じたいと思う。近代世界ではかつての叙事詩の地位を小説が占めるようになったのだが、ヘーゲルにとって小説の中心テーマとは心の詩と〔近代的〕世界の散文の衝突にあった。では、スタンダールの独自性はなんだろうか。スタンダール作品の主人公はたしかに世界の散文との衝突状態にあったが、スタンダールにとって自己の権利の主張はロマン派の似非の詩を破壊することと不可分であった。実際、スタンダールはもっとも凡庸な十八世紀の遺産（物質主義、イデオローグ、感覚主義）を我がものと主張し、それによって自由主義者を（批判の矢面に立ったのはシャトーブリアン。さらにバンジャマン・コンスタンとスタール夫人も）含む王政復古期のスピリチュアリズムの雰囲気を糾弾しようとしたのである。だが、同時にかれは啓蒙思想から生まれつつあった世界、ブルジョワ社会と民主主義へとむかう代表制からなる世界も同様にはっきりと拒絶した。このかれ独自の立ち位置をよく示すのは、一方に啓蒙の地誌を描くあたらしい仕方であり、他方で革命戦争のかれ独自の解釈である。

スタンダール流の想像世界では、ヨーロッパの主たる三カ国といえばイギリス、フランス、イタリアであった。始終「スペインに対する高揚感」を漏らしてはいたがイタリアほどの関心を示すことはなく、

（9）フランス人の習俗になると、貴族層の例には拘泥せず、アダムスの評価が最終的にはとても和らぐのはそのためである。「そうですね。たしかに一種の道徳がありました。人道的で、わたしには本物の博愛に見えました。かれらの礼節にさえも博愛が見られました。慈愛に満ちあふれ、貧しい人びとに対する優しさがありました」(J. Adams, *Autobiography*, in *Writings*, *op. cit.*, p. 664)。クロード・アビブは、アダムスのこの反応が典型的なプロテスタントのものだと気づかせてくれた。アダムスの曖昧な態度は、ルソーが『告白』でフランス式マナーには真の好意を含むとし、かつての自分の敵意を和らげたことを思い起こさせた。

（10）Michel Crouzet, *Stendhal et l'Amérique*, Paris, Éd. de Fallois, 2008.

ドイツ文化にはほとんど関心をむけなかった。ドイツ人とは「鈍重、緩慢、善良な国民であり、激しく、頻繁に繰り返される何らかの衝動によってのみ動かされる」人びとで、シラーとゲーテの二人の詩人しか輩出しなかった。その二人の作品も二〇巻のうち二巻だけ持っていれば十分で、かれらの自伝にいたっては往々にして「もの笑いの種」である。実際、スタンダールのドイツの見方はスタール夫人の分析を裏返しに、つまり否定的にしたものである。ドイツ人はエスプリを「罵る」が、「鬼才」や「天才的な」ものを希求せずにいられない。「学識と超越的哲学を総動員する」ことでそうした境地に到達できるとかれらは思い込んでいるのである。ドイツ人の大思想家たちは理性の名のもとに経験の正当性に異をとなえ、「真実はもはや彼らにとって存在するものではなく、彼らの理論体系にならって存在すべきものとなる」[11]。フランスとイギリスの関係について、たとえかれが文学とイギリスの風景を好むとしても、スタンダールはすんなりと十八世紀の論争の延長線上に位置づけられる。つまり、イギリスは公共の自由とシェイクスピアの崇高な詩の国であり、イギリス紳士像が人を惹きつけてやまない国でもあるが、労働と金銭欲と宗教がイギリス人を台無しにする[12]。反対に、フランス人は政治的厄災にも負けずに「居心地の良い社交界[13]」を温存することができた。これについては、『イタリア紀行――ローマ、ナポリ、フィレンツェ』で自称フォーサイト大佐が卓抜した分析をのこしている。

> あなた方フランス人が神様から授かっている非常な陽気さとは無関係に、お国の社交界は、英国におけるわたしたちの社交界とは三つの状況によって異なっていたように見受けられます。すなわち、生まれの賤しいすべての人を締出すこと、女子教育の粋なことおよび女性の才知を養うこと、

仕事と政治的反感とをもたないことです。(14)

フランスとイギリスは大いに異なるが、ともにイタリアと好対照をなす点では並ぶ。イタリアは輝かしく、幸福の機会に満ちた文明の手本である。複数の国に分裂したままで、長らく自由を失い、強大かつ頑強な障害によって啓蒙の光が阻まれているにもかかわらず、である。「ミラノの習俗ほど心地よく、好ましく、愛する値打ちのあるものはなく、英国の対極にあって、決してそっけなく沈んだ表情をしない」(15)。イタリアの習俗は穏やかだが、フランスやイギリスのマナーほど気取らず、かた苦しくもない。つまりイタリア的穏やかさには、支払うべき対価があるということだ。イタリアの穏やかさは友情にお

(11) ドイツには文学的傑作があまりないが、それはなによりも「よき習俗」がないからだ。つまりドイツ人には「自然さ」がほとんどないのである。「したがって、かれらには美しい散文がない。そして、散文こそ一民族の文学的進歩の尺度なのだ」(以上の点について、下記を参照。*Rome, Naples, Florence en 1817*, in Stendhal, *Voyages en Italie*, Paris, Gallimard, « Bibliothèque de la Pléiade », 1973, p. 117-119)〔『イタリア紀行——一八一七年のローマ、ナポリ、フィレンツェ』臼田紘訳、新評論、一九九二、一七八ページ〕。

(12) 以下を参照。Renée Denier, *Stendhal et l'Angleterre*, Paris, Philippe Rey, 2012.

(13) Stendhal, *Rome, Naples, Florence en 1817*, *op. cit.*, p. 106〔『イタリア紀行——一八一七年のローマ、ナポリ、フィレンツェ』、一六一ページ〕。

(14) *Ibid.*, p. 102-103.〔同上、一五六ページ〕。フォーサイト大佐は架空の人物である。

(15) *Rome, Naples, Florence* [1826], in *Voyages en Italie*, *op. cit.*, p. 298.〔『イタリア旅日記 I——ローマ、ナポリ、フィレンツェ(一八二六)』臼田紘訳、新評論、一九九一、二三ページ〕。

ける誠実さを重んじるが、同時に阿保な人間を好きにさせておくようにも作用するからである。

僕は気に入った人たちとしか友情もとめなかったし、はなしをしなかったことは事実だ。しかし、おそらく、阿保がこれほど粗暴で、これほどしつけの悪い国はないだろう。棒叩きでもかれらを少しも改めさせられない。というのは棒叩きのあたえる肉体的苦痛ではそれほどこたえないからだ。英国的阿呆はおそらくいちばん迷惑にならない。しかし自然さが尊重される国で、そして処世術がすべての人びとにおなじお仕着せを課すことのない国においては、イタリア的阿呆の多大な増加を何ものも妨げられない。信じられない低俗さを自分で語り始めるという無邪気さは、はじめは面白いが、そのあとでは反発を覚える。(16)

古典的行儀作法の成立におけるイタリアの貢献を褒めたたえ、同時にルイ十四世によってフランスがこの遺産を継承し、イタリア人の発明を完成の域に至らしめたことに心を躍らせる。啓蒙の世紀に、たとえばヴォルテールのような哲学者がこのような態度をとることは十分にありえた。反対に、スタンダールから見れば、かれの時代のイタリアはもはやマナーの点で秀でてはいなかった。だが、サロンにおいて育まれた慣習と絶対主義が結びついたことで感性は衰え、機知の辛辣さが増したフランスと比べると、まさにその点がイタリアの魅力であった。文体を比較するとイタリアの文体はより重く、「刺激の強いことば」はイタリア人にとっては「理解しがたい」が、フランス人はモンテスキュー、クーリエ、ヴォルテールの作品に彩りを添える「君主政のあてこすり」を苦なく理解する。「フランス人は、今ではたいそう廃れてしまった慇懃ぶりから、このささやかな表現方法の習慣を借りている」。だが、イタリアでは「愛はとても重大で、もし諸君が愛情について軽々しくはなせばイタリア女性は腹を立てるか、返事をしようともしない(17)」。スタンダールはルソーがしたように、パリ社交界とフランス人の虚栄心に牙を剝く。イタリア人が会話に無関心であること(18)、「虚栄のひけらかし合い」を「イタリアでは行わない」ことを評価する。なぜならイタリア人は「感動することに幸せを感じるのであって、刺激的なことばや心楽しい小話やおもしろい出来事を聞いても幸福を感じない(19)」からだ。さらにかれはフランス式文体とマナーの発展に偉大な王が果たした役割も強調する。さほど愚かしくはなくなったが、代わりに自然さはほぼ失われたのだという。

ルイ十五世の宮廷では、その非常な正確さで口をそろえて発せられたどの言い回しも、下品だが、宮廷は適確に意味をあらわす語を追放することによって言語を純化し貧弱にしている。[…]ブールヴァールは異論の余地なくパリでもっとも美しい散歩道である。しかし、みんながそれを楽しむことができるものの、ルイ十四世が生きていたゆえに、今日でさえも、いわばそこへ買い物に行く

(16) *Ibid.*, p. 419〔同上、二〇四ページ〕。
(17) *Ibid.*, p. 461〔『イタリア旅日記II——ローマ、ナポリ、フィレンツェ(一八二六)』臼田紘訳、新評論、一九九二年、五二ページ〕。
(18) *Ibid.*, p. 413-415〔『イタリア旅日記 I』、一九六—二〇〇ページ〕。
(19) *Ibid.* p. 446〔『イタリア旅日記 II』、二八ページ〕。

ためにだけ出ることが許される。ルイ十四世の影響は、英国でもロシアやドイツとおなじように感じられるが、イタリアには少しも浸透していない(20)。

イタリアの例は、個人が幸福でも全体が不幸でありうることを示し、さらにもっとも「抜群に合理的」な代表制の政府が「知性や独創性にとって抜群に好ましくない(21)」ことを示唆する。矛盾するようだが、同時にかれはもし啓蒙の成果を安定した諸制度で支えねば、天才と自由はいっそう危機に瀕することも示す。諸制度によって、過去に戻そうとする社会的勢力を抑え、恣意的な政治権力に歯止めをかけるのである。ベッカリーア、アルフィエーリ、サンタローザ〔上から啓蒙思想家のチェーザレ・ベッカリア、劇作家のヴィットーリオ・アルフィエーリ、イタリア統一運動の中心メンバーのサントッレ・サンタローザ〕のような「有名な人たち」は「大衆とあまりに大きな距離がある」ため、「世論に基づく政府ないしは二院制による政府」への移行が可能なのかと疑念が生じる。「心の広い人びと」がそうした政府を願うが、ナポレオンのような人物、すくなくともミラボー、ダントン、カルノといった覚悟をきめた人物がいなければ実現はできないだろう(22)。

つまりイタリアとイギリス・フランスというヨーロッパ二大大国の比較は、フランス革命と帝政の再評価となり、つまりはジャコバンとナポレオンの心からの礼賛にゆき着いたのである。民主主義的というよりは自由主義的で、多数派の支配もひとりの専制もまったく好まない一作家の態度としては驚きであろう。スタンダールは恐怖政治の再来を望むという意味でのジャコバンではなく、無条件に中央集権化を支持する者でもない。だが、単にフランス革命側の人間というヨーロッパで長らく理解されてきたとおりのかなり曖昧な意味では、かれはジャコバンである。またジャコバン主義の「社会に対する才能の反乱」を告発するバークのような革命の敵対者にとっての意味でも、やはりジャコバンである。メルフィ夫人が擁護するのはこうした意味での「ジャコバン主義」である。スタンダールがナポリで出会った彼女はこう述べる。「二十年後にはフランス人にとって見かけがすべてになるでしょう。[…] お国の年老いたジャコバンのなかで、わたくしが気に入っているのは、かれらがこうしたくだらないことを超越していたからです。若者の心からそれらくだらないことを根こそぎにするために、マラーの飾り気のない衣装が発明されました[23]」。同様に、かれは個人のエネルギーを体現する人物としてナポレオンを賞賛する。ナポレオンは息がつまるような専制主義をフランスに強いて、「彼の部下のフォンターヌ氏に、若者を堕落させた」人物だが、しかしかれの若き兵士たちはその後の政治的自由の発展に不可欠の司法、行政の近代化をイタリアにもたらした。「ナポレオンの政府によって、イタリアは三世紀の向上を一気に果たした。[…] 帝政時代の行政政府は、フランスでしばしば光明を吹き消してしまったものだが、イタリアでは不合理だけを粉砕したのだった。その結果、フランスとイタリアにおけるナポレオンの人気には大きな、しかし当然の相違が出た[24]」。

(20) *Ibid.*, p. 408〔『イタリア旅日記 I』、一八九ページ〕。
(21) *Ibid.*, p. 470〔『イタリア旅日記 II』、六五ページ〕。
(22) *Ibid.*, p. 427〔『イタリア旅日記 I』、二一七ページ〕。
(23) *Ibid.*, p. 566〔『イタリア旅日記 II』、二一四ページ〕。
(24) *Ibid.*, p. 502〔同上、一一五ページ〕。フォンターヌ氏に対するこの厳しい評価が、スタンダールとシャトーブリアンを隔てるものすべて、またこの点についてスタンダールとスタール夫人の類似するものを示している（シャトースタンダールのこの作品では、こうした配置のなかにアメリカは位置づけられ、アメリカの事例はヨーロッパ国境の外にまで広がる。まずアメリカは拡大したイギリスとしてあらわれる。アメリカはフランス革命ほど暴力的で過激な事件を経ずしてイギリスのような政治的自由を獲得し、同時に代表制政府の成立というより急進的な展開を見せた国である。アメリカでは代表制が民主主義と人民主権と一体化する。アメリカこそ「ほんとうの共和国[25]」で、そこでは「貴族階級なしでもみんなが幸せになりうる[26]」。アメリカの例は政治的自由は実現可能であり、人民にも拡大しうることさえもを示す。つまり「イエズス会」と貴族層の反動分子ら（レナール氏、デル・ドンゴ師〔順に『赤と黒』、『パルムの僧院』の登場人物〕の反動的テーゼを否定したのである。だが、スタンダールは早々にこの理性的政府はそれ自体があたらしい脅威をもたらすことを認める。「まったく理性的である事柄は、美術に手がかりをもたらさない。僕はアメリカ合衆国の賢明な共和主義者を尊敬する。しかし数日すれば、永久に忘れてしまう。それは僕にとって人間ではなく、物である[27]」。ところが、アメリカの政治体制の欠陥の原因は、世論の支配というその政治的原理ばかりか、合衆国でそれ以上の力をもつ宗教にもある。

真珠を取るのは病気の牡蠣からである。僕たちが世論による政府の方に歩み始めて以来、僕は芸術に何の期待もしていない。なぜなら、可能な限りのどんな状況でも、サン・ピエトロを立てる事はつねに莫迦げたことになるだろうからだ。〔…〕

昨日こう言われた。「フランソワ一世がフランスを新教にしなかったのはなんて残念なことでしょう」。

僕は以下のように答えて、新米哲学者をとても憤慨させた。「そうなれば、世界にとっては、大きな不幸だったことでしょう。僕たちは、ジュネーブの人たちのように陰気で、思慮分別をわきまえた人間になったでしょう。もはや『ペルシャ人の手紙』もなく、ヴォルテールもなく、とりわけボーマルシェはない。〔…〕一六五〇年頃イタリアにあったような信仰を持っているジェズイット［イエズス会士］は、芸術と幸福にとって、このうえなく思慮分別のある新教よりも、ずっと勝っています。分別をわきまえていればいるほど、新教は芸術や陽気さを失わせます[28]」。

『イタリア旅日記――ローマ、ナポリ、フィレンツェ』の初版では、スタンダールは政治的には楽観的にふるまうが[29]、こうした留保から自由で幸福なアメリカよりも政治的には遅れたイタリアに信頼をおく

ブリアンとフォンターヌの関係について、以下を参照。Marc Fumaroli, *Chateaubriand. Poésie et Terreur*, Paris, Éd. de Fallois, 2003, p. 137-197)。

(25) *Rome, Naples, Florence [1826]*, in *Voyages en Italie, op. cit.*, p. 468〔『イタリア旅日記 II』、六三ページ〕。

(26) *Ibid.*, p. 487〔同上、九三ページ〕。

(27) *Ibid.*, p. 494〔同上、一〇一―一〇二ページ〕。

(28) *Ibid.*, p. 581-582〔同上、二三七―二三八ページ〕。ドン・トンマーソ・ベンティヴォーリョの指摘も参照（*ibid.*, p. 467）〔同上、六〇―六一ページ〕。

(29) たとえば、一八一七年六月二五日のメモを参照。「あの立派な選挙法は、我が国王のゆるぎない天文の全き賜物であるが、それ以来、国民はアメリカ的領域に向かって駆け足で進んでいると私は考える。一八〇六年は『フランス

ようになる。「イタリアを栄光と幸福から遠ざけているものについては、今さら言ってもはじまらない。幸福になればたちまち傑作を生み出すだろうというのがこの国民の魂であるが、だからこそこの国民が、たとえば幸福になってからドルしか生み出していないアメリカ人よりも、もっとわたしの心に近しいのだ」[30]。その後の思想的変遷のなかで、かれはアメリカによりはっきりと批判の眼をむけるようになる。そうして、アメリカで成立した民主主義とは実に「自然な」社会であり、このような社会で偉大な情念をもつ人物の台頭は不可能だと考えるにいたる。『恋愛論』では、アメリカ問題とでも呼びうるこの問題を、胸をつくような表現をもちいてあらわす。「合理的な政府には、こうした結晶作用を起こすことはできない。アメリカ合衆国の政府ほど想像力の働きに反するものは無い。彼らの隣人たる未開人たちがほとんど結晶作用を知らないことはすでに述べたとおりだ」[31]。ここでは未開人（インディアン）とアメリカ人（開拓者）が同列にあつかわれる。なぜなら、ミシェル・クルーゼがあきらかにしたように、インディアンが自然に近いとすれば、アメリカ人は社会的協約を捨てたことで自然に戻ってきた人びとだからである[32]。反対に、フランスとイタリアはそれぞれのしかたで、幸福をあきらめる代わりに豊かな個性を育む可能性がまだあるという政治的硬直状態に陥った社会の逆説を体現している。だからこそスタンダール代表作の三人の主人公たち――ジュリアン・ソレル、ファブリス・デル・ドンゴ、リュシアン・ルーヴェン――のいずれもがアメリカに魅了されたのであり（たとえジュリアンについては、マチルド・ド・ラモルの父からの提案だったとしても）、また三人とも結局は、ジュリアンのように言うことになった。「アメリカではそうしなければならないのだが、民衆にへつらうなんて、やってはいられない」。スタンダールも同意見である。「誰にもへつらいたくない。まして大臣ならともかく、民衆はご免こうむりたい」。

この命題は、無数のテクストでくり返されている。『随想』（一八〇四）で、スタンダールは喜劇は君主政の娘だという。[33] また『リュシアン・ルーヴェン』の第三の序では、アメリカでの生活にうんざりしたことを漏らす。「たいそうまじめな告白を強いられた以上、もっと悪い事態を恐れてほんとうのことをうちあけると、作者は、ニューヨーク政府のもとで暮らすようなことになれば絶望するだろう。靴屋の機嫌とりをするより、ギゾー氏の機嫌をとる方がましなのだ。十九世紀においては、民主主義は文学的に凡庸な、分別くさい、偏狭でうすっぺらな人たちの支配を、必然的に文学の中へもちこんでいる」。[34]

の教育」と言う欄外書き込みで歴史に記されるだろう」（*Rome, Naples, Florence en 1817, op. cit.*, p. 122）〔『イタリア紀行』、一八四ページ〕。

（30）*Ibid.*, p. 145〔『イタリア紀行』、二一七ページ〕。

（31）Michel Crouzet, *Stendhal et l'Amérique, op. cit.*, p. 68 からの引用〔出典はスタンダール『恋愛論・上』、第六章、杉本圭子訳、岩波文庫、二〇一五、四二―四三ページ〕。

（32）*Ibid.*, p. 45-46.

（33）『パリ書簡』にも同様の指摘がある（喜劇は共和国では不可能である）。同作品には、フランス式社交性における女性の重要性についてのすばらしいテクストも収録されている。

（34）以下を参照。すでに「第二の序」でつぎのように記されている。「作者は、街角の食料品屋より内務大臣にとりいるほうがいいという理由から、アメリカ民主主義のような民主主義下には毫も暮らしたいとは思わない」〔スタンダール『リュシアン・ルーヴェン』島田尚一ほか訳、『スタンダール全集　三』、一九六九、四―五ページ〕。

このスタンダールのトポスは、もちろん十八世紀フランスの行儀作法の遺産についての考察と関係する。かれの最初の作品『アルマンス』にその優れた例がある。

はじめてオクターヴは、あまりに完璧な物腰とか、度を越した冷たい礼儀正しさとかいうもののやりきれなさをうかがいえたように思った。品のわるい調子でなら、なんだろうと出まかせに自分のことが語れるし、孤独感は少ない。リシュリュー街もはずれあたりの派手なサロンは、不案内な人間なら上流社会ととりちがえかねないが、そんなところでポンチが出たあとなどは、誰も「おれはいま人間の砂漠のなかにいる」などという感慨を味わわなくてもすむ。それどころか、名前こそ知らなくてもたくさんの人間を自分の親友だと思えるくらいだ。こんなことをいって、作者と主人公と、ふたりながらの立場を危うくするのもどうかと思われるが、オクターヴは、夜食をともにした連中の幾人かをなつかしく思っていたのだ。

［…］

まるで、あのフィリベールのように、ほうぼうの優雅な舞踏会で自分が観察してきたことをしゃべる、アルマンスを相手にそんなことができるのがうれしくてならず、オクターヴはこんなことを言った。「以前は、ああいうところではすこしは思いがけないものにぶつかったものだけれど、このごろではもう、この上流社会というやつがそれほど気に入っているわけでもない。昔はずいぶん好きだったんだがね。上流社会というやつは、美辞麗句にかくれていっさいのエネルギー、いっさいの独創性を追放するところのような気がする。規格品でなかろうものなら、たちまち品がわるいとくる。(35)

誰もが『新エロイーズ』のサロンについての書簡を思い起こしただろう。同書の主要テーマをオクターヴがくり返えしているのだから。フランス式礼節はうわべだけの好意を表明するが、それはむしろ友情を阻む。とくに礼節は個性をつぶし、スタンダールにとってはエネルギーの解放を阻むことを意味する。さらに、革命後の状況をかれ個人の辛辣なことばで描写する。「上流社会なるものは不当に権力を握っているだけのことだ。たしかに以前は、上流社会というやつも何がいいものか裁定をくだす特権を握っていたさ。が、自分が攻撃されていると思うようになってからこのかた、上流階級が非難しているのは、もう救いようもなく野鄙なもの、不愉快なものが目あてじゃない、自分の利益に反するものを非難しているんだ」[36]。つまり、現実の貴族はかれの貴族についての考えを裏切る。貴族身分の残滓に期待すべき重要なにかなどないのはそのためだ。別の箇所では、スタンダールは十八世紀の遺産について問う。「われわれは、憎むべきものとてなにひとつなかったあの幸福な十八世紀から受け継いだと当代の人びとが信じているあの極端な礼儀正しさを、少々うるおいが足りないといって非難したものだろうか」[37]。

(35) *Armance*, chap. 10, in Stendhal, *Romans et nouvelles*, Paris, Gallimard, « Bibliothèque de la Pléiade », t. I, 1952, p. 84-85〔スタンダール『アルマンス　中短編集』小林正、冨永明夫訳、『スタンダール全集　五』、一九六八、七四―七五ページ〕。
(36) *Ibid.*, p. 85〔同上、七五ページ〕。
(37) *Ibid.*, chap. 24, p. 151〔同上、一五三ページ〕。

『赤と黒』[38]の核心をなすこの複雑な問いには、実は二重の回答がありうる。一方で「礼節はそうなりたいという強い気持ちを利用する」[39]が、他方では「真の礼節」にいたる道を見つけることが目的である。レナル氏宅でのジュリアンの最初の経験は、まったく不愉快ものだった。かれに対して示された礼節は、ジュリアンを下位者の地位に留まらせる手段でしかなく、早々にかれもその根底に「人をばかにした冷笑」と「尊大な優越感」があることを見抜く。[40]その魅力的な振る舞いも手伝って聖職者としてのキャリアを順調にのぼるアグドの若き司教だが、社会的威厳があるとはいえジュリアンにはかれの礼節には強い違和感を覚えた。「司教の年の若さをみてめざめた野心、そのひとの感じのこまやかさ、気持ちのいい上品さ、そういうものが彼の心をすっかりかき乱していた。こういう上品さはレナール氏などのものとは——彼のいちばん機嫌のいい日でも——てんで別物だった。『最上流の社会へ近づくほど、ああいう感じの良い態度に接する機会が多くなるわけだ』とジュリアンは思った」[41]。ブザンソンのイエズス会神学校の儀礼で孤独の底を知ったジュリアンだったが、はじめて「マナー」を覚え、その意味を知ることになるのはモル夫人の社交界においてであった。まずかれは幻滅をおぼえるが、ひどく不幸な顛末だったとはいえない。生真面目さと感受性の鋭さからジュリアンは小さなミスをいくつも重ねた。ところが、なかなかの強者《つわもの》のかれは「笑いの種にするにも足らぬ」[42]と思われ、不器用ながらもモル夫人に評価され、彼女の庇護を受けることができたからである。[43]かれを苦しめたのは、社会的地位の低さによる軽蔑だけではない。それ以上に、礼儀正しさの仮面の下で、見せかけの好意によって皆の感覚が麻痺し、それに気づくこともできない人工的な世界で生きるという感覚である。

ジュリアンは、一、二回礼を失したことがあるので、もうマチルド嬢にはことばをかけまいと自ら誓っていた。ラ・モール邸では、彼にたいしてみんないつも申し分なく鄭重であった。しかし、彼は自分の思惑がはずれたように感じた。彼の田舎者らしい常識がこの事実を、〈新しかろう、よかろう〉という卑俗な諺で説明した。

おそらく彼は最初のころより目先が利くようになっていた。それとも、みやびやかなパリの最初の幻惑からもうさめていたといってもよい。

彼は仕事をやめると、すぐたまらない憂鬱におそわれるのだった。それは上流社会独特の実にりっぱな、しかしちゃんと節度があって、地位にしたがってはっきり段階のある礼節の忌まわしい影響である。多少とも感受性をもった人間なら、そのわざとらしさが見えすいてしまうのだ。

(38)『赤と黒』については、下記の論考が有益だろう。Richard Boyd, « Politesse and Public Opinion in Stendhal's Red and Black», *European Journal of Political Theory*, n° 4, 2005, p. 367-392.

(39) *Mélanges littéraires*, à propos du *Rouge et le Noir*.

(40) *Le Rouge et le Noir*, I, 23, in *Romans et nouvelles*, *op. cit.*, t. I, p. 350〔スタンダール『赤と黒』桑原武夫、生島遼一訳、『スタンダール全集 一』、一九六八、一五五ページ〕。

(41) *Ibid.*, 18, p. 316-317〔同上、一一三ページ〕。

(42) *Ibid.*, II, 5, p. 469〔同上、二九一ページ〕。

(43) かれのマナーの「唐突さ」にショックを受けたモル夫人がかれを揶揄すると、侯爵はかれの擁護にまわってこう述べる。「あの男は、あなたのサロンでは、もの笑いにされていても、自分の事務室へ戻れば一廉の人物である」(*ibid.*, p. 470)〔同上、二九二ページ〕。

もちろん、地方の俗っぽい、無作法な物言いはとがめられてもしかたがない。しかし、田舎では誰でも人に応答をするときは、多少とも熱意を感じている。ラ・モール邸では、ジュリアンの自尊心が傷つけられるようなことは一度もない。しかし一日がおわって、つぎの間で燭台を手にとるとき、泣きたいような気持ちになることがよくあった。(44)

たとえモル夫人のところでの礼節が真の好意の表明だったとしても、たいていは個性と他者への思いやりに欠くものだったことをジュリアンの経験は示す。もっとも、そうした礼節は貴族身分の衰退の一面に起因するものだった。「〔フランス革命後の〕あたらしい人間」たちは、ジャコバンたちやナポレオンを突き動かしてたのとおなじエネルギーをその野心によって発散していた。そうした状況で男性的徳が時代遅れになるなか、貴族身分は名誉の喪失よりももの笑いの種にされることを恐れるようになってしまったのだった。貴族は「あわれなタレール伯爵」が受けた軽蔑に見られる、どこかしらもったいぶった態度をもちつづける。タレール伯爵に財産があっても、その悪しきマナー（そして、おそらくかれがユダヤ人であること）(45)は免罪されない。貴族は、生まれによる優越が虚栄であることを知りつつも、名誉そのものを生まれに対する見せかけの敬意以下に貶めてしまう。(46)いずれにせよ、パリ上流社会が見せかけとごまかしに毒されたなかで生きるのだから。そうしているあいだにも、「生まれながらにして」高貴で偉大な人物たちのみが真に卓越するのである。ジュリアンの悲劇的な最期は、エリート層の、すくなくとも男性エリート層の乏しい道徳を間接的に裏づけることになるだろう。ジュリアンの一番の支えは幼なじみのフーケで、かつてかれのフランス語の誤りや「野卑な仕草」を揶揄していたが、ジュリアンの逃亡を助けるためにすべてを売り払う覚悟ができていたのもかれであった。「こんな馬鹿な真似はなさらぬだろう」あの「パリの紳士方」には到底できない行為である。[47]モル夫人宅に着くとすぐに、ジュリアンは礼節が期待どおりのものをくれるわけではないことを悟った。

貴族社会のサロンなどというものは、今どこそこの帰りだなどと言ってみたりするのは愉快かもしれないが、ただそれっきりのものだ。完全な無意味、ことに偽善の露はらいをすらつとめようという平々凡々たる話題が、胸のわるくなるようなご鄭重さで、しまいにはいらいらしてくる。ただ慇懃というだけで何か値打があるように感じられるのは最初のあいだのことだ。ジュリアンはそれを実感した――最初の眩惑についで最初の驚きがあった。「礼節とは、無礼に腹を立てないというだけのことなのか」と彼は思った。[48]

（44） *Le Rouge et le Noir*, II, 5, in *Romans et nouvelles*, *op. cit.*, t. I, p. 468-469〔同上、二九〇―二九一ページ〕。
（45） *Ibid.*, II, 4, p. 466-467〔同上、二八八ページ〕。
（46） ジュリアンはシュヴァリエ・ド・ボーヴォアジのマナーを賞賛した。かれは決闘相手で、ジュリアンがレナル氏の友人貴族の非嫡出児だという噂を広めた。なぜなら、ボーヴォアジは自分が「材木屋のせがれと決闘した」などと言われたくないからだ（*ibid.*, II, 6, p. 476）〔同上、二九八ページ〕。
（47） *Ibid.*, II, 37, p. 653-654〔同上、五〇五ページ〕。
（48） *Ibid.*, II, 11, p. 510〔同上、三三八―三三九ページ〕。

礼節には辟易させられるものの暴力の抑止効果があり、野心家にとっての必要な武器になる。誰にも頼らずにいるためにこそ、野心家は社会的協約に合わせる必要がある。ジュリアンは滞在中にこのことを知った。誠実でエネルギーに満ち満ちた者が社会の慣例主義から身をまもるためには、偽善を受け入れることも必要なのである。反対に、ジュリアンの独特の魅力はパリ上流社会の青年たちとは決定的に異なるところにある。慣習をいともたやすく破り、革命においてもかれ自身を見失わないだろうところである。おなじ場面で、マチルドの兄やその友人たちには「気高い忍従」を超えられないであろう。近代の堕落した世界で、ルソーはエミールがストア的徳に達することを望んだ。どれほど激しい変化があろうとも、徳があれば生き延びられるだろうからだ。マチルドが愛したジュリアンは、その野心も社会の術策を許容してしまうところもルソーの理想からはほど遠いが、それでもかれはエミールのなにかを持っている。だが、スタンダールはここで終わらせない。というのも、ジュリアンとマチルドの情念は、ルソーが非難する文脈においてのみ可能だからである。マナーが支配する世界とは、ひとりの女性が支配し、彼女に恋する青年貴族たちの男性性を貶める世界である。もしマチルドが魅かれたのがジュリアンのジャコバン主義的な面であるなら（「〔革命がまた起これば〕あの人はダントンになるでしょうね！」）、マチルドが貴族出身の可憐な一輪の花でなければジュリアンの愛（すくなくとも魅力）が成就することはないだろう。当面のところ、愛の結晶作用によって、サロンの遺産と革命批判の総括が成しとげられたということである。反対に、アメリカというのこされた選択肢は最終的には選ばれない。なぜなら、スタンダール作品の若き主人公たちのきわめて気高く、鮮烈な憧憬にアメリカは十分に応えられないからだ。[49]

サロンのフランスとは反対に、アメリカは貴族的でも革命的でもなかった。アメリカは実利主義的で大衆的であり、だが寡頭支配の性格も持ちつづける。先に見たように、スタンダールはフランス、とりわけイタリア社会への愛着を抱きつづけるものの、アメリカ共和主義の成立をなによりも喜び、しかししだいにアメリカへの批判的姿勢を強める。だがかれにとってアメリカは「合理的政府」の出現を歴史に刻んだ国でありつづけ、王政復古の直後からフランスでもそうした政府が不可避となる。だからこそ、『赤と黒』ではアメリカはヴィリエールの側にいる〔第一章に登場する架空の街。ナポレオン没落後に後述のレナール町長のもとで急成長したとされる〕。世論の、それも大衆の世論の支配とは、『赤と黒』の「レナール氏のような人びと」の支配を意味する。つねに世論をつくる（そして、ものごとを「収益」の獲得力で評価する）のは、かれらなのである。王政復古の地方はすでにほぼ民主的で、民主主義は地方の価値を高める。『リュシアン・ルーヴェン』における展望もさほど違わない。民主主義のアメリカは結局、共和主義的理想よりも「すべてにおいてほどほど」の人間によ

(49)『パルムの僧院』にも同様の躊躇が看取される。ファブリスが渡米の計画をあたため、しかしモスカ伯は同様の理由をあげてかれを引き止めようとする箇所である。「ファブリスは最初は僧職など見向きもしなかった。ニューヨークへ行って市民になり、アメリカの共和派の軍人になると言った。〔…〕『たいへんな思い違いをしているわ。もう戦争なんかありません。そして結局あなたはカフェびたりの生活をすることになるのよ。ただ、あちらでは、趣味の良いことも、音楽も、恋もないだけの相違よ』。と公爵夫人は言い返した。『わたしの言うことを信じなさい。あなたにとっても、わたしにとっても、アメリカの生活なんか面白くないものなのよ』」（*La Chartreuse de Parme*, chap. 6, in Stendhal, *Romans et nouvelles*, *op. cit.*, t. II, 1968, p. 135）〔『パルムの僧院』桑原武夫、生島遼一訳、『スタンダール全集二』、一九七〇、一一九ページ〕。「他方、アメリカの共和国では、本気になって、街の商人たちのご機嫌取りをして、一日中不愉快な思いをし、かれらとおなじように愚劣にならねばならぬ。そして、ああいうところには《オペラ》はない」（*ibid.*, chap. 14, p. 431）〔同上、四二四ページ〕。

り近いように見えるし、人民の声は「重きをなす」以上に「多数派である」ことを要求する民主主義の原理は疑義を呈されるようにすらなる。

スタンダールの見立ては、トクヴィルの見立てとはずいぶんと異なる。スタンダールは身分の平等が生むダイナミズムには興味を示さず、むしろアメリカ社会でぶつかり合う剝き出しの力に目を奪われ、膨大な数の旅行記や批評、ときには保守派やトロロープ夫人のような「反動主義者」の書き物を渉猟する。恋焦がれたアメリカに幻滅するもののスタンダールの民主主義への関心がやむことはなく、最終的に初期アメリカの制度を認めることになる。一八三〇年にすでにこう記していた。「各都市で、毎年十五から二十の選挙がある。誰もが皆に好かれようとする。国王、あるいは知事や司教に寵をもとめる代わりに、金持ちのアメリカ人は大衆の寵を求めるのである」[50]。のちに『ある旅行者の手紙』では、こう述べるだろう。「フィラデルフィアよりオーストリアにいる方がわたしたちは自由だ。誓います。イエズス会士、万歳！」。こうしてスタンダールは、ジャコバン主義と貴族主義が分かちがたく結びついた批評を我われに示す。そこには、アメリカにおけるフランスの受容の本質的ななにかがあらわれているのである。

トクヴィルとマナー——貴族政、民主政、礼節

スタンダールは比較人間学の分析をおこない、国民的性格やモンテスキューが「国民の一般精神」と呼んだ考えから着想をえている。そこには「文化主義」的ななにかがある。だがトクヴィルについては、そうした考察の影響はあきらかに少ない。たとえ、かれが関連する諸概念を抜本的に刷新したとしても、

かれはむしろこの問題について古典的政治哲学の系譜に位置する。本質的には、政治体制の問題でありつづけるのだが、トクヴィルにとってそれは貴族と民主主義の最上位分類に帰結する。その主たる影響は、逆説的にも十七、十八世紀の問題関心の消滅というかたちでもっとも強くあらわれている。かれ自身が告白するに、くりかえしパスカル、モンテスキュー、ルソーを読んだ者としては驚くべきレベルでの消滅である。トクヴィルは民主主義世界における礼節の行末に考えを巡らせるのだが、しかしもはやアンシアン・レジーム末期にフランス〔貴族〕式「礼節」と単なる「行儀作法」とを区別していたものには関心を寄せない。スタンダールにとってアメリカはイギリスの民主政治の延長であると同時に、「未開人」と同様に開拓者のもとで「自然」が支配する大地であった。対するトクヴィルにとって、アメリカはなによりも「民主主義」の地であり、その他の国々は「貴族政的な」国、もしくは、民主主義になろうとしている国として理解される。開拓者と、世にいう「未開人」とに接点などない。「未開人」は実のところ失墜した貴族にすぎないのだから。トクヴィルはいう。「ヨーロッパ人がやってきたとき、北アメリカの原住民はまだ富の値打ちを知らず、文明人が富によってえた幸福に、なんの関心も示さなかった。それでいて、かれらに野鄙なところは少しもなかった。それどころか、身についた慎みと一種の貴族的な礼節が、その振る舞いを律していた[51]」。イギリス、アメリカ、フランスの関係についていえ

(50) Michel Crouzet, *Stendhal et l'Amérique*, *op. cit.*, p. 238 からの引用

(51) *De la démocratie en Amérique*, I, première partie, chap. 1er, in *Œuvres*, Paris, Gallimard, « Bibliothèque de la Pléiade », t. II, 1992, p. 26.〔トクヴィル『アメリカのデモクラシー　第一巻・上』松本礼二訳、岩波文庫、二〇一三、四二ページ（第一部一章）〕。

ば、まずは本質的に貴族政でありつづけるイギリスと民主主義のアメリカとの二極を軸にして考察せねばならない。フランスは「革命精神」の支配を特徴とする不安定な状態にあり、フランス人には「革命精神」とアメリカの民主主義的精神との区別があまりついていない。この点は、主人と召使いの関係にかんする有名なテクストの冒頭によくあらわれている。意味深長にも、対等な者同士の礼節についての考察から始まるテクストである。

ヨーロッパを長く旅したあるアメリカ人が、ある日わたしにこう言ったことがある。「イギリス人が従僕を尊大で高圧的にあつかうのには驚かされますが、フランス人はまた、時として従僕になれなれしく接し、その前でわれわれには考えられないような丁重さを示すことがあります。まるで命令するのを怖がっているみたいです。上下の関係が態度で守られていません」。

この指摘は正しく、わたし自身何度もそう言ったことがある。(52)

このような見方の最初の影響は、行儀作法の問題を驚くほど単純化してしまうことである。モンテスキュー、ヒューム、ルソーのあいだで闘わされた大問題について、とりわけアンシアン・レジーム直後からフランスとイギリスの二極対立を生じさせた問題について、トクヴィルはほとんど一言もふれない。かれにとっては革命こそが重要なのである。イギリスは貴族政を保ちつつも、しかし中間層がすでに大きな響力を行使する社会である。対するフランスでは「革命的な」状態にとどまり、あたらしい形式が出現する前にすでにかつての形式が崩壊しつつある。十八世紀の議論に奥行きを与えた礼節、会話、女性に対する慇懃《ギャラントリ》などについての分析はいずれも消えてしまったのである。より一般的に言えば、トクヴィルは習俗とマナーの区別についてのモンテスキューの議論に言及するものの、君主政、共和政、専制主義における両者の関係についてのかれの分析をなぞることはない。他方で、意味深長なことだが、習俗があらわす「内面的」道徳性とマナーの純然たる「外面的」な次元の区別をトクヴィルは絶対視しない。

　こうした状況で、十八世紀に一大論争となった「礼節」と「行儀作法」との区別はどうなるだろうか。実際、「行儀作法」の語は『アメリカのデモクラシー』には登場せず、しかし、啓蒙期に論じられていたような仕方で「行儀よくなる／文明化する〔原語 civiliser に両義がかけられている〕」ことについては闊達に論じられる。実際のところ、文明化、つまり行儀よくなる／文明化することと、礼節を知る／洗練されることはまったく別である。啓蒙主義の民主主義的な拡散について、アメリカ人は「地球上でもっとも文明化された／行儀正しい人民」(53)である。しかし、反対に貴族社会、つまりアンシアン・レジーム下のフランスにおいて、さらに文明化されず〔行儀作法に適わず〕とも洗練されている〔礼節を知る〕インディアンの「未開人」社会において中心的な役割を果たす洗練された礼節については、かれらは無知そのものである。

(52)　*De la démocratie en Amérique*, II, troisième partie, chap. v., « Comment la démocratie modifie les rapports du serviteur et du maître », in *Œuvres, op. cit.*, t. II, p. 690〔同上、第二巻・下、三七ページ（第三部五章「デモクラシーは従僕と主人の関係をどのように変えるか」）〕。

(53)　François Furet, « Le système conceptuel de la *Démocratie en Amérique* », Préface de l'édition GF de *De la démocratie en Amérique*, Paris, Flammarion, 1981.

トクヴィル流のこうした議論の再構成は以下のような結果をもたらした。すなわち、伝統的な「礼節」をヒエラルヒーの側に置いてエチケットの問題へと誘導すること、他方で礼節あるいは行儀作法についてさえも、苛烈な支配を緩和し、その埋め合わせをする側面の一切を不問とすることであった。[54] したがってトクヴィルにとって本質的問いとは、わずかな過失が侮辱としてあらわれる（あるいはミスを犯した者を笑いものにする）複雑な慣習と礼儀作法をともなう階層的社会から、平等な社会への移行にあった。平等な社会とは、格差に鈍感であるという理由で格差に対してより寛容な社会であり、あまり仰々しくなく、より自然で、いずれにしてもより現実的で、他者の好感をえやすいあたらしい形態の礼節が登場する社会である。[55] しかし身分の平等の弁証法によって、このあまりに単純な図式にある種の複雑さが入り込む点を見落としてはならない。この点は、主人と召使いについての章に明白である。実際、旧世界において上位階層と下位階層のあいだにある種の親しみの関係が成立しえたことをトクヴィルは見逃していない。根本的不平等が揺らぐ危険がないと誰もが知っていたからこそ成立する関係である。民主主義的な新世界ではこの点に心もとなさがあり、それがマナーと階級間の関係に歪みをもたらすことにもかれは気づいている。この区別をもとめる感覚の結果が〔階級による生活圏などの〕住み分けやスノビズムであり、この感覚は想像上の平等と歩を一にして研ぎ澄まされる。トロロープ夫人の書物で証言されるイギリス流の厳しさ、アメリカに対するイギリス中間層の曖昧な関係はここからくるのかもしれない。

このすべてにおいて、トクヴィルは自分が何者かを忘れたことは決してなかった。かれは貴族的世界に存在する偉大さに愛着を抱き、しかし真なる原則に基づく民主主義に心から賛同する一貴族である。だが、トクヴィルはある特定の貴族である。宮廷人でも、サロン人でもなく、かれは一地方貴族で、貴族たちの王権への屈服にも啓蒙思想の発展と拡散とともにフランスでおこった平等と礼節の駆けひきにも巻き込まれていない貴族である。古きよきフランスの価値に対するかれの執着は、逆説的な結果を生んだ。つまり結局のところ、トクヴィルは啓蒙期フランスよりも、殊に女性に対する慇懃さ《ギャラントリ》とリベルタンのフランスよりも、アメリカの有徳な共和国を身近に感じたということである。かれがアメリカ人女性に対し、フランスとの比較においてしか意味をなさないような賛辞をおくるのもそのためだ。想い出されるのは、ジョン・アダムスによる仏・米の女性の比較である。

アメリカ女性が夫権を妻の権利を巧みに簒奪したものとみなしたり、これに服するのは屈辱であると考えるのを見たことがない。それどころか、彼女らは自分の意志を自発的に放棄することにある種の誇りを感じ、束縛を逃れるのでなく、すすんで従属することによって偉大さを発揮しているように思われる。すくなくとも、これがもっとも貞淑な女性たちの感じ方である。他の者たちは沈黙し、合衆国には、自身のこの上なく神聖な義務をないがしろにして女性の権利を声高に要求する不貞の妻の声は聞こえてこない。

---

(54) これについては本書第一章（ヒュームの分析）を参照。

(55) *De la démocratie en Amérique*, I, II, troisième partie, chap. III, « Pourquoi les Américains ont si peu de susceptibilité dans leur pays et se montrent si susceptibles dans le nôtre », in *Œuvres*, *op. cit.*, t. II, p. 684-685〔『アメリカのデモクラシー　第二巻・下』、第三部第三章「アメリカ人が自分の国ではあれほど神経質でないのに、われわれのところに来ると傷つきやすくなるのはなぜか」、二七―三三ページ〕。

ヨーロッパでは、男性は女性に賛辞を惜しまないが、その賛辞のなかにある種の女性蔑視があらわれているとはしばしば指摘されたことである。ヨーロッパの男は往々にして女の奴隷になるが、これを本当に自分と対等の人間と信じることは決してない。

［…］わたしとしては、ためらわずにこう言おう。合衆国では、女性が家庭の枠の外に出ることはすくなく、家のなかでも、いくつかの点では非常に従属的だが、この国ほど女性の地位が高く見えるところはどこにもないように思われる。そして、本書も終わりに近づき、アメリカ人が成し遂げた目覚ましい業績の数々をすでに示したいま、わたしがこの国民のきわだった繁栄と増大しつつある力の原因を主として何に帰すべきだと考えているかを問われるならば、それは女性の美質のゆえだと答えよう。(56)

貴族社会を「懐かしんでやまない」と見られるトクヴィルだが、アンシアン・レジーム末期の貴族的社交にはたいした親近感を抱いていなかったということだ。かつての貴族の「退廃した」習俗をかれは糾弾するし、モンテスキューがあれほど重視した「マナー」への関心はあきらかに低い。『アンシアン・レジームとフランス革命』を読むと、我われの時代の者なら多くが、民主党員でさえ敬服するだろう過去の遺産に対するかれの無関心、さらには敵意の理由を知ることができよう。トクヴィルにとって、十八世紀とは本質的に貴族身分の衰退の時代である。上層平民に対する貴族のあきらかな優位性は失われる一方で、現実的権力を後ろ盾としない貴族特権は正当性を失いつつあった。フランスにおいて人びとはしだいに似通ってくるのが現実で、「マナー」の相違は数世紀にわたるこの変遷をせいぜい覆い隠すだけであった。「十八世紀末の時点で、貴族階級とブルジョワ階級の間にまだマナーの違いが見られたのはたしかである。なぜなら、マナーと呼ばれる習俗の表面的な違いほど、消滅しにくいものはないからだ。ところが根本的なところでは、民衆より上層の人びとはみな互いに似通っていたのである。かれらは、おなじ思考様式とおなじ習慣を持ち、おなじ趣味を追いもとめた。おなじ快楽に身を委ね、おなじ本を読み、おなじことばを話していた。最大の違いといえば、権利の面だけだった[57]」。

サロンの世界はというと、通常は「文明化された君主政」のもっとも見事な宝とみなされるが、フランス革命勃発にいたる準備が整えられたのはまさにサロンであり、政治的自由の安定的制定を困難にした偏狭かつ抽象的な革命の理論武装がすすめられたのもサロンであった[58]。民主主義の偉大なる哲学者で

(56) *Ibid.*, II, troisième partie, chap. 12, « Comment les Américains comprennent l'égalité de l'homme et de la femme », p. 727-729〔同上、第三部第十二章「アメリカ人は男女の平等をどのように理解するか」、九五ページ〕。かつてマルセル・ゴーシェが指摘したように、この点についてアメリカがすでに一定の自然な平等状態に達したと考えていたトクヴィルは、平等の権利主張の漠然とした性格について考察を深めなかった（Marcel Gauchet, « Tocqueville, l'Amérique et nous », *Libre*, n° 7, Paris, Payot, 1980 ; repris dans *La Condition politique*, Paris, Gallimard, 2005）。

(57) *L'Ancien Régime et la Révolution*, livre II, chap. 8, « Que la France était le pays où les hommes étaient devenus le plus semblables entre eux », in *Œuvres*, Paris, Gallimard, « Bibliothèque de la Pléiade », t. III, 2004, p. 121〔トクヴィル『旧体制と大革命』小山勉訳、ちくま学芸文庫、一九九八、二二〇―二二一ページ。引用は第二部八章「フランスはなぜ、人びと相互の類似化がもっとも顕著に見られる国となったのか」〕。

(58) この点について「フィロゾーフら」の「文学的政治学」を批判した以下を参照。*L'Ancien Régime et la Révolution*, livre III, chap. 1er, « Comment, vers le milieu du XVIIIe siècle, les hommes de lettres devinrent les principaux hommes politiques du pays, et

あり、しかしモンテスキューの最良の弟子でもあるトクヴィルにとって、フランスの「マナー」は「習俗の表層」に過ぎず、もはや自由にいたる道ではなくなっていた。それは、イギリス流〔文明化の〕道程の代替案にはもはやなりえないのである。フランスのマナーは貴族的自由以上に、君主政の平等主義者の活動と利害を一にし、最終的には革命精神の醸成をうながすにいたった。そして民主主義の世界にマナーの居場所はなかったのである。

◇

十九世紀にある構造が成立するが、それをありきたりなステレオタイプに還元してしまえば本質を逸するであろう。(59) 実際には、会話、そしてフランス・アメリカのライバル関係のあらゆる段階で立ちあらわれることになる構造だからである。アメリカの側では、ジョン・アダムスとベンジャミン・フランクリンの正反対の見解によって定義づけられる根本的な二極対立がある。ここには、ヘンリー・ジェイムズをはじめとするアメリカの大作家たちの見解もあまねく含めていく必要があろう。(60) 礼儀正しい／文明化されたフランスの側では、スタンダールとトクヴィルの二項対立でとらえるのが妥当である。スタンダールの側に立てば、民主主義に特有の主張に反し、アンシアン・レジームとフランス革命の二重の遺産にふたたび賭けてみるのもいいかもしれない。急進的かつ保守的であるというどこか不誠実な態度をとる危険はあるのだが。全面的にトクヴィルを支持しようとすると、民主主義信仰の相対化という哲学的考察によって留保をつけつつも、アメリカ式の民主主義的世界を受けいれることになる。こちらも、我われの歴史から継承した情念は不問にするという危険を冒すのだが。しかし、スタンダールとトクヴィルの時代のフランスは革命とアンシアン・レジームとの衝突をすっかりくぐり抜けたとはいえ、いまだ近代的な民主主義国ではなかったこと、社交界および文学界は十八世紀の社交様式をまだ色濃くのこしていたことも忘れてはならない。礼節の運命は、「社交」と文学の複雑な関係のなかで揺らめいているのである。

des effet qui en résultèrent », in *Œuvres, op. cit.*, t. III, p. 169-178〔同上、第三部一章「十八世紀の中頃、文人たちはどのようにしてフランスの主たる政治家となったのか、また、そこからどのような効果が生じたのか」、三〇五―三一九ページ〕。

（59） フィリップ・ロジェの著書は興味深いのだが、作品内でのかれにはその傾向があった。*L'Ennemi américain : généalogie de l'antiaméricanisme français*, Paris, Éd. du Seuil, coll. « La couleur des idées », 2002.

（60） クロード・アビブが指摘したように、アメリカへの偏見に対する最良の批判はおそらくジョン・アダムスの孫の自伝『ヘンリー・アダムスの教育』に見いだされる（*Galanterie française, op. cit.*, p. 393-395)。

結論

それぞれの仕方で、スタンダールとトクヴィルは行儀作法の歴史のなかでひとつの転機があったことを証言した。英仏の比較は啓蒙の時代に果たしたような役割をもはや果たすことはできない。なぜなら、両国の政治体制はフランス革命前にそうだったほど両極端には思えなくなり、なによりもヨーロッパ全体がまったくあたらしい社会体制に入りつつあったからである。つまり民主主義であり、その最新の形態はヨーロッパではなく若き共和主義国家のアメリカにあった。ヨーロッパ諸国についての見解を示すなかで、たしかにスタンダールは啓蒙期フィロゾーフの題材を再利用し、アンシアン・レジームの礼節に対するかれの曖昧な態度はルソーから多くを引き継いでいる。だが、それらすべてがあたらしい問題関心のなかに再配置されているのである。そこでは、各々が個別の存在とみなされ、各人がフランス流のサロンでも、イギリスの郷神《ジェントリー》でもない世界のなかに自身の居場所を見つけなければならない。なぜなら、民主主義と貴族社会の残滓のあいだで曖昧な諸関係によって支配された世界だからである。トクヴィルはというと、民主主義的世界の急進的なあたらしさに心を奪われるあまり、礼節のさまざまな駆けひきやヨーロッパ諸国民の多様性についての前世紀の考察をすっかり忘れてしまっている。ヒューム、さらにはルソーやカントと比べても、わたしたちがよりスタンダールやトクヴィルに親近感を感じるのはやむを得ない。十九世紀中葉以来、わたしたちは民主主義世界のなかに生きているのであり、行儀作法が政治的問題の本質にあったように見える時代、フランス流の礼節がヨーロッパのモデルになるべきか、反対にこれが近代の堕落の究極の表現かどうかが議論の的になっていた時代からはすべてが遠ざかってしまったようなのだから。

　変化はフランス式「会話」からはじまった。かつてのマナーをまもりつづけるサロンはくだらぬものと距離をおき、あたらしい近代の価値に敏感な人びとのあいだではまじめさが称揚される。すでにサント＝ブーヴの指摘にあるように、こうしてフランス革命の経験はこれに致命的打撃を加えた。「過去二世紀間の閑暇の習慣を大部分保存している現代の貴族社会といえども、昨今の習俗や思考に対して無関心であるという条件で、初めてそれらを保存しえているように思われる(1)」。この変化の結果、上品なマナーは「ブルジョワ的」に修正され、礼節は他人より秀でたいと願う差異化のためのエチケットとみなされ、その魅力は大いに削がれた。かつては貴族のものであった振る舞いのモデルがフランス社会全般に広くゆき渡ったことで起こった変化でもあった。礼節（と女性に対する慇懃さ《ギャラントリ》）の「伝説」とでも呼ぶべきものが海外を含めて実に長いあいだ信じられていたのはおそらくこのせいだろう。予期せぬ（だが理解不能ではない）反動によって、この遺産が失われかけているように見えるだけに、なおさら批判の的となった。なにをもって他国民よりフランス人がマナーの点で優れているといまだに信じるのか訝しく思う。他方で、ヨーロッパ全体がこの点でのフランスの優位を信じていた時代を無批判に思いおこすだけで、民主主義と平等を敵視する「貴族的共和主義」だと後ろ指をさされるというのも、どうしたものか。

礼節の格下げの歴史とでも呼べそうなもの——過去を嘆く調子で語るべきものではないのだが——、そのような歴史はいまだ白紙で、これから書かれねばならない。そこでは、社交界での体験とフランス的社交精神を事前に解体することによってしか文学を聖化させられなかったマルセル・プルーストがおそらく中心的な位置を占めることになろう。[2] また「礼節」と「行儀作法」の価値を逆転させることになった興味深い展開を正式な歴史として認めることにもなろう。『百科全書』の編者らとは異なり、我われにとって礼節は社会における日常の人間関係を規定し、また規定すべきルールを意味し、反対に「行儀作法」は礼節よりも高尚なものを想起させる。[3] 礼節の歴史はまたデュルケームおよびジンメルからノルベルト・エリアスやアーヴィング・ゴッフマンまで、社会科学が「行儀作法」や「礼節」についての我われの知識にもたらしたものも検証すべきであろう。とはいえ、こうしたことすべてがヨーロッパ啓蒙思想に対する我われの関心を失わせるかどうかは、はなはだ疑わしい。かれらの問題は、我われの時代のあらゆる考察に通底しているからである。

(1) Sainte-Beuve, *Portraits de femmes*, Paris, Garnier, 1886, p. 16〔サント・ブーヴ『婦人の肖像』権森操一訳、思索社、一九四九、二〇ページ〕, cité in M. Fumaroli, « La conversation », *Trois institutions littéraires*, *op. cit.*, p. 177.

(2) この点について、以下を参照。Marc Fumaroli, « La conversation », art. cité, et A.Lilti, *Le Monde des salons*, *op. cit.*, conclusion.

(3) 興味深いことに、今日「無作法〔文字どおりに訳せば「行儀作法に反する」〕」という婉曲語法が広まったことで、「行儀作法」と「礼節」の古典主義時代の区別を再発見することになるかもしれない。

ジンメルやデュルケームのようなきわめて独創的な社会学者がいかに古典時代のモラリストや啓蒙時代のフィロゾーフらの恩恵を受けているか、たやすく示すことができる。モラリストやフィロゾーフがなしたのは、人間本性とやらの普遍性と習俗やマナーの多様性の関係という古典的問題を近代的な用語ではじめて定式化したことである。[4] 周知のように「社会科学の創始者」であるモンテスキューやルソーを尊敬してやまなかったデュルケームについては、かれがキャリアを哲学教授から始めたことも忘れてはならない。デュルケームが十八世紀の作家をまさに哲学者として読んだことが、「哲学講義」(一八八四)のこの一節によく示されている。ルソーとカントの提起した諸問題がさまざまとあらわれているのである。

礼節は一般的には世間の協約に過ぎず、道徳には一切無用と見なされている。しかしながら、礼節にはその存在意義がある。礼儀正しいということは、理由なく他人を深く悲しませないということである。たしかにアルセストの率直さには美的意義があるものの、このような誰に対してもなされる無作法はまちがいなく道徳に反する。

礼節を敵視する人びとがこんなにも多いのは、真実を語る義務に反するからである。わたしたちはいつでも真実を、真実のみを言わなければならず、他方では、他者を傷つけてはならない。礼節をまもるためには、嘘をつかなければならない。だが、この二つの義務のいずれかを絶対に選ばなければならないのだろうか。なぜ礼節を犠牲にしなければならないのだろうか? 他人を悲しませないことは、真実を語ることほどの義務ではないのだろうか。すべては状況しだいである。理想的な徳は、ルソーが願ったようになんでも思ったことを口にすることではない。［…］追従とがさつのあいだには、礼節の中庸という場が存在するのである。(5)

この観点からすれば、ノルベルト・エリアスの研究の成功ほど大きな意義を持つものはない。今日では、（ほぼ）万人が認める権威であるエリアスは、「社会科学者」の常識に大きな影響をおよぼす。エリアスの最大の功績は、西洋の「文明化」の過程において、社会体に行儀作法のルールが拡散することの重要性を示したこと、とりわけ十八世紀の哲学者や著述家が繰りかえし問いつづけたテーマおよび教訓を今日の教養ある公衆に思いださせたことである。なぜ、かれはそうしたのか。なぜなら、エリアスはこの点に実に自覚的だったのだが、すでにヒューム、ルソー、カントらが問いつづけたこの問題にかれ自身がとり憑かれていたからである。行儀作法の発展の倫理的および法的影響の問題や、ヨーロッパ諸国民（とくにフランス、イギリス、ドイツ）のさまざまな政策の違いをめぐる問題であり、「行儀作法」および「文明化」が各国での受容の仕方によって浮かびあがる諸問題である。

これは、失われしサロンの世界へのノスタルジーではない。子どもたちはより健全で、人びとはより

（4）たとえば、フランス語における中国研究の哲学の一次資料についてフィリップ・ド・ララの指摘は以下を参照のこと。*Malaise dans la civilité, op. cit.*

（5）Émile Durkheim, *Cours de Philosophie fait au lycée de Sens*, sections C, D, E, leçon LXVI, Université du Québec, coll. « Les classiques des sciences sociales », p. 149.

礼儀正しく、（より公徳心に溢れた）[6]人民の統治がより容易だったであろう「古きよき時代」へのノスタルジーから啓蒙期の華やかな社交空間に心を奪われる。そんな気持ちに浸っているのではない。そうした思いそれ自体は尊重されるべきだが、過去への郷愁から生まれるものは乏しく、物哀しさだけが残るのは時間の問題だ。それよりも、わたしたちにできるのはヒュームを、ルソーを、カントを、スタール夫人を読み、また再読することである。歴史に対する好奇心があれば、いかなる理由からでもよい。かれらの作品にわれわれが見いだすのは過去の時代に対する関心以上のものである。というのも、はるか彼方の十八世紀の哲学者たちとの対話は、否が応でもわたしたち自身の「近代の」偏見を問いなおすよう迫ってくるからだ。かれらが口々に問うた疑問はこの時点ではいまだ発生状態〔明確に定式化されておらず〕であり、その後は繰りかえされることで、または見せかけの解答がごまんと出されることで陳腐になってしまう問いである。だが、かれらの問いは、わたしたちの問いでもありつづけている。偉大な思想家たちは進歩を信じていたが、かといって歴史の論理とやらを信頼しきっていたなどということはない。十八世紀後半に「文明化」と呼ばれはじめていたものはどこか脆く、偶発的なものであることをかれらはよく知っていたし、近代ヨーロッパが誇っていたかもしれぬなんらかの進歩が、人間の条件からヨーロッパを解放してくれるなどとも考えていなかった。かれらが行儀作法を「理性にかなう内的な感情から、他者に敬意と配慮を示そうとする厚意」で「自然法の実践」[7]であると考え、また行儀作法が礼節より優れてさえいるかもしれないと考えたのは、そのためである。「それ〔礼節〕は他人の悪徳におもねるが、行儀作法は自身の悪徳が露呈するのを防ぐ。それは自身の堕落を防ぐために、人間が互いのあいだに設けた障壁[8]」なのだから。あらゆる社会が行儀作法のルールを作成したのは、自然に起こる暴力を制限するためであり、人間の本性的社交性に一定の枠組みをあたえるためである。だが他方で、行儀作法が、とりわけ礼節が支配を緩和するといって実は支配をごまかすのがうまいということも一切否定できないのである。(9)

啓蒙期に理解されていた厳密な意味での礼節とは、行儀作法を洗練させた形態である。おそらく普遍性はなく、道徳的には完全な善とは言いきれない両義性があり、それがフランス社会に対する、さらに近代文明全体に対するルソーの批判の中核をなすことになる。誠実さと真性さのパトスに基づくルソーの予言は、わたしたちの心にいまなお響いてやまない。今日にものこる古典主義時代の礼節の一部に対するわたしたちの批判になんらかの意味を付与しようとするなら、ルソーの予言に絶えず戻らなければならない。このように思いを巡らせると、人を酔わせるルソーの唄もいいが、素面のカントの賢明さもわるくない。

(6) 礼節教育の目的が、かならずしも権威への服従を教えることではない。自主独立の訓練としてとらえることもできるのである。

(7) Chevalier de Jaucourt, « Civilité, politesse, affabilité », art. cité de l'*Encyclopédie*.

(8) モンテスキュー『法の精神』第十九編十六章。注7のジョクールの項目からの引用〔本書では『法の精神』岩波版の邦訳を借用〕。

(9) これは、ヒュームの議論を援用したフランス式礼節に対する古典的批判のひとつ。だが古典的礼節は、社会のヒエラルヒーを中立化するかに見せかける点においてのみ有効である。それによって、伝統的な形式主義とは手を切ると言い張る現代の行儀作法の形式に逆説的にも近づく。「cool」についてのクロード・アビブの指摘を参照。Cl. Habib et Ph. Raynaud, *Malaise dans la civilité*, *op. cit.*

自らに対する義務でもあり、他者に対する義務でもあるのは、自分が人倫的に完全であることを保ちつつ、相互に交際するということである。たしかに自分を自分の原則の不動の中心とするが、とはいえこうした自分の周りに引かれた円形を、また世界市民的な心根を備えたすべての人びとを包括する円形の一部とみなすこと。まさに、世界の福祉を目的として促進するためではなく、ただ間接的にそれへと導く手段、つまり社交における心地よさ、親しみやすさ、相互の愛と尊敬を開花すること。そしてとくに優美さを伴わせること。以上のことを成就すること自体は徳の義務である。(10)

近代的平等を発明した人びとと以上に民主主義がわたしたちをより平等主義にした。人文科学は、人類の多様性についての豊かな知識を提供することで、啓蒙の合理主義が普遍的であると主張するその野心を相対化することをわたしたちに教えてくれた。真の進歩は、おそらくここにある。とはいえ、道徳の理解について、またわれわれの思想の表現についておなじくらいの進歩を果たしたかというと定かではない。啓蒙思想からわたしたちが学ぶべきことはまだまだ尽きない。――徳についても、優雅さについても、である。

(10) *Doctrine de la vertu*, I, deuxième partie, 2e section, § 48, « Des vertus de société », *op. cit.*, t. III, 1986, p. 773〔『人倫の形而上学（徳論）』、第四八節「社交の徳について」、二一四―二一五ページ〕。

謝辞

本書は、長年の計画の賜物である。学術と大学に携わるわたしの人生のなかで、哲学や政治科学などの仕事のために長らく手つかずのままだった計画である。〔編集者の〕ラン・アレヴィはぜひ実現すべき企画だと激励のことばをくれたばかりか、あたたかい眼差しでわたしが本企画に完全に取り組めるまで忍耐を重ね、さらに執筆中には誰よりもきめ細やかかつ鋭い編者として伴走してくれた。

本作の執筆期間にわたしが所属していたレイモン・アロン政治研究センター（社会科学高等研究院）とミシェル・ヴィレ学院（パンテオン＝アサス大学）は、自由な研究と議論（というよりは、行儀作法や啓蒙思想についての対話）のかけがえのない場を提供してくれた。心からお礼を申しあげたい。法学や経済学の問題には縁遠いように思われる（実はそんなことはないのだが）テーマも含めて研究をさせてくれた現在の所属大学にも感謝は尽きない。さらに、フランス大学研究院には、最良の条件で研究をささえていただいた。

本書はまた、多くの同僚や友人たちとの交流の産物でもある。まずは本研究にかんする発表の機会をあたえてくれたすべての方々にお礼を申しあげる。知的好奇心に満ちた公衆からの指摘や質問によって考察を深めることができた。ヒュームについての思考の輪郭を描くことができたのは、ジャン・ダジャン、カミーユ・ギィヨン゠ルコック、ジャン゠フランソワ・ルコックらの助力があったからこそである。ヘレナ・ローゼンブラットとリチャード・ウォーリンからは、ニューヨークの聴衆のまえで発表する機会をいただいた。カトリーヌ・ヴォルピアック゠オジェは、モンテスキューの「文学」の専門家のアプローチをより深く理解するために力を貸してくれた。クロード・アビブとピエール・マナンは、昨年開催されたルソーと人文科学についてのシンポジウム内でのたいへん充実した意見交換会にわたしを招待してくれたし、さらにクロード・アビブは光栄にも行儀作法の古代史・近世史についての二つのシンポジウムで共同報告者として協力してくれた。そこで出会った参加者からも大いに知的刺激を受けた。

さいごに、わたしの友人および同僚たちにも感謝のことばを伝えたい。とくにドニ・バランジェ、ジル・ドゥランノワ、マルセル・ゴーシェ、フィリップ・ド・ララ、クリスティーヌ・ズメロは、本作の一部あるいは全体に根気強く目をとおし、有用な意見・感想をくれた。この友人たちのなかには、アラン・ブザンソンとクロード・アビブがいる。この二人との会話、二人の存在がわたしをどれほど助けてくれたことか。そして、モナ・オズフは本プロジェクトに取り組むわたしをずっと励ましつづけてくれた。感謝のことばもない。

訳者あとがき

本書はPhilippe Raynaud, *La Politesse des Lumières – Les lois, les mœurs, les manières* (Gallimard, 2013) の全訳である。

著者フィリップ・レノ（一九五二—）は政治学者で、政治哲学、政治思想史、法理論を専門とする。パンテオン＝アサス（パリ第2）大学、社会科学高等研究院（ＥＨＥＳＳ）、レイモン・アロン政治研究センター（社会科学高等研究院）、パリ政治学院で教鞭を取り、現在はパンテオン＝アサス（パリ第2）大学名誉教授（政治学）である。*Dictionnaire de philosophie politique* (avec Stéphane Rials, PUF, 1996), *Le juge et le philosophe* (Armand Colin, 2008) をはじめ、*Trois révolutions de la liberté. Angleterre, Amérique, France* (PUF, 2009), *La laïcité : Histoire d'une singularité française* (Gallimard, 2019) など著書は多数だが、いずれも邦訳はなく、本書が著者の初の邦訳書となる。本書は優れた哲学書に贈られるラ・ブリュイエール賞（アカデミー・フランセーズ、二〇一四）、ボルドー市長を務めたこともあるモンテーニュの精神、すなわち人文主義、寛容、自由の精神を伝える作品に贈られるボルドー・モンテーニュ賞（ボルドー市とボルドー・ワイン・アカデミー、二〇一四）を受賞している。

なぜマナーか

「謝辞」によれば、本書は著者が長らくあたためてきた構想に基づく作品であり、「礼節」から啓蒙期の西ヨーロッパを俯瞰する試みである。法理論と政治思想の専門家が、なぜ礼節を論じるのか。礼節とは、振る舞いのルールのひとつであり、より一般的にはマナーと呼ばれるものである。啓蒙期のマナーを問う意義はどこにあるのだろうか。そのためにはこの時期におけるマナーとは何かをまずは確認しなければならない。著者レノは、そのヒントを本書の副題に示している。

副題の「法・習俗・マナー」は、モンテスキュー『法の精神』におけるマナーの定義を想起させる。社会を秩序立てる法を問う際には、古代ギリシア・ローマから「法と習俗」の二分法から出発するのが定石である。時々の権力者によって制定され、改変される、よって一時的で人為的な「法律」と、自然発生的に生成され、維持される内面的規範であるところの「習俗」の対比である。ところがモンテスキューはこれでは不十分で、人間たちの蠢く社会を俯瞰するには第三の視座が欠かせないとした。そうして加えたのが「マナー」である。マナーとは特定の気候風土、政体、人口、宗教、産業をもつ人民の集合的振る舞いであり、またその振る舞いが習慣化し、定着するなかでルール化した振る舞いの規範でもある（英語、フランス語のマナーはこのように描写的意味と規範的意味を併せ持つ。同様の語彙は日本語にはないように思われる）。習俗と同様、マナーは人為的な法律に対する自然的規範だが、習俗とマナーにも決定的な違いがある。モンテスキューによれば、それは内面性と外面性にあるという（「習俗とマナーの間には、前者がよりいっそう内面的な振る舞いに、後者が外面的な振る舞いにかかわるという区別がある」（『法の精神』第十九篇十六章）。マナーとは外面的な振る舞いであり、その行動指針となるのは内面的規範である習俗である。言い換えれば「マナー」とは、内面的規範である「習俗」の外在化（身体表現）である。両者がつねに一致しているならば両者を区別する必要はないが、実際にはそうはならない。わたしたちはこうすべきと信じることをつねに実行せず、反対にそのほうが面倒がない、体裁がよいといった消極的理由で振る舞いを変えることも少なくない。つまり、内面的規範と振る舞いは乖離する。この乖離は、キリスト教道徳と身分論に基づく伝統的マナー論においてはきびしく糾弾されてきた。それは実際よりも自分をよく見せようとする虚栄心のなせる業であり、分不相応な振る舞いは身分秩序の壊乱を招きかねない。不平等な身分制社会においては〝貴族は貴族らしく、庶民は庶民らしく〟が原則なのである。これに対し、啓蒙期のマナーをめぐる議論の最大の特徴は、宗教道徳および身分論とマナーを切断し、あるべき人間像ではなく、不完全で〝あるがままの人間たち〟の社会とその社会を規定するマナーを政治経済学、民族学、人間学から考察した点にある。世辞だとわかっていても心なし気分がよくなり、物事が円滑に進むのはどうしたわけか、外見をとり繕ってしまう我われとは何者なのか、イギリス人とフランス人ではとり繕い方が異なるのはなぜか、穏やかな振る舞いは人間精神を真に洗練させうるのか、マナーという虚偽を社会的美徳として承認する我われの近代社会はどこにむかうのか。このような問いをめぐるさまざまな議論を浮かびあがらせた本書の最大の特徴も、こうした観点から啓蒙期ヨーロッパをとらえた点にある。

外面的振る舞いそれ自体に、社会秩序を形成し、社会平和を実現させる力がある。このようなマナーの持つ力が注目され、ヨーロッパ全域でこれを議論することになる契機は十六世紀であった。その背景には二点あると思われる。一つは印刷文化の飛躍的発展である。これまで口伝によってローカルな範囲でのみ共有されていた振る舞いのコードが、印刷本によってカトリック・プロテスタントを問わずヨーロッパ全域に正確かつ安価に流布することが可能になった。この時期にあいついで出版され、ヨーロッパレベルの成功をおさめたマナーブックがある。カスティリオーネ『宮廷人』（一五二八）、エラスムス『こどもの行儀作法論』（一五三〇）、デッラ・カーザ『ガラテオ』(一五五八)である。いずれも翻訳によって出版直後から各国に急速に広まった。それはエラスムスの作品によって「行儀作法」civilité / civility という語が定着し、「ガラテオ」の語がマナーブック一般をあらわす普通名詞となるほどであった。これらを祖型として各国で独自のマナーブックが作成され、マナーをめぐる議論がおこる。啓蒙期のマナーをめぐる考察はその延長線上にある。

もうひとつは、十六世紀が戦乱の時代であったことであろう。各地であいつぐ宗教戦争から三十年戦争に至る十六〜十七世紀ヨーロッパは、兄弟殺しの時代であった。おなじ村、都市に住まう隣人だったはずのキリスト者たちが対立し、互いに互いを殲滅させんばかりに殺しあう。この状況を見た当時の思想家らが問うたのは、人間は自らの力だけで社会を維持することができるのか、であった。法律や宗教道徳はすべきこと、すべきでないことを明示し、違反者にはきびしい罰を用意するが、どのような表情で、角度でお辞儀をすべきか、髭を生やすべきか否か、自慢話をやめない人間にいかに対処すべきかを教えてはくれない。モンテスキューもこう述べていた。「習俗やマナーとは、法律が制定せず、また制定することもできず、制定したいとも思わなかった慣行である」(『法の精神』同)。神も教会も国王も関与しない、またできない領域において、ふつうの人間たちが自分たちの力で社会をまもるにはいかなるマナーが必要か。そこで注目されたのが、社会形成に資する人間の本性、すなわち社交性 la sociabilité である。ホッブズのように人間に社交性がないと考えるなら、人間同士での解決は望めず、強大な権威による強制と罰則に頼るほかない。だがグロティウスのように、人間は利己的でありながらも他者と共にあることを「必要」とする性向を有すると考えれば、可能性は見えてくる(『戦争と平和の法』「プロレゴメナ」)。水や食糧と同様、他者と共にあることは人間らしい生に不可欠であり、そのために多少の忍耐と面倒を甘受させる性向だからである。啓蒙期の思想家の多くは人間の本性的社交性の存在を信じ、マナーはこの性向に依拠し、またこの性向を活かすような規範であるべきだと考えた。社交性がたびたび論及されるのはそのためである。

したがってレノの序論の言葉もこの意味で理解しなければならない。レノによれば、昨今フランスでは教師を殴ったり、壁に落書きしたりする行為を「行儀作法に反する」と形容する。明白に法律に反する行為に対して不釣りあいな表現ではある。だが、この表現は行儀作法が「法的な強制がおよぶ手前の地点で、さまざまな人びとの共生に基づく良識的な生活を可能にする」規範であることを想起させてくれるとレノは指摘する。誰かに強制されずとも、家族でも友人でもない他者との穏やかな共生のためにわたしたち自身はどうすべきか、マナーはそのことを教えてくれるのである。ヨーロッパ中心主義的で楽観的な「文明」への信仰が失われた二一世紀において、しかし語源を一にする「行儀作法」への関心が高まったことにはこうした暴力と近代国家の関係の根底に行儀作法の問題が横たわることと無縁ではなかろう。「だれもが隣人に対して非礼をはたらく社会では、民主主義的精神のなにかが損なわれることをわたしたちはよく知っている」。このゴーシェの言を引くレノが強調するのは、旧体制下のマナーを論じるのは「失われしサロンの世界へのノスタルジー」からでも、ましてやフランス革命の遺産を否定するためでもない（そのような受け止めがあるのかと、訳者はいささか驚いたが）。それは「人間の精神的・知的涵養が習俗の穏和化、人間精神の洗練、魂の向上と分かちがたく結びつくと考え、その一歩を〈礼節〉および〈行儀作法〉の習得に見いだしたそのような伝統」を再発見し、「近代世界全体」を問いなおす一助とするためである。

なぜ礼節か

〈礼節〉の原語は la politesse である。現在のフランス語では「礼節は社会における日常の人間関係を規定し、また規定すべきルールを意味し、反対に行儀作法は礼節よりも高尚なものを想起させる」(「結論」)。翻って十八世紀中葉、『百科全書』の主要執筆者のひとりであるジョクールはこう述べていた。「行儀作法は礼節ほどのことを意味せず、いわば礼節の一部に過ぎない(『百科全書』、「行儀、作法、礼節、鷹揚さ」)」。つまり、この約三世紀のあいだに〈礼節〉と〈行儀作法〉の価値の逆転が生じた。啓蒙期ヨーロッパにおいて、〈礼節〉は現在は失われた特別な響きを持っていたのである。だが、と同辞書の項目「礼節」において、別の論者はこう切り出す。「礼節の起源をあきらかにするには、これをきちんと定義づけねばならないのだが、これが容易ではない(同、「礼節」)」。当時のフランスには他にも行儀作法 civilité、礼儀 bienséance、やや古めかしくなっていたが(騎士道精神に則った)慇懃 courtoisie、未だ慣用ではなかったマナー les manières、処世術 le savoir-vivre など類義語はさまざま存在していた。これらはいずれも特定のニュアンスを持つ概念であり、礼節も決して中立的な語ではない。したがって本書が論じるのはマナー一般ではなく、まさに啓蒙期ヨーロッパにおいて問題となっていたある特定のマナーである。では、この時代の〈礼節〉が纏っていた特別な響きとはなにか。

第一に〈礼節〉とは、君主国フランスに特徴的な、さらに言えば、社交性というフランス人の国民的気質に適し、その体現とされていたフランス固有のマナーを指す。よって、モンテスキューによれば君主国であってもスペイン、ポルトガルのマナーは〈礼節〉のパロディに過ぎず、半・共和国であるイギリスには〈礼節〉など望むべくもない(イギリスには代わりに徳と謹厳実直さがある)。カントはフランスのマナーを論じる際にわざわざフランス語の la politesse を用いてさえいる。また〈礼節〉は、専制国家のむき出しの支配にも対置される。というのも、フランスの〈礼節〉の本質は権力の転倒にあるからだ。〈礼節〉は上位者に下位者の尊重を求め、〈女性に対する慇懃さ《ギャラントリ》〉は男性に女性への従属の振る舞いを求め、こうして現存する支配を和らげる。つまり、専制化を抑止するのである。

　第二に、〈礼節〉は〈行儀作法〉とは異なる。当時のフランスでは〈礼節〉は〈行儀作法〉とは明確に区別されていた。一方の〈行儀作法〉は、上述のエラスムスの作品によってひろく定着した語である。フランスでも同作品およびこれに倣った類似作品が出まわり、十七世紀以降には青本叢書（廉価本）としても流布した。ところが、普及によって低俗化との誹りを受け、「こども、庶民、田舎者」が卑しさを隠すためのマニュアルと揶揄されることになる。それはマナーとはなにかを知らぬ者がマニュアル片手に一夜漬けでおぼえる純粋に身体的、技術的、表面的な振る舞いであり、その所作のぎこちなさこそが卑しさの証左となる。これに対し、〈礼節〉は上流階層の規範である。不平等を前提とする君主国において国王と共に権力を担う貴族の行動規範であり、その本質には心身ともの自己制御という貴族的理想がある。それは自らを律することを知る者の規範であって、一挙手一投足についての細則を厳密にまもることは問題とならない。自らの内なる指針にしたがい、相手を誘惑することで支配し、場を魅了することで交際の快を共有する。礼節とは他者とともに過ごす時間を愛する者、すなわち社交的人間の規範である。人間の本性的社交性を伸ばし、言葉、知識、感情、モノの交換を活性化し、国境をやすやすと超えて強固な人的ネットワークを構築する。

　このような啓蒙の世紀におけるフランスの〈礼節〉は、三つの側面を持つ。

　第一に、イギリスの商業と並び、文明化へと導く二つの道のひとつである。商業の道が利益の追求による社会発展であれば、〈礼節〉は社交的人間にとっての幸福の追求によって社会に平和と豊かさをもたらす。男女間の交際をうながし、奢侈の商・産業に活気をもたらし、趣味と創意工夫とを磨く。他方で好戦的精神を鎮め、諍いを事前に回避するとともに万が一の衝突を緩和する。換言すれば、〈礼節〉とは他のヨーロッパ諸国にひとつの範として示されるべきマナーである。

第一が文明化の光の側面であれば、第二はその影の側面である。〈礼節〉が構築する強固な人的ネットワークは、〈礼節〉の礼賛者たちが喧伝するほどすばらしいものではない。相手への好意を示すようでいて実は自己利益にのみ執着する人びとの絆ほど脆いものはないが、その絆はそうでいて容易には抜けだすことができない相互依存関係という鎖でもある。おまけに、それは非対称な不平等の鎖でもある。「私の欲しいそれをください、あなたの欲しいこれをあげましょう」。交換という取引はこうした対等な関係を想定するが、それは見せかけに過ぎない。大いなる不平等を前提とする〈礼節〉は、強者への権力と富のさらなる集中を隠蔽する隠れ蓑にすぎないのである。このような第一の立場を代表するヒューム、第二の立場を代表するルソー、両者の総括を試みたカントの三者が本書の主導線となる。別言すれば、カントにおいて「イギリス・スコットランド啓蒙によって展開されてきた社交性の学説と近代社会・文明に対する徹底的批判との接合へ」と収斂するのである。さいごに、フランス革命を経験した論者にとって、それは旧体制下の不平等なフランス、十八世紀フランスの文化的威光に対する評価の試金石となる。とはいえ、軽薄で退廃的で甘美なフランス社交界の交際を好むから反革命的、逆であれば共和主義的とならない複雑な様相を呈するのだが。

「啓蒙の地誌」とはなにか

本書にはもうひとつ隠れたキーワードがひとつある。それが「啓蒙の地誌 la géographie des Lumières」である。レノによれば、啓蒙の地誌とは、「イタリアの自由都市、フランス君主政、ほぼ共和国のイギリス、ロシアの専制主義とその文明化の野心など、ルネサンスと古典主義時代の政治的経験をつうじて形成され」、啓蒙の世紀において幾度も改変された、そのような地誌である。つまり、本書のもうひとつの意図はマナーの観点からヨーロッパの地理的素描を試みることにある。問題関心は二つに大別される。一つは、ヨーロッパとその外界との境界線を見定めることである。レノによれば、啓蒙期における「ヨーロッパ」の境界線とは自由の境界線であった。ヨーロッパはどこまでひろがるのか、啓蒙はどこで終わるのか。二つ目は、ヨーロッパ内部の多様性をマナーと政治体制（とくに政治的自由）、国民的気質、男女間の関係性、およびこれらの関係性から描くことである。

ヴォルテール、モンテスキューにとってヨーロッパの境界線の問題は東方に、とくにペルシアとロシアにあった。十九世紀には礼節の問題は再定義を余儀なくされる。引金を引いたのはフランス革命であるとしても、その背景にはアメリカ独立戦争があり、よりひろくは民主主義の台頭であった。よって十八世紀末より啓蒙の地誌の関心は西方へ、アメリカ大陸へと移ることになる。

啓蒙の地誌の基調をなすのは、イギリスとフランスの対比である。洗練されているが自己愛の虜となり、公益にも、真の人間関係にも無関心のフランス。利益にもっとも敏感な富裕な人びとこそ国家の事業に熱心で、自由と徳を愛するあまり洗練にはなじめず、がさつから脱することができないイギリス。モンテスキューやヒュームにとって女性への接し方は、古代共和国に対する近代の優位を示す有力な証左でもあった。かれらは男女間の自由な交流や女性の支配を演じる女性に対する慇懃さ《ギャラントリ》を礼賛するのだが、つまりは男性の振る舞いを論じるのであって、女性を主語にしてかれらがマナーを語ることはない。その点、女性蔑視的な発言で知られるルソー、ルソーに倣い、しかし最終的にはルソー流の礼節批判を退けるカントは女性と男性の差異を正面から論じた。他方、政治的自由と不可分の関係にある女性の地位の問題は、スタール夫人にとってマナー論の真髄であった。イギリスは政治的自由の範とすべき国だが、男性たちが政治談義に華を咲かせる食後の居間に女性たちの場所はない。つまり彼の国の政治的自由は女性の排除によって成立する。フランスの〈礼節〉も部分的にその政治的自由に依拠し、サロンは女性が支配するが、〈礼節〉は支配を緩和することで支配を温存する。女性の地位から見た啓蒙の地誌は、はるかに不鮮明である。

ロシア人、トルコ人、ポーランド人が除外されたヒューム、カントの描くヨーロッパとは実質的には西ヨーロッパであったが、ルソーの視線はより東方へ向き、また英仏の対立は後景に退き、それ以外の国に注がれる。すなわち、ジュネーヴ、ポーランド、コルシカへのフランス流礼節の波及が問題となる。十八世紀前半の論者にとって地中海諸国は過去の国であった。ヴォルテールにとってイタリアはルネサンスの遺産の継承者の座をフランスに奪われた国であったが、スタール夫人、スタンダールにとってはフランスほど気取らず、なおかつイギリスのような堅苦しさから解放されたイタリアには、フランスほど表面的すぎず、イギリスほど冷たすぎない人間関係がある。イギリスの陰気な習俗に疲弊したスタール夫人のコリンナにとっても、民主主義の成立を心から喜び、しかし実は寡頭支配がのこり大衆主義かつ実利主義でしかなかったアメリカに幻滅したスタンダールにとっても、イタリアは「輝かしく、幸福の機会に満ちた文明の手本」となる。

トクヴィルになると、十八世紀の論者らにとってこれほど重要だった貴族的〈礼節〉と庶民的〈行儀作法〉の区別も、ヨーロッパ諸国民の「国民的性格」の比較人類学もほとんど意味をなさなくなる。かれにとって問題は、革命から生じたあたらしい平等な世界におけるマナーであった。不平等と強大な宮廷に支えられた安逸の産物である礼節の果たす役割はもはや限られている。したがってアメリカでは、〈礼節〉の洗練も優雅も理解されず、気取りがなく、他者との衝突を避けるための〈行儀作法〉が重視される。〈礼節〉と〈行儀作法〉の転倒はまずアメリカで起こるのである。ただし、身分が平等の世界においても人間はなおも区別をもとめる。礼節の世界では、不平等が決して揺るがないからこそ上位者と下位者にある種の親しみの関係が成立していたが、一見「平等」な社会では、マナーと階級のあいだに絶えず緊張がはしることをトクヴィルは見逃さない。この区別は居住街区の棲みわけやスノビズムとして表出することになる。そしてその緊張関係は二一世紀のわたしたちのものでもある。わたしたちは、レノのいうところの「〈礼節〉の格下げの歴史」の延長線上におり、そしてその歴史はまだこれから書かれねばならないのである。

訳出にあたって、注意した点についても付言しておく。全編をつうじて簡明な表現で綴られた原書に倣い、できるだけ平易な訳文を心がけた。ルソー、ヒューム、カントなど、日本語文献だけでも膨大な研究蓄積のある思想家の作品には、それぞれの思想に忠実であるべく固有の訳語が存在する。だが、一定の前提を共有しつつ、同一の地平でなされた啓蒙思想家たちの対話のありようを可視化しようとする本書の精神を尊重し、いくつかのキー概念については訳語を統一した。個々の思想家の独自性よりも啓蒙という枠組みにおける議論の連続性をあきらかにするためである。訳者の力の及ぶかぎりで最善を目指したが、誤訳等があればぜひご指摘いただきたい。

とくに説明を要するのは、以下の四点だろうと思われる。

本書をつらぬくのは、二つの対立軸である。ひとつは〈礼節 politesse〉と〈行儀作法 civilité〉、もうひとつは〈礼節 politesse〉と〈謹厳実直さ honnêteté〉である。

まず〈礼節〉と〈行儀作法〉である。ここにはマナーと徳の問題、普遍と特殊の問題があり、その根底には本書ではやや後景に退いているがマナーと身分の問題がある。十七世紀までは類義語だった〈礼節〉と〈行儀作法〉には、ルールによる強制ではなく、自らの内なる規範を有する者のみが可能な自由と節度の両立、上流社会という環境でのみ育まれる特別な雰囲気、よって模倣も習得も不可能なある種の特権の身体表現である〈礼節〉と、マニュアル本を片手に平民が必死に習得する〈行儀作法〉という強烈な区別がうまれる。よって、後者を躾の意味あいの強い「行儀作法」、前者を他者への配慮と節度を知る者の規範である「礼節」とした。

こうした身分による区別にくわえて、十八世紀にはさらに二重の対比がある。第一は都市住民の資格、それにふさわしい生き方を意味するラテン語の *civitas* を語源にもち、よって共和主義的徳という価値を連綿と受けつぐ〈行儀作法〉と、退廃的な貴族的習俗、宮廷人の偽善的・欺瞞的マナーである〈礼節〉の対比である。第二には、子どもや平民すらにもとめられる基礎的な、しかしヨーロッパ（殊に西ヨーロッパ）地域に限定される振る舞いのルールである〈行儀作法〉と、言語・宗教・習慣等の異なる人びとをも含めた見知らぬ他者の尊重という唯一の原則のみに拠る、ゆえに普遍的な〈礼節〉の対比がある（よって、「アメリカのインディアンは行儀はよくない〔文明化されず〕とも礼節を知る〔洗練されている〕」）。第一の対比では〈行儀作法〉の優位性が、第二では〈礼節〉の優位性が強調されるように、十八世紀フランスでは〈礼節〉と〈行儀作法〉の価値の転倒が繰りかえされる。言い換えれば、両語の緊張関係が啓蒙期フランスのマナー論の主導線となるのである。こうした状況すべてを訳語によって示すのは著者の力量では不可能と判断した。よって、できるだけ定訳を尊重しつつ、当初の身分による区別を示す訳語を採用した。

第二は、〈礼節〉と〈謹厳実直さ〉であり、ここでは honnêteté の訳語が問題となる。この訳語に驚かれた読者もいるかもしれない。もとより訳しにくい語だが、時代による語義の大きな揺らぎによって訳語の選定の困難が増している。名詞 honnêteté、形容詞 honnête の語源は「名誉に値する」の意のラテン語 *honestus* で、有徳で、公正で、名誉に値するがゆえに敬意を示されるべきものを指す（『アカデミー辞典』では第二版（一七一八）まで、両語は名誉 honneur の下位区分に配置されていた）。

他方で両語には「礼儀正しい、職業や年齢にふさわしい」、したがって慣例に沿った、適切なという意味があり、この点では〈行儀作法〉や〈礼節〉の類義語と説明される。次第にこちらの意味が慣用になり、さらに第三版（一七四〇）になると、honnête homme には次のような用法も記される。「名前も知らぬ、しかし卑しい身分ではない（身分が高くも低くもない）相手を失礼なく呼ぶときに用いる」。honnête homme がかならずしも誠実な男性、また名誉の価値を重んじる「貴族」を意味するのではないのである。このように十八世紀をくだるにつれて、つまり貴族的価値への疑義が深まるにつれて honnête の名誉や徳の観念は形骸化し、上流社会の慣例に適うという平板な後者の意味がのこる。この意味では、カントのいう「議論とは別物の」、深刻になりすぎず、たわいのないことばの応酬である「会話」をたのしみ、また周囲をたのしませる者が honnête だと評されるのである。実直さとは、正反対の意味である。

ところが、レノが図式化したようなフランスの〈礼節〉とイギリスの〈謹厳実直さ〉の対比は、これとはやや別の次元で考えねばならない。語源にある名誉の観念にたち戻れば honnêteté、honnête には誠実さ、実直さという価値が含まれ、現代の仏和辞典で第一義としてあがるのもこの意味である。〈謹厳実直さ〉の訳の「実直さ」もこれに由来するが、イギリスのそれにフランス的名誉の観念はない点は留意すべきである。このように措定すると、フランスの〈礼節〉は、社交好き、愛想のよさを国民的気質とし、ときに猥雑さも含む女性を交えた交際の規範であり、現世的幸福と性的自由と嘘と裏切りのすべてを許容する生き方である。大いなる不平等を礎とする君主政と以上すべてとの接合から生まれる上流階層の規範がフランス流〈礼節〉である。これに対し、後者はこうした不道徳を敵視し、誠実かつ実直だが四角四面で、外見上の気取りを嫌うために都会的な洒脱さとは無縁である。この面白みのなさは他者を愛さず、自らも愛さない冷淡さに由来するが、それは位階より個人の能力を、外見より実利を重んじ、対等でたがいに媚を売る必要のない「ほぼ共和国」における生き方でもある。よって、本書では上述のような貴族的価値から発し、のちに形骸化した honnêteté、honnête の意味を一旦保留し、フランス流〈礼節〉との対比を鮮明にする訳語を選んだ（逆にいえば、本書ではフランス上流社会における適切さの意味はすべて〈礼節〉およびその関連語に担わせ、honnêteté、honnête の語の使用は注意深く避けられている）。

最後に、société civil である。「市民社会」を定訳とするが、本書では「文明社会」で統一した。本書の議論にあきらかなように、civil はなにより未開／野蛮 barbare / sauvage に対置される観念である。暴力、孤立、貧困によって特徴づけられる未開／野蛮から文明状態にいたらしめるのは人間の協働である。法や道徳、マナーなど諸々のルールや規範が孤立したままでは脆弱な、しかし気まぐれで我が儘な人間たちの共同生活を可能に、そしてより豊かに安全にし、最終的には「市民社会」を形成する。よって société civil において問題となるのは暴力、孤立、貧困からの脱却をうながし、共同生活を可能にするすべてであり、そのうちのなにを重視し、最優先課題とするのかが啓蒙期のマナーを（より広義には文明を）めぐる議論を通底する問いであった。以上から、対等で自立的な政治的主体である「市民」の誕生とそれを準備する諸制度に焦点をあて、その結果、それ以外の豊穣な議論を捨象しかねない「市民社会」の使用は退けた。他方で、「文明」の語そのものも、「ヨーロッパ中心主義的な『文明』が衰退した」二一世紀にはやや時代錯誤な印象をうけるものの、現在となっては古めかしい「文明」の観念こそが当時のヨーロッパを席巻していた点を看過しては、本書の理解にはいたらないであろう。ある種の時代錯誤の感覚を共有しつつ、啓蒙期のマナー論を著者とともに鳥瞰していただきたい。

末筆ながら、本書の訳出にあたってさまざまな方にお世話をいただいた。出版社をご紹介くださった常田カオル氏ならびに蓮實重彥先生に心から御礼を申し上げたい。常田氏とのご縁を結んでくださり、さらに訳者が行き詰まるたびに翻訳について有益かつ的確なアドバイスをくださった元上智大学教授の長谷川輝夫先生、同大学教授の長谷川イザベル先生には感謝のことばがない。訳者の学部生時代の恩師である長谷川先生とイザベル先生とお菓子をつまみながら本書についてあれこれとお話しをうかがう時間は訳者にとって至福の時間であった。法政大学出版局の前田晃一氏には、ひと方ならぬご助力をいただいた。本訳書の企画、編集、出版に際し、忍耐強く訳業を支えてくださった。本書が完成を見たのは前田氏のお力があってこそである。心より謝意を表したい。

さいごになるが、マイペースな訳者の仕事をいつも支え、時に目から鱗が落ちるような助言をくれる訳者のパートナー、鋭い観察眼とあふれる優しさとで訳者を叱咤激励してくれるこどもたちにもお礼のことばを伝えたい。

増田都希

人名索引

ア行

アザール，ポール（Hazard, Paul） 9
アダムス，ジョン（Adams, John） 210, 312-15, 339, 342
アダムス，ヘンリー（Adams, Henry） 343
アディソン，ジョゼフ（Addision, Joseph） 25
アビブ，クロード（Habib, Claude） 161, 207, 269, 315, 343, 351, 354
アリストテレス（Aristote） 107, 124, 142, 232
アルフィエーリ，ヴィットーリオ（Alfieri, Vittorio） 320
アルフォンソ・デ・カスティーリャ（Alphonse de Castille） 214-15
アレヴィ，ラン（Halévi, Ran） 115, 118, 313, 353
アレクサンデル三世（教皇）（Alexandre III, pape） 50-51
アレクサンドル一世（ロシア）（Alexandre Ier de Russie） 289
アレクサンドロス大王（Alexandre le Grand） 55
アンリ三世（Henri III） 96-97
アンリ四世（Henri IV） 43-44, 49, 57
ウィチャリー，ウィリアム（Wycherley, William） 35
ヴィノック，ミシェル（Winock, Michel） 287, 289
ウィリアム（ギヨーム）一世（征服王）（William the Counqueror [Guillaume 1er, dit le Conquérant]） 34-35
ウェルギリウス（Virgile） 76
ウエルベック，ミシェル（Houellebecq, Michel） 191
ウォーリン，リチャード（Wolin, Richard） 354
ヴォルテール（フランソワ＝マリ・アルエ）（Voltaire, François-Marie Arouet dit） 9, 19, 24-26, 29-33, 37-38, 40-56, 58, 60-62, 64-74, 107, 115-19, 121, 168-69, 186, 189, 195, 197, 269-70, 280, 311, 318, 323
ヴォルピアック＝オジェ，カトリーヌ（Volpilhac-Auger, Catherine） 354
エウリピデス（Euripide） 76
エカテリーナ二世（ロシア）（Catherine II de Russie） 65, 68, 70-71, 171, 270
エスコラ，マーク（Escola, Marc） 127
エベール，ジャック・ルネ（Hebert, Jacques-René） 274
エリアス，ノルベルト（Elias, Norbert） 1, 3, 241, 347, 349
エリザベス一世（イギリス女王）（Elisabeth Ire, Reine d'Angleterre） 343-44, 49, 54, 154-155
エルヴェシウス（Helvétius） 19
オウィディウス（Ovide） 75-76
オズフ，モナ（Ozouf, Mona） 273, 287, 354

オラニエ公ウィレム〔ウィリアム三世〕(Willem van Orange, [William III, Guillaume d'Orange]) 62

カ行

カール五世(CHARLES QUINT) 49
カール十二世(CHARLES XII) 54, 64
カスティリオーネ，バルダッサーレ(CASTIGLIONE, Baldassare) 2
カッシーラー，エルンスト(CASSIRER, Ernst) 9
カトー(CATON) 169
カルノ，ラザール(CARNOT, Lazare) 320
カント・エマヌエル(KANT, Emmanuel) 7, 29, 136, 140, 145, 208, 211-22, 224-25, 228-34, 236, 238-41, 243-49, 251-61, 263-67, 269, 290-91, 297, 346, 348-51
カント＝スペルベール，モニック(CANTO-SPERBER, Monique) 133
ギィヨン＝ルコック，カミーユ(GUYON-LECOQ, Camille) 354
ギゾー，フランソワ(GUIZOT, François) 325
クーリエ，ポール＝ルイ(COURIER, Paul-Louis) 318
クライウトゥ，オーレリアン(CRAIUTU, Alurelian) 118
クラヴェリ，ベネデッタ(CRAVERI, Benedetta) 3
グラシアン，バルタサール(GRACIAN, Baltasar) 2
クリトン(CRITON) 153, 170
クルーゼ，ミシェル(CROUZET, Michel) 314, 324
クレイン，ローレンス・エリオット(KLEIN, Lawrence E.) 25
ゲイ，ピーター(GAY, Peter) 33
ゲナール，フロラン(GUÉNARD, Florent) 167, 177, 179, 181, 195
コーエン，マキシム(COHEN, Maxime) 63
ゴーシェ，マルセル(GAUCHET, Marcel) 3, 299, 341, 354
ゴールドシュミット，ヴィクトール(GOLDSCHMIDT, Victor) 181, 187
ゴッフマン，アーヴィング(GOFFMANN, Erwin) 347
ゴルドザンク，ジャン(GOLDZINCK, Jean) 279
コルベール，ジャン＝バティスト(COLBERT, Jean-Baptiste) 58
コンスタン，バンジャマン(CONSTANT, Benjamin) 121, 241, 274, 307, 315
コンスタンティヌス一世(CONSTANTIN Ier) 47

サ行

サヴィニー，フリードリッヒ・カール・フォン(SAVIGNY, Friedrich Carl von) 101
サン＝ピエール，シャルル＝イレネ・カステル，アベ・ド(SAINT-PIERRE, Charles-Irénée Castel, abbé de) 45
サンタローザ，サントッレ(SANTA ROSA, Santorre) 320
サント＝ブーヴ，シャルル＝オーギュスタン(SAINTE-BEUVE, Charles-Augustin) 346-47
シェイクスピア，ウィリアム

（SHAKESPEARE, William） 43, 62-63, 92-93, 316
ジェイムズ，ヘンリー（JAMES, Henry） 342
ジェームズ二世（JACQUES II STUART） 34, 110
シャトーブリアン，フランソワ＝ルネ・ド （CHATEABRIAND, François-René de） 279, 309-10, 315, 321
ジャファロ，ローラン（JAFFRO, Laurent） 19
シャフツベリ，アントニー・アシュリー＝クーパー，伯爵（SHAFTESBURY, Anthony Ashley Cooper, comte de） 18-19, 25, 121, 213, 215
シャルダン，ジャン（CHARDIN, Jean） 51
ジャンジャンブル，ジェラール（GENGEMBRE, Gérard） 279
シュトラウス，レオ（STRAUSS, Leo） 125
ジョクール，シュヴァリエ・ルイ・ド（JAUCOURT, Chevalier Louis de） 5, 10-13, 18-19, 21, 24, 177, 351
ジョンジェ，ブリジット（GEONGET, Brigitte） 215, 229.
ジンメル，ゲオルグ（SIMMEL, Georg） 347-48
スタール，ジェルメーヌ・ド（STAËL, Germaine de） 138, 268, 274-81, 283-84, 286-91, 294, 296-300, 302-04, 306-07, 315-16, 321, 350
スタロバンスキー，ジャン（STAROBINSKI, Jean） 190-91
スタンダール（アンリ・ベール）（STENDHAL, Henri Beyle, dit） 6, 287, 310, 314-16, 318-27, 332-35, 342, 345-46
スティーヴンソン，メアリー（STEVENSON, Mary） 311
スペクトール，セリーヌ（SPECTOR, Céline） 73
スミス，アダム（SMITH, Adam） 121, 141, 271.
ズメロ，クリスティーヌ（ZUMELLO, Christine） 354
聖ルイ王（ルイ九世）（LOUIS IX, dit Saint Louis） 50
セダン，オリヴィエ（SEDEYN, Olivier） 125
ソクラテス（SOCRATE） 153, 168, 170
ソロン（SOLON） 69, 107-08

タ行

ダジャン，ジャン（DAGEN, Jean） 127, 354
ダランベール，ジャン・ル・ロン・ド（D'alembert, Jean Le Rond） 180, 186-99, 199, 213
タレイラン，シャルル＝モーリス・ド（TALLEYRAND, Charles-Maurice de） 309-10
ダントン，ジョルジュ・ジャック（DANTON, Georges Jacques） 320, 332
チェスターフィールド，フィリップ・スタンホープ，伯爵（CHESTERFLD, Philip Stanhope, lord） 26, 251
チャールズ二世（CHARLES II） 35, 58
チュルゴ，アンヌ＝ロベール＝ジャック（TURGOT, Anne Robert Jacques） 30
ディオゲネス（DIOGÈNE） 7, 230, 32, 236, 249, 254

ディドロ，ドゥニ（Diderot, Denis） 20, 22-23, 117
ティルアン，ロラン（Thirouin, Laurent） 15, 17
デカルト，ルネ（Descartes, René） 41-42
デュクロ，シャルル・ピノ（Duclos, Charles Pinot） 21, 24, 201, 203
デュシェ，ミシェル（Duchet, Michèle） 255
デュルケーム，エミール（Durkheim, Emile） 108, 347-48
デルボス，ヴィクトール（Delbos, Victor） 213
ドゥニエ，ルネ（Denier, Renée） 317
ドゥランノワ，ジル（Delannoi, Gil） 354
ドゥルーズ，ジル（Deleuze, Gilles） 138
ドゥルール，ディディエ（Deleule, Didier） 145, 159
トクヴィル，アレクシス・ド（Trocqueville, Alexis de） 310, 334-42, 345-46
ドラテ，ロベール（Derathé, Robert） 101
トロロープ，フランシス（Trollope, Frances） 334, 338

ナ行

ナポレオン一世（Napoléon Ier） 288-89, 298, 320-21, 330, 333
ニコル，ピエール（Nicole, Pierre） 14-19, 24, 136
ニュートン，アイザック（Newton, Isaac） 41-43, 208, 214
ヌマ・ポンピリウス（Numa Pompilius） 69, 196
ネケール夫人（シュザンヌ・クルショード）（Necker, Madame, Susanne Curchod, dite） 276

ハ行

バーク，エドモンド（Burke, Edmund） 270-274, 321
ハイネ，ハインリヒ（Heine, Heinrich） 288-89, 297
パスカル，ブレーズ（Pascal, Blaise） 39, 41, 91, 244, 335
ハチソン，フランスシス（Hutcheson, Francis） 213
バランジェ，ドゥニ（Baranger, Denis） 354
バレラ，ギヨーム（Barrera, Guillaume） 73
ビノシュ，ベルトラン（Binoche, Bertrand） 101
ヒューム，デイヴィッド（Hume, David） 7, 26-27, 29, 32, 52, 56, 58, 67, 72, 74, 86-87, 90, 118, 119, 121-26, 128, 130-46, 148, 150-52, 154-57, 159-62, 173, 183, 192, 206, 213, 217-19, 221-22, 231, 235-36, 238, 247, 268, 269-72, 277, 280, 283-84, 336, 339, 345, 349-51, 354
ビュフォン，ジョルジュ＝ルイ・ルクレール，伯爵（Buffon, Georges-Louis Leclerc, comte de） 255
ビュルジュラン，ピエール（Burgelin, Pierre） 199, 205
ピョートル大帝（Pierre le Grand）

64-69, 70, 75, 87, 115-17, 189, 195, 197. 221, 270
ファーガソン，アダム（FERGUSON, Adam） 26
フィリップ＝オーギュスト，フィリップ二世（PHILIPPE-AUGUSTE, Philippe II, dit） 51, 57
フィロネンコ，アレクシス（PHILONENKO, Alexis） 235
フーコー，ミシェル（FOUCAULT, Michel） 245
フェリー，ジュール（FERRY, Jules） 283
フェリー，リュック（FERRY, Luc） 219
フォーブズ，ダンカン（FORBES, Duncan） 123, 147, 157, 159
フォックス，ジェームス（FOX, James） 270-71
フォンターヌ，ルイ・ド（FONTANES, Louis de） 321, 323
フォントネル，ベルナール・ルブイエ・ド（FONTENELLE, Bernard Le Bouyer de） 121
福音記者ヨハネ（SAINT JEAN L'ÉVANGÉLISTE） 47
ブザンソン，アラン（BESANÇON, Alain） 328, 354
ブディノ，エリアス（BOUDINOT, Elias） 313
フュマロリ，マルク（FUMAROLI, Marc） 3
フュレ，フランソワ（FURET, Francois） 299, 337
プライス，リチャード（PRICE, Richard） 270-71
フラデ，エルヴェ（FRADET, Hervé） 251
プラトン（PLATON） 47, 120, 153, 168, 170-71, 189, 193
フランクリン，ベンジャミン（FRANKLIN, Benjamin） 310-14, 342
フリードリヒ二世（FRÉDÉRIC II） 68, 71
プルースト，マルセル（PROUST, Marcel） 347
ブルジョワ，ベルナール（BOURGEOIS, Bernard） 267
プレヴォ（アントワーヌ・フランソワ），アベ（PRÉVOST, Antoine François, dit l'Abbé） 30
ペイン，トマス（PAINE, Thomas） 270-71
ヘーゲル，ゲオルグ・ウィルヘルム・フリードリッヒ（HEGEL, Georg Wilhelm Friedrich） 101, 143, 217, 301, 314
ベーコン，フランシス（BACON, Francis） 41
ベッカリーア，チェーザレ（BECCARIA, Cesare） 320
ペトロヴィチ，アレクセイ（ツァレビィチ） （PETROVITCH, Alexis (Tsarévitch)） 67
ペリクレス（PÉRICLÈS） 55, 168
ヘルダー，ヨハン・ゴットフリート・フォン（HERDER, Johann Gottfried von） 101
ベルナルディ，ブリュノ（BERNARDI, Bruno） 191
ヘンリエッタ・アン・ステュアート（HENRIETTE D'ANGLETERRE） 58
ボイド，リチャード（BOYD, Richard） 329
ポーコック，ジョン＝グレヴィル（POCOCK, John Greville） 55-56

ボシュエ，ジャック＝ベニーニュ（Bossuet, Jacques Bénigne）45-46
ホッブズ，トマス（Hobbes, Thomas）17-19, 135, 138, 142, 146 174, 176

マ行

マディソン，ジェームズ（Madison, James）41, 311
マナン，ピエール（Manent, Pierre）109, 179, 354
マネス（マニ）（Manès）214
マラー，ジャン＝ポール（Marat, Jean-Paul）274, 321
マリー・アントワネット・ドートリッシュ（Marie-Antoinette d'Autriche）272
マルゼルブ，ミシェル（Malherbe, Michel）137
マルブランシュ，ミシェル（Malebranche, Nicolas）40
マンデヴィル，バーナード（Mandeville, Bernard）224, 238
ミノス（Minos）69
ミラボー，ジャン＝バティスト（Mirabeau, Jean-Baptiste de）320
メディチ，カトリーヌ・ド（Médicis, Catherine de ）96
メディチ，ロレンツォ・デ（Médicis, Laurent de）48, 55
メフメト二世（Mahomet II）55
メルシエ，ロジェ（Mercier, Roger）11
モーセ（Moïse）103, 196
モプー，ルネ＝ニコラ・ド（Maupeou, René Nicolas de）31, 61
モリエール（ジャン＝バティスト・ポクラン）（Molière, Jean-Baptiste Poquelin, dit）23, 35, 189-190, 193
モルレ，アンドレ（Morellet, André）120-21
モンテーニュ，ミシェル・ド（Montaigne, Michel de）11-12, 171
モンテスキュー，シャルル・ド・スコンダ，男爵（Montesquieu, Charles de Secondat, baron de）11-12, 26, 30-31, 48, 72, 73-76, 81-82, 86, 88-90, 92, 94-96, 98, 100-102, 105, 107-10, 113, 115-118, 219, 221, 261, 263-68, 269-70, 280-81, 284, 318, 334-37, 340, 342, 348-, 351, 354

ヤ行

ヨーゼフ二世（Joseph II）68

ラ行

ラ・クレロンことクレール＝ジョセフ・フレリス（Mademoiselle Clairon, Claire Josèphe Léri, dite）69
ラ・ブリュイエール，ジャン・ド（La Bruyère, Jean de）11, 22-23, 76, 281
ラ・ロシュフコー，フランソワ・ド（La Rochefoucauld, François de）17, 19, 76, 136, 138, 238, 281
ライプニッツ，ゴットフリート・ウィルヘルム（Leibniz, Gottfried Wilhelm）215
ラバール，フランソワ＝ジャン・ルフェーヴル，シュヴァリエ・ド（La Barre, François-Jean Lefebvre, chevalier de）61
ラファイエット夫人（マリ＝マドレー

ヌ・ピノシュ・ド・ラヴェルニュ）（Lafayette, Marie-Madeleine Pioche de La Vergne, dite Madame de） 24
ララ，フィリップ，ド（Lara, Philippe de） 349, 354
ランプリディウス（Lampride） 76
ランペドゥーサ（ジュゼッペ，トマージ・ディ）（Lampedusa, Giuseppe Tomasi di） 144
リヴィングストン，ロバート・R（Livingston, Robert R.） 313
リシュリュー，アルマン・ジャン・デュ・プレシス，枢機卿（Richelieu, Armand Jean du Plessis, cardinal de） 31, 42, 56-57, 113, 326
リュエフ，マルタン（Rueff, Martin） 121
リュクルゴス（Lycurgue） 103-04, 168, 196
ルートヴィヒ一世（ルイ一世），ルイ敬虔王，ルイ純朴王，ルイ弱気王（Louis 1er, dit Louis Le Pieux, Louis Le Débonnaire ou Louis Le Faible） 49
ルイ十一世（Louis XI） 57
ルイ十四世（Louis XIV） 11, 25, 29, 31, 35, 42, 44, 48, 55-63, 72, 90, 97, 115, 246, 282, 296, 318-20
ルイ十五世（Louis XV） 61, 68, 270, 319
ルイ十六世（Louis XVI） 61, 270
ルコック，ジャン＝フランソワ（Lecoq, Jean-François） 354
ルコント，パトリス（Leconte, Patrice） 4
ルソー，ジャン＝ジャック（Rousseau, Jean-Jacques） 7, 21, 23-24, 26-27, 122, 131, 163, 165-72, 174, 176-184, 186-195, 197-202, 205-20, 211-17, 220-22, 224, 228, 230-36, 239, 248-49, 252, 254, 257, 268, 269, 275-77, 284, 294, 304, 309-10, 315, 319, 332, 335-36, 345-46, 348-51, 354
ルノー，アラン（Renaut, Alain） 245
ルロワ，アンドレ（Leroy, André） 125
レナル，ギヨーム＝トマ（Raynal, Guillaume-Thomas） 120
レノ，フィリップ（Raynaud, Philippe） 7, 125, 235, 261, 267, 277, 297, 307, 311, 313, 351
ロアン＝シャボ，ギー＝オーギュスト・ド（Rohan-Chabot, Guy-Auguste de） 32
ローゼンブラット，ヘレナ（Rosenblatt, Helena） 354
ロジェ，フィリップ（Roger, Philippe） 7, 343
ロック，ジョン（Locke, John） 18, 41, 142, 146
ロベスピエール，マクシミリアン・ド（Robespierre, Maximilien de） 6, 275
ロベル，ジル（Robel, Gilles） 123, 125

《叢書・ウニベルシタス　1179》
啓蒙時代の礼節
法・習俗・マナー

2025年4月30日　初版第1刷発行

フィリップ・レノ
増田都希 訳
発行所　一般財団法人　法政大学出版局
〒102-0071 東京都千代田区富士見2-17-1
電話03(5214)5540 振替00160-6-95814
組版：HUP　印刷：みなと企画　製本：積信堂

Printed in Japan

ISBN978-4-588-01179-5

著　者

フィリップ・レノ（Philippe Raynaud, 1952–）

サン゠クルーの高等師範学校（リヨン）を卒業、1987年に政治学で国家博士号を取得。パンテオン゠アサス（パリ第2）大学、社会科学高等研究院（EHESS）、レイモン・アロン政治研究センター（社会科学高等研究院）、パリ政治学院で教鞭を取ったのち、パンテオン゠アサス（パリ第2）大学名誉教授（政治学）。専門はアメリカ政治思想・法思想史、法哲学、政治哲学。フランス学士院会員。本書によってラ・ブリュイエール賞（アカデミー・フランセーズ、2014）、ボルドー・モンテーニュ賞（ボルドー・ワイン・アカデミー／ボルドー市、2014）を受賞。主な著書に『司法官と哲学者――法の新時代についてのエッセイ』（アルマン・コラン、2020）、『ライシテ――フランス固有の政教分離の歴史』（ガリマール、2019）、『自由の三革命――イギリス、アメリカ、フランス』PUF、2009）、共編著に『政治哲学事典』（PUF、2003）など。

訳　者

増田都希（ますだ・とき）

1973年生まれ。一橋大学大学院言語社会研究科言語社会専攻博士課程修了、学術博士。東海大学特任准教授。専門は近世フランス文化史。共著に『〈フランス革命〉を生きる』（刀水書房、2019）、訳書に『クルタンの礼儀作法書』（作品社、2017）。